Rémi Flamary

Apprentissage statistique pour le signal

Rémi Flamary

Apprentissage statistique pour le signal

Applications aux Interfaces Cerveau-Machine

Presses Académiques Francophones

Mentions légales / Imprint (applicable pour l'Allemagne seulement / only for Germany)
Information bibliographique publiée par la Deutsche Nationalbibliothek: La Deutsche Nationalbibliothek inscrit cette publication à la Deutsche Nationalbibliografie; des données bibliographiques détaillées sont disponibles sur internet à l'adresse http://dnb.d-nb.de.
Toutes marques et noms de produits mentionnés dans ce livre demeurent sous la protection des marques, des marques déposées et des brevets, et sont des marques ou des marques déposées de leurs détenteurs respectifs. L'utilisation des marques, noms de produits, noms communs, noms commerciaux, descriptions de produits, etc, même sans qu'ils soient mentionnés de façon particulière dans ce livre ne signifie en aucune façon que ces noms peuvent être utilisés sans restriction à l'égard de la législation pour la protection des marques et des marques déposées et pourraient donc être utilisés par quiconque.

Photo de la couverture: www.ingimage.com

Editeur: Presses Académiques Francophones est une marque déposée de
Südwestdeutscher Verlag für Hochschulschriften GmbH & Co. KG
Heinrich-Böcking-Str. 6-8, 66121 Sarrebruck, Allemagne
Téléphone +49 681 37 20 271-1, Fax +49 681 37 20 271-0
Email: info@presses-academiques.com

Produit en Allemagne:
Schaltungsdienst Lange o.H.G., Berlin
Books on Demand GmbH, Norderstedt
Reha GmbH, Saarbrücken
Amazon Distribution GmbH, Leipzig
ISBN: 978-3-8381-8958-1

Imprint (only for USA, GB)
Bibliographic information published by the Deutsche Nationalbibliothek: The Deutsche Nationalbibliothek lists this publication in the Deutsche Nationalbibliografie; detailed bibliographic data are available in the Internet at http://dnb.d-nb.de.
Any brand names and product names mentioned in this book are subject to trademark, brand or patent protection and are trademarks or registered trademarks of their respective holders. The use of brand names, product names, common names, trade names, product descriptions etc. even without a particular marking in this works is in no way to be construed to mean that such names may be regarded as unrestricted in respect of trademark and brand protection legislation and could thus be used by anyone.

Cover image: www.ingimage.com

Publisher: Presses Académiques Francophones is an imprint of the publishing house
Südwestdeutscher Verlag für Hochschulschriften GmbH & Co. KG
Heinrich-Böcking-Str. 6-8, 66121 Saarbrücken, Germany
Phone +49 681 37 20 271-1, Fax +49 681 37 20 271-0
Email: info@presses-academiques.com

Printed in the U.S.A.
Printed in the U.K. by (see last page)
ISBN: 978-3-8381-8958-1

Laboratoire d'Informatique,
de Traitement de l'Information et des Systèmes

Université de Rouen

Thèse en vue de l'obtention du titre de
Docteur en Informatique de l'Université de Rouen

Apprentissage statistique pour le signal

Applications aux interfaces cerveau-machine

Rémi FLAMARY

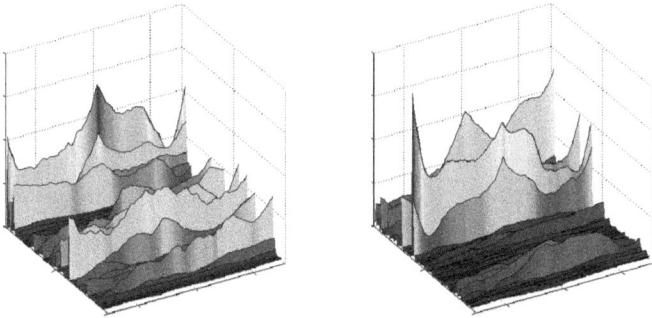

Soutenue le 6 Décembre 2011

Jury :

Rapporteurs :	Jalal FADILI	-	Professeur ENSICAEN
	Michele SEBAG	-	Directrice de Recherche CNRS
Examinateurs :	Jocelyn CHANUSSOT	-	Professeur INP Grenoble
	Liva RALAIVOLA	-	Professeur Université Aix-Marseille II
	Stéphane CANU	-	Professeur INSA Rouen
Directeur :	Alain RAKOTOMAMONJY	-	Professeur Université de Rouen

Table des matières

Remerciements

Tout d'abord, je souhaite remercier les membres du jury pour avoir accepté d'assister à ma soutenance. Tout particulièrement mes rapporteurs Michele Sebag et Jalal Fadili qui ont consacré beaucoup de temps à la lecture et la compréhension de mes travaux. Je voulais aussi remercier mes examinateurs Jocelyn Channussot et Liva Ralaivola pour avoir bien voulu braver le froid normand de début décembre.

Ensuite, je veux remercier ceux qui m'ont proposé cette thèse lors d'un beau jour de mai à Rouen. Merci Alain pour toute ta patience, pour tes commentaires critiques toujours pertinents, pour m'avoir calmé quand je stressais, m'avoir donné des coups de pieds au cul le reste du temps, et pour soutenir sérieusement que Belle & Sebastian c'est pas du tout girlie comme musique. J'espère qu'on pourra continuer à bosser ensemble car ce fut un plaisir de mon côté[1]. Merci à Stéphane qui m'a accueilli à Rouen avec beaucoup de gentillesse. Cette fois-ci je vais te tutoyer et te remercier pour toutes les discussions sur le « bout de gras » de la science et pour m'avoir expliqué les EHNR lors d'un Rouen-Paris épique. Je vous remercie donc tous les deux du fond du coeur, vous m'avez beaucoup appris scientifiquement et humainement.

Viennent maintenant les remerciements pour les gens avec qui j'ai collaboré. Tout d'abord merci à Devis Tuia et Gustavo Camps-Valls pour leur soutien lors des multiples soumissions à IEEE TNN et pour avoir cru en mon idée. Merci également à Emilie Niaf et Carole Lartizien pour une collaboration très intéressante synonyme de visite du Négresco et pour m'avoir invité en séminaire à Lyon. Je tiens à remercier Xavier Anguera pour m'avoir invité à Barcelone pendant un été mémorable et Alexandros Karatzoglou qui m'y a fait découvrir les bons restos. Ensuite je souhaite remercier Nisrine Jrad et Marco Congédo qui nous ont invités à collaborer dans le cadre des ICM. Finalement merci à Gilles Gasso qui a souffert les affres de la rédaction avec moi mais a toujours trouvé le temps pour discuter.

Je souhaite également remercier les personnes qui m'ont côtoyé au jour le jour lors de cette thèse : Ben et Marina qui m'ont permis de m'intégrer à Rouen et avec qui j'ai eu des discussions sans fin sur tous les sujets, Flo qui a acheté un casque réducteur de bruit pour atténuer le son de ma voix, Xilan qui est la collègue de bureau parfaite malgré tous ses soucis informatiques, papa Firas qui a apporté une sérénité et un calme dans notre bureau, Abou notre rayon de soleil toujours souriant malgré le froid et la fatigue, Guillaume dont le petit programme C montrant les limites des *float* a fait fureur, Julien qui malgré l'absence de réveil et de numéro de téléphone a réussi à venir à NIPS avec nous, Zach et Diana qui nous ont fait confiance pour nous occuper de leurs crevettes (désolé), Carlo pour ses statistiques précises (à 90%), Brigitte,

---

[1]. Pour ceux qui, comme moi, lisent les remerciements de ses doctorants pour savoir comment il est comme directeur de thèse : c'est le Chuck Norris des directeurs de thèse ! Il a d'ailleurs un bien meilleur h-index que celui du vrai Chuck (3 sur Publish or Perish).

Sandra et Fabienne mes secrétaires préférées pour leur gentillesse et leur disponibilité, Géraldine pour ses conseils de qualif, Seb qui a toujours des trucs de geek à m'apprendre, Alexandre pour son rhum arrangé succulent et pour m'avoir fait découvrir le carrousel pour chat en sur-poids, Nico M pour ses conseils juridiques et pour m'avoir expliqué en douceur ce qu'il pense des king makers, Nico D pour m'avoir fait profiter de son aura en Algorithmique et pour porter des polaires comme d'autres portent des smokings, Romain pour la Touchpad et pour sa veste en tweed, Pierrick pour ses trolls perpétuels et les discussions de rugby/fantasy/info, Maxime pour m'avoir conseillé Sandman et être mon fournisseur de café, Georges pour être mon seul ami Playstation et adversaire de squash et avoir essayé de venir à mon pot.

Je souhaite remercier aussi tous mes collègues du LITIS côté université, Thierry, Laurent, Seb, Pierre, Stéphane, Chesner, David et les deux Simon pour leur accueil et pour être venus en nombre à ma soutenance. J'espère sincèrement que le pot a été à la hauteur de vos attentes. Merci à Amandine pour avoir pris un RTT à cause de moi et à Marie pour avoir fait le voyage malgré mon invitation en retard.

J'ai également une pensée pour mes ex-collègues de Lyon, Delphine, Guillemette, Tangi, Jean-Loïc, Thomas, Sorina, Hugues et Christophe, qui m'ont donné envie de poursuivre dans la recherche. Merci pour tous les bons moments passés en pause café avec vous qui m'ont donné envie de continuer en thèse.

Et maintenant je veux remercier ma famille (coucou aux papis et mamies) et tout particulièrement mes parents qui m'ont supporté dans tous les sens du terme et ont financé mes interminables études. Merci papa pour avoir trouvé le moyen de stresser autant que moi pour ma thèse et maman pour avoir amené la crème chantilly de mon enfance pendant le pot de thèse. Merci aussi pour votre relecture du manuscrit pendant les vacances.

Finalement, ayant gardé le meilleur pour la fin, je souhaite remercier du fond du coeur celle grâce à qui on m'a félicité pour mon français. Merci Aurélie pour tout le temps que tu as passé à relire mon manuscrit, pour m'avoir supporté pendant le rédaction avec tant de patience et pour avoir fait les courses (et je sais à quel point tu n'aimes pas ça !).

Notations et Acronymes

Notations

$\mathbb{R}$	Ensemble des réels
$\mathbb{N}$	Ensemble des entiers
$\mathcal{X}$	Ensemble de représentation des données ($\mathbb{R}^d$ pour nos contributions)
$\mathcal{Y}$	Ensemble des étiquettes ($\{-1, 1\}$ en classification binaire)
$\mathcal{H}$	Espace de Hilbert à Noyaux Reproduisant
$i, j, k \in \mathbb{N}$	Nombres entiers
$x \in \mathbb{R}$	Variable réelle
$\mathbf{x} \in \mathbb{R}^d$	Vecteur
$x_i \in \mathbb{R}$	i^{e} composante du vecteur $\mathbf{x}$
$\mathbf{X} \in \mathbb{R}^{l \times d}$	Matrice
$\mathbf{X}_{i,\cdot} \in \mathbb{R}^l$	i^{e} ligne de $\mathbf{X}$
$\mathbf{X}_{\cdot,j} \in \mathbb{R}^d$	j^{e} colonne de $\mathbf{X}$
$X_{i,j} \in \mathbb{R}$	Composante de la i^{e} ligne et j^{e} colonne de $\mathbf{X}$
$\{\mathbf{x}_i, y_i\}_{i=1,\ldots,n}$	Ensemble d'apprentissage contenant n exemples $\mathbf{x}_i \in \mathbb{R}^d$ et $y_i \in \{-1, 1\}$
$f(\cdot) \in \mathcal{H}$	Fonction de $\mathbb{R}^d$ à valeur dans $\mathbb{R}$
$L(\cdot, \cdot)$	Fonction de perte d'attache aux donnée de $\mathbb{R}^2$ à valeur dans $\mathbb{R}$
$H(\cdot, \cdot)$	Fonction de perte Hinge $H(y, \hat{y}) = \max(0, 1 - y\hat{y})$
$K(\cdot, \cdot)$	Fonction noyau de $\mathbb{R}^d \times \mathbb{R}^d$ dans $\mathbb{R}$
$J(\cdot)$	Fonction de coût de $\mathbb{R}^d$ à valeur dans $\mathbb{R}$
$\Omega(\cdot)$	Terme de régularisation de $\mathbb{R}^d$ à valeur dans $\mathbb{R}$
$\lambda \in \mathbb{R}^+$	Coefficient de régularisation
$\|\cdot\|_p$	Norme ℓ_p
$\|\cdot\|_{\mathcal{H}}$	Norme induite par le produit scalaire dans $\mathcal{H}$

Acronymes

AUC   *Area Under the ROC Curve* ou Aire sous la courbe COR

CSP   *Common Spatial Patterns* ou filtrage spatial commun

EEG   ElectroEncéphalogramme

FBS   *Forward Backward Splitting* ou Algorithme Explicite Implicite

HMM   *Hidden Markov Models* ou modèles de markov cachés

ICM   Interface Cerveau-Machine

IRLS   *Iteratively Reweighted Least Square* ou Moindres carrés itératifs

MKL   *Multiple Kernel Learning* ou apprentissage de noyaux multiples

MM   *Majorization Minimization* ou Majoration Minimisation

MTL   *Multiple-Task Learning* ou apprentissage multitâche

PSD   *Power Spectral Density* ou Densité spectrale de puissance

SVM   *Support Vector Machines* ou Séparateurs à Vaste Marge

CHAPITRE 1

Introduction

Les travaux de thèse présentés dans ce manuscrit s'articulent autour de la problématique de classification de signaux pour les Interfaces Cerveau-Machine (ICM). Le principal objectif des ICM [Dornhege 2007b], est de fournir un médium de communication direct du cerveau vers une machine (fauteuil roulant, ordinateur).

Cette problématique émane d'un besoin réel des patients à handicap moteur sévère, pour qui la communication par les voies habituelles (parole, toucher) a été coupée. La Sclérose latérale amyotrophique est un exemple de maladie dégénérative, pouvant entraîner une paralysie complète du patient, tout en maintenant un fonctionnement normal du cerveau. Pour ces patients, un moyen de communication possible est l'utilisation d'Interfaces Cerveau-Machine [Sellers 2006].

Les ICM se développent aussi dans d'autres applications à visées non médicales. Nous noterons en particulier, l'apparition de casques de mesures à électrodes sèches [1] qui permettent un contrôle de la machine dans un cadre grand public, comme les jeux vidéos [2] ou les smartphones [3]. Par exemple, il existe une application pour téléphone permettant de sélectionner et d'appeler un contact en utilisant uniquement des mesures ICM. De plus, le développement récent de l'informatique embarquée permet maintenant d'utiliser des méthodes de reconnaissance plus complexes, en fournissant une puissance de calcul considérable au grand public.

1.1 Cadre général

Les ICM visent, à interfacer directement le cerveau humain avec une machine. Outre les applications évidentes en tant que moyen de communication avec des patients à handicap sévère, ces interfaces poursuivent également un autre objectif : la compréhension du fonctionnement du cerveau humain [Dornhege 2007b]. En effet, pour peu que les méthodes de reconnaissance de forme utilisées soient interprétables, une communication fonctionnelle entre un cerveau et un ordinateur permettrait de mieux connaître les zones du cerveau activées lors des différentes tâches mentales. Ce deuxième objectif apparaît clairement dans des conférences importantes comme NIPS [4], qui permettent de rassembler diverses communautés, telles que les neurosciences et l'apprentissage statistique.

Comme nous le verrons dans le chapitre 2, les ICM sont constituées de plusieurs sous-problèmes. Nous nous sommes concentrés dans nos travaux sur le sous-problème de reconnaissance des signaux Electro-EncéphaloGraphiques (EEG). Ces signaux sont mesurés par des

---

1. Casque à électrodes sèches : http://www.first.fraunhofer.de/en/projects/speed_cap_gelfreies_eeg/
2. Projet OpenVibe2 : http://www.irisa.fr/bunraku/openvibe2/wiki/index.php?title=Main_Page
3. Casque Iphone : http://www.plxwave.com/
4. NIPS : http://nips.cc/

capteurs de tension électrique posés sur le scalp. C'est actuellement la technique la plus utilisée, car elle est non-invasive, *i.e.* ne nécessitant pas d'intervention chirurgicale. En contrepartie, les mesures EEG sont particulièrement bruitées, ce qui rend d'autant plus difficile la tâche de reconnaissance.

L'étape visant à reconnaître des motifs spécifiques dans les EEG, joue un rôle central dans les ICM. En effet, dans la plupart des ICM, l'utilisateur, doit effectuer certaines tâches mentales servant ultérieurement à générer une loi de commande pour un bras articulé ou un ordinateur. Des méthodes d'apprentissage statistique sont alors utilisées pour apprendre des classifieurs, c'est-à-dire des fonctions permettant de prédire automatiquement la tâche mentale réalisée par le sujet, à partir des signaux acquis.

Finalement, les ICM soulèvent de nombreux problèmes qui limitent leur application grand public. Nous nous sommes intéressés dans nos travaux à trois d'entre eux : l'extraction de caractéristiques, la sélection de capteurs et enfin le temps de calibration.

Extraction de caractéristiques L'extraction de caractéristiques est une étape nécessaire à la reconnaissance de signaux. Tout d'abord, de par leur nature, les mesures EEG ne peuvent pas être exploitées en l'état. Il est donc nécessaire de réaliser une première étape de débruitage. Il existe en effet, différents types de bruits dans les signaux mesurés, comme le bruit d'acquisition classique ou les délais dus au processus physique mesuré, ou encore le bruit généré par l'activité mentale du sujet non-relative à la tâche mentale cible. Ces bruits sont en général, atténués par une étape de filtrage [Blankertz 2006c]. Ensuite, vient l'extraction de caractéristiques proprement dite, c'est-à-dire l'extraction à partir des signaux, des informations permettant de reconnaître efficacement les tâches mentales sous-jacentes. Le filtrage et l'extraction de caractéristiques sont des étapes très sensibles pour les performances des ICM. En contrepartie, elles dépendent de plusieurs paramètres, qui doivent être soigneusement choisis, comme par exemple les propriétés des filtres appliqués aux signaux [Labbé 2010, Flamary 2011b].

Sélection de capteurs Un autre défi apparaissant dans les ICM est la sélection de capteurs [Cecotti 2011]. Les acquisitions ICM à base de mesures EEG nécessitent en général l'utilisation d'un casque contenant plusieurs électrodes. Or, le prix du matériel d'acquisition est proportionnel au nombre d'électrodes. De plus, la mise en œuvre de ces mesures est longue et pénible car chaque électrode doit être positionnée et testée individuellement. Il est donc essentiel de diminuer leur nombre afin de pouvoir en assurer une diffusion grand public et une utilisation *Plug & Play*.

Temps de calibration Finalement, le problème le plus difficile à résoudre est celui du temps d'apprentissage ou temps de calibration. En effet, la plupart des ICM modernes sont construites autour d'une méthode d'apprentissage supervisé. Les méthodes de reconnaissance de tâches mentales nécessitent donc des exemples de signaux appartenant à chaque tâche mentale. Ces derniers sont obtenus en demandant au sujet d'effectuer des tâches mentales connues, préalablement à l'utilisation de l'ICM.

Cette étape est relativement longue et peu plaisante pour l'utilisateur. Le défi soulevé par ce problème est donc de proposer des méthodes de reconnaissance de formes robustes, lorsque peu d'exemples d'apprentissage sont accessibles [Krauledat 2008]. Ceci permettra en effet de réduire le temps d'apprentissage qui retarde l'utilisation effective des ICM.

1.2 Contributions

Nous introduisons brièvement ici les contributions présentées dans ce manuscrit. Les détails seront fournis dans les chapitres suivants avec leur situation par rapport à l'état de l'art.

Filtrage vaste marge Nous nous sommes, tout d'abord, intéressés au problème de filtrage du bruit et d'extraction de caractéristiques sur des signaux bruités. Ce problème est particulièrement difficile dans le cadre des ICM. En effet, les caractéristiques du bruit peuvent varier d'un sujet à l'autre et même d'un capteur à l'autre, ce qui le rend d'autant plus difficile à appréhender.

Dans ce cadre, nous avons proposé d'apprendre automatiquement les paramètres de l'étape de filtrage au travers d'une méthode de débruitage supervisé, le *Filtrage Vaste Marge* [Flamary 2010b, Flamary 2010a, Tuia 2010c]. Cette approche consiste en l'apprentissage joint d'un classifieur et d'un filtre temporel, permettant de mieux séparer les tâches mentales. Notre méthode présente le double avantage de s'adapter automatiquement aux caractéristiques du bruit, et de fournir des résultats interprétables. Les filtres appris peuvent, en effet, être visualisés, de manière à mieux comprendre quelles sont les informations discriminantes dans les signaux. Cette interprétablité est importante en ICM, domaine car elle permet de visualiser les zones actives du cerveau pour chaque tâche mentale.

Nous soulignons que cette approche peut être également appliquée dans d'autres cadres que les ICM. En effet, le filtrage vaste marge a été étendu aux problèmes de classification de pixels, c'est-à-dire de segmentation d'image. Les performances ont été évaluées sur des données d'images aériennes multi-spectrales.

Sélection de capteurs La sélection de capteurs peut d'opérer de différentes manières. Par exemple, il est possible de sélectionner les capteurs par rapport à une connaissance *a priori*. En effet, selon la tâche mentale effectuée, certaines zones du cerveau sont plus actives que d'autres, nous pouvons donc sélectionner les capteurs situés à proximité des zones liées à la tâche mentale. Cette approche est pourtant limitée car les zones discriminantes peuvent dépendre du sujet et un sous-ensemble de capteurs fixé *a priori* peut être sous-optimal en terme de performance de prédiction.

Il nous a donc semblé judicieux de sélectionner automatiquement les capteurs pertinents pour la tâche de reconnaissance. Nous proposons pour cela d'utiliser une technique couramment utilisée en apprentissage statistique pour sélectionner des groupes de caractéristiques : les régularisations basées sur des normes mixtes [Tomioka 2010a]. Elle nous permettra, lorsque les caractéristiques sont groupées par capteur, de sélectionner automatiquement les capteurs pertinents pour la classification. Cette approche a été utilisée dans le cadre du filtrage vaste marge pour sélectionner automatiquement des canaux [Flamary 2010b], ainsi que dans le cadre général de classification de potentiels évoqués.

Apprentissage multitâche Nous avons également étudié le problème de la robustesse des classifieurs lorsque peu de points d'apprentissage sont disponibles.

Les données ICM ont ceci de particulier que chaque être humain effectue ses tâches mentales à sa manière. Bien que les problèmes de classification soient similaires, l'utilisation d'un classifieur unique pour tous les sujets diminue fortement les performances de prédiction pour chaque sujet. Il est donc souvent nécessaire, d'apprendre un classifieur pour chaque utilisateur d'ICM.

Toutefois, même si les sujets ne sont pas identiques, ils peuvent néanmoins présenter des caractéristiques communes. Il nous semble donc pertinent, au lieu d'apprendre les différents classifieurs indépendamment pour chaque sujet, d'utiliser l'information provenant des autres sujets. Nous avons pour cela proposé une méthode d'*apprentissage multitâche*. Nous considérons ainsi l'apprentissage de chaque classifieur, correspondant à un sujet donné, comme une tâche, et nous voulons apprendre tous les classifieurs simultanément avec une régularisation induisant une similarité entre eux. Nous avons décidé de promouvoir une similarité en terme de variables utilisées par les différentes tâches, en forçant une sélection de caractéristiques ou de noyaux, communes à toutes les tâches. Dans un cadre ICM, cela permettra de faire de la sélection automatique de caractéristiques ou de capteurs pour l'ensemble des sujets. Nous avons ainsi proposé différentes formes de régularisations et des algorithmes permettant de résoudre les problèmes d'apprentissage correspondants [Flamary 2009a, Rakotomamonjy 2011].

Pour finir, nous avons étendu notre approche d'apprentissage multitâche en proposant un terme de régularisation plus général. Ce terme permet toujours de sélectionner des caractéristiques de manière jointe, mais il induit également une similarité entre les fonctions de décision de chaque tâche. Ceci est particulièrement intéressant en ICM, lorsque le protocole expérimental est fixé et donc que les tâches de classification sont similaires.

1.3   Plan du manuscrit

Ce document est organisé en deux grandes parties. La première est un état de l'art concernant les ICM (Chapitre 2) et l'apprentissage statistique supervisé (Chapitre 3). La seconde partie, regroupant les chapitres 4, 5 et 6, présente nos contributions aux domaines des Interfaces Cerveau-Machine et de l'apprentissage statistique.

Interfaces Cerveau-Machine   Le chapitre 2 présente un état de l'art succinct des Interfaces Cerveau-Machine. Nous y verrons tout d'abord une introduction générale sur les ICM et les différentes étapes les constituant. Notre état de l'art se concentre sur deux paradigmes : l'imagerie motrice et les potentiels évoqués. Nous présentons aussi les différents types de problèmes liés à ces deux paradigmes et les approches statistiques classiques proposées dans la littérature pour résoudre ces problèmes. La dernière partie du chapitre introduit nos contributions et leur situation par rapport à l'état de l'art ICM.

Apprentissage statistique supervisé pour le signal   Le chapitre 3 présente, quant à lui, un état de l'art des méthodes d'apprentissage statistique. Nous abordons d'abord quelques généralités sur l'apprentissage statistique, notamment sur les fonctions de coût et les termes de régularisation. Nous détaillons ensuite, les séparateurs à vaste marge et les méthodes d'apprentissage de noyau. Puis, l'apprentissage multitâche est introduit, suivi par une discussion sur l'étiquetage de séquence pour le signal. Finalement, nos contributions dans le domaine de l'apprentissage statistique sont situées par rapport aux approches de la littérature.

Filtrage vaste marge   Le chapitre 4, présente notre première contribution : le filtrage vaste marge. Cette approche consiste à apprendre de manière jointe un classifieur et un filtrage qui cherchent à séparer les échantillons temporels avec une marge maximale. On pose le problème comme un problème d'apprentissage de noyau où le filtrage temporel est considéré comme un paramètre du noyau. Un algorithme de gradient conjugué est proposé pour résoudre le problème et on démontre ensuite sa convergence vers un minimum local. Le filtrage vaste marge est également comparé à une approche similaire basée sur un fenêtrage temporel. Finalement, des évaluations sont faites sur des données simulées, des données ICM d'imagerie motrice et sur un problème de segmentation d'image.

Apprentissage multitâche parcimonieux Dans le chapitre 5, nous proposons une approche d'apprentissage multitâche basée sur la sélection jointe de noyaux ou de variables. Il est possible d'exprimer le problème sous la forme d'un apprentissage de noyaux régularisé de manière à sélectionner les mêmes noyaux pour toutes les tâches de classification. Une formulation variationnelle du problème est introduite, ce qui nous permet de proposer plusieurs algorithmes pour résoudre le problème avec différents types de régularisation. La convergence des algorithmes est aussi discutée. Finalement, les performances de notre approche sont évaluées sur des données simulées, des données ICM de détection de potentiels évoqués et enfin sur des données de localisation de protéines.

Régularisations pour la classification de potentiels évoqués Le chapitre 6 est un chapitre plus applicatif concernant la régularisation pour la classification de potentiels évoqués. Nous y exprimons le problème dans un cadre d'optimisation régularisé par des normes mixtes. Ce type de régularisation permet de sélectionner automatiquement les électrodes discriminantes lors de l'apprentissage du classifieur. Nous avons également proposé, dans le cadre de l'apprentissage multitâche, l'utilisation d'un terme général de régularisation, permettant non seulement de sélectionner automatiquement des capteurs pertinents pour l'ensemble des tâches, mais aussi de promouvoir une similarité entre les fonctions de décisions de chaque tâche. Des résultats sont présentés dans le cadre de la sélection de capteurs et de l'apprentissage multitâche pour la détection de potentiels évoqués.

Publications

Les travaux de recherche effectués durant la période de thèse, ont mené à un certain nombre de publications qui sont listées ici.

Revues Internationales avec comité de lecture

[1] A. Rakotomamonjy, R. Flamary, G. Gasso, S. Canu, *"$\ell_p - \ell_q$ penalty for sparse linear and sparse multiple kernel multi-task learning"*, IEEE Transaction on Neural Networks, 2011.

[2] N. Jrad, M. Congedo, R. Phlypo, S. Rousseau, R. Flamary, F. Yger, A. Rakotomamonjy, *"sw-SVM : sensor weighting support vector machines for EEG-based brain–computer interfaces"*, Journal of Neural Engineering, Volume 8, Page 056004, 2011.

[3] R. Flamary, D. Tuia, B Labbé, G. Camps-Valls, A. Rakotomamonjy, *"Large margin filtering"*, IEEE Transaction on Signal Processing (révisions mineures), 2011.

Conférences Internationales avec comité de lecture

[4] R. Flamary, F. Yger, A. Rakotomamonjy , *"Selecting from an infinite set of features in SVM"*, European Symposium on Neural Networks (ESANN), 2011.

[5] E. Niaf, R. Flamary, C. Lartizien, S. Canu, *"Handling uncertainties in SVM classification"*, IEEE Statistical Signal Processing Workshop (SSP), 2011.

[6] R. Flamary, X. Anguera, N. Oliver, *"Spoken WordCloud : Clustering Recurrent Patterns in Speech"*, International Workshop on Content-based Multimedia Indexing (CBMI), 2011.

[7] D. Tuia, G. Camps-Valls, R. Flamary, A. Rakotomamonjy, *"Learning spatial filters for multispectral image segmentation"*, IEEE Workshop in Machine Learning for Signal Processing (MLSP), 2010.

[8] R. Flamary, B. Labbé, A. Rakotomamonjy, *"Large Margin Filtering for Signal Sequence Labeling"*, International Conference on Acoustics, Speech, and Signal Processing (ICASSP), 2010.

[9] R. Flamary, J.L. Rose, A. Rakotomamonjy, S. Canu, *"Variational sequence labeling"*, IEEE Workshop in Machine Learning for Signal Processing (MLSP), 2009.

Conférences Nationales avec comité de lecture

[10] R. Flamary, B. Labbé, A. Rakotomamonjy, *"Filtrage vaste marge pour l'étiquetage séquentiel de signaux"*, Conference en Apprentissage CAp (CAp'10), 2010.

[11] R. Flamary, A. Rakotomamonjy, G. Gasso, S. Canu, *"Selection de variables pour l'apprentissage simultanée de taches"*, Conference d'Apprentissage (CAp'09), 2009.

Autres communications

[12] R. Flamary, B. Labbé, A. Rakotomamonjy, *"Large Margin Filtering for Signal segmentation"*, Neural Information Processing Systems (NIPS) Workshop on temporal segmentation, 2010.

[13] R. Flamary, A. Rakotomamonjy, G. Gasso, S. Canu, *"SVM Multi-Task Learning and Non convex Sparsity Measure"*, The Learning Workshop, 2009.

Interfaces Cerveau-Machine

Ce chapitre est un état de l'art non exhaustif concernant les Interfaces Cerveau-Machine (ICM, ou BCI pour Brain-Computer Interface en anglais). Nous y définissons succinctement les différents types d'ICM ainsi que les méthodes de reconnaissance de signaux habituellement utilisées dans la communauté. Nous décrivons ensuite les challenges existants en ICM et situons nos contributions par rapport à la littérature.

2.1 Introduction générale

Les sections suivantes commencent par donner quelques définitions générales concernant les ICM, suivies par une présentation rapide des différentes technologies présentes dans le domaine. Finalement, nous introduisons les deux paradigmes auxquels nous allons nous intéresser et donnons quelques exemples d'applications de ces paradigmes.

2.1.1 Définitions

Objectifs Une Interface Cerveau-Machine (ICM) est un système dont le but est de permettre la communication entre le cerveau humain et la machine [Farwell 1988, Wolpaw 2002]. L'introduction du très bon ouvrage [Dornhege 2007b] définit 3 objectifs majeurs pour les ICM :

1. Fournir un moyen de communication pour des patients à handicap moteur sévère. Il existe en effet des maladies dégénératives telles que la Sclérose latérale amyotrophique qui, à terme, empêche toute communication du patient pas les voies habituelles (parole, mouvement,...). L'activité du cerveau est donc le seul élément mesurable.

2. Comprendre le fonctionnement du cerveau humain. Si l'on arrive à reconnaître avec certitude les états mentaux, alors une interprétation des signaux émis par le cerveau, et donc du cerveau lui-même, est possible.

3. Fournir une nouvelle interface homme-machine. Les applications non médicales des ICM bien que balbutiantes font l'objet d'intenses recherches récentes comme par exemple en tant que complément pour contrôler des jeux vidéos.

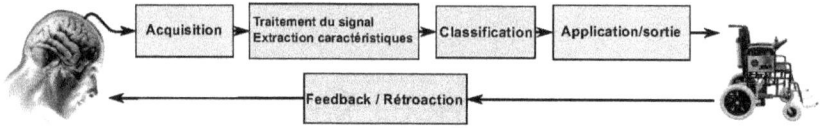

FIGURE 2.1: Schéma simplifié d'une Interface Cerveau-Machine

Ces trois buts requièrent l'utilisation de méthodes efficaces (efficacité que nous définissons section 2.2.4) et interprétables. Nous garderons à l'esprit ces trois objectifs tout au long du manuscrit.

Cadre général Le fonctionnement des ICM est en général basé sur l'association entre une tâche mentale et une action sur la machine. Le sujet choisit une action en effectuant une tâche mentale donnée. Il est donc nécessaire de pouvoir déterminer la tâche mentale que le sujet a choisie. Ceci se fait par une mesure de l'activité du cerveau du sujet, suivie d'une étape de reconnaissance de la tâche mentale.

La figure 2.1 illustre les différentes étapes existant dans la majorité des ICM. La première étape est la couche physique puisqu'elle contient l'acquisition du signal. Elle est suivie du traitement du signal et de l'extraction de caractéristiques. Leur but est d'extraire du signal mesuré l'information intéressante pour la tâche suivante de classification (ou de reconnaissance). Ensuite, une fois que la tâche mentale effectuée par le sujet a été reconnue, elle est transformée en ordre pour la machine, c'est l'étape de sortie ou de restitution. Finalement, le sujet voit l'effet de sa tâche mentale sur la machine, c'est ce qui s'appelle le feedback. Les différentes étapes sont décrites plus en détail dans ce qui suit.

Acquisition Cette étape consiste à mesurer l'activité du cerveau du sujet. Il existe pour cela plusieurs technologies qui sont développées section 2.1.2. Dans nos travaux, nous nous concentrerons sur la technologie EEG, qui est une mesure de tension sur la surface du scalp. Ce type de mesure est intéressant dans le cadre des ICM car il ne suppose pas d'intervention chirurgicale et sa mise en œuvre est relativement rapide. Cependant, ces mesures sont difficiles à interpréter à cause de la présence d'un bruit de mesure important.

Traitement du signal et extraction de caractéristiques Une fois le signal mesuré, il est en général débruité en utilisant un filtrage et des caractéristiques discriminantes sont extraites. Bien que ces deux étapes se fassent en général l'une après l'autre, nous préférons les considérer simultanément. Elles ont en effet le même but : transformer un signal brut en caractéristiques qui permettent de discriminer de manière robuste les tâches mentales. La section 2.2.1 liste les différentes approches utilisées en pratique.

Classification Dans cette étape, nous voulons transformer les caractéristiques extraites précédemment en information binaire ou discrète. Le but est de reconnaître la tâche mentale en cours à partir des informations extraites dans l'étape précédente. Ce problème est connu dans le domaine de l'apprentissage statistique sous le nom de classification supervisée ou de discrimination [1]. Une discussion concernant les classifieurs utilisés dans les applications est fournie section 2.2.3.

---

1. Nous nous permettrons dans la suite du manuscrit l'utilisation du terme anglais « classification » au lieu de « discrimination », pour rester cohérent avec le terme « classifieur » désignant la fonction proposée.

Application Après l'étape de classification, des informations discrètes (états mentaux) sont disponibles. Le but de l'étape d'application est de transformer ces informations en ordres pour une machine. Cette étape est fortement dépendante du paradigme utilisé. Nous présentons section 2.1.3 différentes applications comme le clavier virtuel ou la sélection d'actions par imagerie motrice.

Feedback Le feedback est le retour de l'ordre donné dans l'étape d'application. Par exemple, dans une application de clavier virtuel, une lettre est sélectionnée et le sujet est informé du résultat. Le feedback est toujours présent en ICM mais il peut être utilisé de différentes manières. Nous en discutons plus en détail dans le paragraphe suivant.

Dans nos travaux, nous nous intéressons principalement aux deux étapes vertes de la Figure 2.1, c'est-à-dire traitement du signal/extraction de caractéristiques et classification. Nous voulons améliorer les performances de ces deux étapes. Une discussion plus approfondie de ce que sont les performances d'une ICM est fournie section. En résumé, notre but est d'améliorer les taux de bonne reconnaissance des états mentaux en proposant des méthodes d'apprentissage statistique dédiées. Nous verrons aussi que ce type de problème est d'autant plus difficile lorsque le nombre d'exemples d'apprentissage est faible.

Dans les paragraphes suivant, nous traitons différents aspects des ICM. Nous définissons tout d'abord les deux approches principales qui visent à maximiser les performances des ICM : d'adaptation de la machine au sujet ou du sujet à la machine. De même, il existe deux manières de gérer le temps dans les ICM : les ICM synchrones en asynchrones. Selon celle qui est utilisée, le sujet aura plus ou moins de liberté d'action. Finalement, nous traitons rapidement d'un problème récurrent en ICM : les sujet difficiles. Il existe en effet un pourcentage non négligeable de personnes chez qui les performances des ICM sont trop faibles pour une utilisation réelle.

Bio-feedback et apprentissage statistique Comme nous l'avons vu précédemment, le fonctionnement d'une ICM est basé sur l'association entre une tâche mentale et une action sur la machine. Cette association peut se faire de deux manières différentes [Dornhege 2007b] : par bio-feedback ou par apprentissage statistique. Le bio-feedback (ou "operand conditionning" en anglais) consiste à demander au sujet de réguler volontairement l'activité de son cerveau de manière à faire varier une quantité mesurée sur les signaux. Par exemple, l'ICM proposée par Wolpaw [Wolpaw 1991], utilise la puissance du signal mesuré dans la bande de fréquence des rythmes μ (8-12 Hz) pour contrôler la position d'un curseur. Dans ce cas-là, l'étape de classification est inexistante et c'est le sujet qui fournit l'effort d'adaptation [Birbaumer 2003]. Cette approche est opposée à l'approche apprentissage statistique où un ensemble d'apprentissage, contenant des exemples de chaque tâche mentale, est utilisé pour apprendre une classification automatique. Cette dernière approche suppose donc l'adaptation de la machine au sujet.

En pratique, ces deux approches sont souvent utilisées simultanément. C'est ce qui s'appelle la co-adaptation (ou co-apprentissage). En effet, il est connu que les sujets familiers avec les ICM engendrent de meilleures performances que les débutants dans le cas du clavier virtuel P300 [Farwell 1988,Sellers 2006]. Cela suppose que les sujets apprennent avec le temps à effectuer des tâches mentales plus faciles à discriminer (bio-feedback). De même, puisque la manière d'effectuer la tâche mentale évolue dans le temps, les méthodes de classification doivent être capables de s'adapter [Millán 2007]. Pour cela, Vidaurre et al. [Vidaurre 2008] ont proposé différentes méthodes d'adaptation qui apportent des gains importants de performance sur des sujets difficiles [Vidaurre 2010].

Interface Synchrone et Asynchrone   Une autre propriété importante des ICM est la notion
de synchronicité [Lotte 2008]. Il existe deux principaux paradigmes.

Les ICM synchrones demandent au sujet d'accomplir certaines tâches mentales en réponse
à un stimulus. Par exemple, pour le clavier virtuel P300 [Farwell 1988], le sujet doit effectuer
une tâche mentale (compter par exemple) lorsque la lettre qu'il veut épeler clignote dans le
clavier virtuel (cf. Figure 2.4). Une des limites de cette approche est le fait que le sujet ne peut
communiquer que lors d'un stimulus. Ceci est souvent frustrant pour le sujet qui doit se plier
au scénario défini par le paradigme.

Dans les ICM asynchrones, le sujet est capable de contrôler la machine à tout moment, la
reconnaissance doit donc se faire en continu [Krusienski 2007]. Un exemple d'ICM asynchrone
est le contrôle d'un flipper en utilisant des tâches mentales de mouvement imaginé [Tanger-
mann 2009]. Dans cette application, la reconnaissance des tâches mentales est effectuée toutes
les 500 ms.

ICM-illettrisme   Un pourcentage non négligeable de la population humaine (15-20%) connaît
des difficultés importantes à utiliser des ICM [Vidaurre 2010]. Nous utilisons dans ce manuscrit
le terme ICM-illétré pour qualifier ces sujets bien que ce terme soit polémique dans la communauté. Ces sujets sont un vrai frein à la mise en œuvre grand public des ICM, et des méthodes
capables de s'adapter à ces sujets ont été proposées [Sannelli 2008]. Il subsiste néanmoins le défi
d'améliorer les performances des ICM sur toute la population humaine, et non pas uniquement
sur les groupes (bons ou mauvais) de sujets.

2.1.2   Types de mesures

Nous allons maintenant voir un aperçu rapide des différentes technologies utilisées dans
la phase d'acquisition des ICM [Wolpaw 2006, Dornhege 2007b]. Nous présentons d'abord les
technologies dites invasives, c'est-à-dire dont les capteurs sont placés à l'intérieur du crâne, puis
nous détaillons les technologies non-invasives, et plus particulièrement les mesures EEG, utilisées
dans ce manuscrit.

Technologies invasives   Lorsque les capteurs sont positionnés à l'intérieur du crâne, les mesures sont considérées comme invasives. Ces mesures situées au plus proche du cerveau ont le
double avantage d'être peu bruitées (bon Rapport Signal sur Bruit, RSB) et de permettre une
bonne précision spatiale. Il est en effet possible d'utiliser un grand nombre d'électrodes très
proches. Ces propriétés rendent les signaux acquis avec une technologie invasive plus faciles à
discriminer.

Par exemple, les mesures ElectroCorticoGrammes (ECoG) requièrent l'implantation d'électrodes sur la surface du cortex [Leuthardt 2004, Schalk 2007]. Ce type d'électrode est en général
implanté sur des patients épileptiques, dans le but de délimiter les zones responsables de crises
d'épilepsie avant lobectomie [Kuruvilla 2003]. Des applications de reconnaissance de mouvement
imaginé [Leuthardt 2004], et de reconstruction de mouvement [Pistohl 2008], ont montré le fort
potentiel des mesures ECoG.

Les Interfaces Neuronales Directes (IND), sont quant à elles implantées à l'intérieur du cortex, et sont en général constituées d'une grille d'électrodes capables de mesurer directement

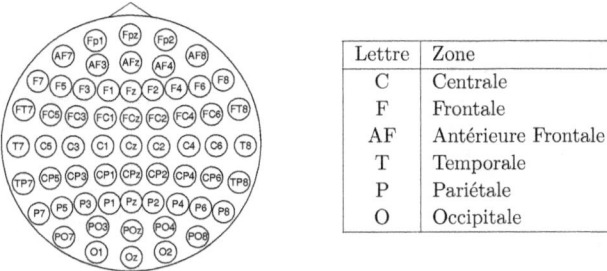

Lettre	Zone
C	Centrale
F	Frontale
AF	Antérieure Frontale
T	Temporale
P	Pariétale
O	Occipitale

FIGURE 2.2: Système international de positionnement d'électrodes 10-20 [ACNS 2004]. Les électrodes impaires sont situées sur la gauche du crâne alors que les électrodes paires sont sur la droite. Les lettres contenues dans les noms des électrodes correspondent aux zones qui sont données dans le tableau de droite.

l'activité d'un groupe de neurones [Isaacs 2000]. Des expérimentations ont montré la possibilité de reconstruire très précisément des mouvements à partir de signaux IND [Mehring 2003, Shpigelman 2004]. Il est évident que les mesures invasives sont pour le moment réservées aux patients à pathologie sévère de par l'intervention chirurgicale nécessaire pour la pose des capteurs.

Technologies non-invasives Si les capteurs sont positionnés à l'extérieur du crâne, les mesures sont dites non-invasives. La technologie la plus répandue pour ces interfaces est l'utilisation d'Électro-EncéphaloGrammes (EEG) [Blankertz 2006a, Schalk 2004]. Les EEG sont des mesures temporelles de tension électrique (de l'ordre du mV ou μV) directement sur le scalp du sujet. Les multiples électrodes permettent une bonne résolution spatiale et sont en générale positionnées selon le système international 10-20 (voir Figure 2.2). Cependant, les mesures EEG sont particulièrement bruitées de part la faible amplitude des signaux mesurés et sont connues pour avoir un mauvais rapport signal sur bruit. De plus, les signaux contiennent des mélanges de différents types d'activité neuronale et il existe des effets de conduction qui vont fortement atténuer l'information. Les signaux doivent en effet traverser la boîte crânienne avant d'être mesurés. Ce processus physique, appelé convolution dans le domaine du traitement du signal, a pour effet de modifier les signaux et de les rendre plus difficiles à détecter parmi le bruit de mesure. Malgré la présence importante de bruit, la technologie EEG est la plus utilisée en ICM pour les raisons suivantes : étant non invasive, elle ne nécessite pas d'intervention chirurgicale, ce qui permet son usage dans un large public ; de plus, la mise en œuvre du matériel d'acquisition est relativement rapide.

Il existe d'autres technologies de mesures ICM non-invasives mais elles sont difficiles à mettre en œuvre pour différentes raisons. Les mesures MagnetoEncéphaloGrammes (MEG) [Mellinger 2007] et Imagerie par Résonance Magnétique (IRM) fonctionnels [Weiskopf 2004] permettent une acquisition spatialement très précise et mesurent avec une bonne précision l'activité cérébrale. Elles sont cependant difficiles à mettre en œuvre à cause de la taille et du coût des appareils de mesure. Il existe aussi des capteurs de spectroscopie infrarouge qui permettent de détecter l'activité du cerveau, mais ils ont une mauvaise résolution spatiale et les mesures varient trop lentement pour une application temps réel [Sitaram 2007].

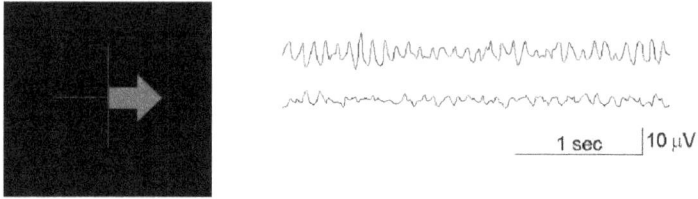

(a) Ordre visuel d'imagerie
motrice lorsque le sujet doit
effectuer une tâche de mouvement imaginé de sa main
droite

(b) Signaux de rythmes sensorimoteurs lorsque le sujet est au repos (dessus) et lorsque le sujet imagine
un mouvement (dessous). Image extraite de [Dorn-
hege 2007b]

FIGURE 2.3: Imagerie motrice. Dans la phase d'apprentissage il est demandé au sujet d'effectuer un certain
nombre de tâches mentales (par exemple mouvement de la main droite quand l'image (a) est affichée).
Les signaux (b) correspondant à chaque tâche mentale sont enregistrés. Dans la phase de test le sujet
décide lui-même des tâches mentales qui sont associées à des actions sur la machine.

2.1.3   Paradigmes et Applications

Cette section présente les deux paradigmes auxquels nous nous intéressons dans nos travaux : l'imagerie motrice et les potentiels évoqués. Des exemples d'application de chacun de ces
paradigmes sont aussi donnés.

Imagerie motrice

L'imagerie motrice est un paradigme d'ICM basé sur des tâches mentales d'imagination
de mouvement [Krusienski 2007, Schalk 2004]. Lorsqu'une personne n'effectue aucun mouvement, l'activité électrique autour du cortex moteur est dominée par des signaux contenant des
fréquences comprises entre 8 et 40 Hz. Ces signaux souvent appelés rythmes μ ou rythmes sensorimoteurs (SRM) ont tendance à s'atténuer lorsqu'un mouvement est planifié et exécuté, c'est
ce qui s'appelle la désynchronisation [Hill 2006] (Figure 2.3b). Or, ces désynchronisations apparaissent aussi (à moindre mesure) lorsque le mouvement est seulement imaginé, permettant
ainsi leur utilisation pour des sujets handicapés moteurs.

Les zones du cerveau où apparaît la désynchronisation dépendent du type de mouvement
imaginé, il est donc possible de reconnaître le mouvement. Par exemple, pour discriminer un
mouvement imaginé de la main droite ou de la main gauche, les électrodes C3 et C4 (sur le cortex
moteur) ainsi que leurs voisines spatiales sont en général utilisées [Pfurtscheller 2000]. Notons
que la désynchronisation est controlatérale, elle se passera donc en général dans lobe opposé au
membre dont le mouvement est imaginé. L'imagerie motrice est basée sur une mesure qui peut
être effectuée continûment, il est donc possible de proposer des ICM synchrones et asynchrones.
Une des difficultés de cette approche est que le nombre de tâches mentales différentes utilisables
est limité car le cortex moteur sur lequel sont mesurés les SRM est relativement petit et il est
difficile de différencier des mouvements proches (bras ou main par exemple).

Il existe de multiples applications des ICM basées sur l'imagerie motrice. La plupart utilisent
l'imagination du mouvement de la main gauche ou de la main droite soit pour effectuer une

discrimination binaire, soit pour extraire une caractéristique continue dans le but de contrôler continûment un curseur. Notons l'exemple du Wadworth Center qui a proposé une ICM de type biofeedback (basé sur BCI2000 [Schalk 2004]), où le sujet apprend à contrôler ses SRM pour déplacer un curseur permettant d'effectuer des choix [Wolpaw 2000, McFarland 2003].

Un autre exemple est le système Graz BCI [Pfurtscheller 2000] qui propose une application basée sur l'apprentissage statistique pour la reconnaissance de différentes tâches mentales. Ce type de reconnaissance permet à l'utilisateur de faire des choix binaires. Une reconnaissance de deux tâches mentales peut aussi mener à des applications plus complexes. Blankertz et al [Blankertz 2006b] utilisent par exemple un hexagone pour permettre au sujet de choisir parmi six choix (un par coté). Pour cela, une des tâches mentales (mouvement main droite) permet de faire tourner un curseur sur l'hexagone et donc de changer de choix alors que la seconde tâche mentale (mouvement pied droit) permet de valider le choix pointé par le curseur. Cette approche astucieuse permet de sélectionner efficacement une lettre dans l'alphabet (la répétition de cette procédure permet en effet de choisir parmi 6×6 symboles).

Potentiels évoqués

Les potentiels évoqués sont des signaux qui apparaissent dans les enregistrements EEG pendant ou en réponse à un évènement sensoriel, moteur ou psychologique [Luck 2005]. Chaque potentiel évoqué apparaît avec un délai temporel fixe par rapport au stimulus. Leur amplitude est en général plus petite que l'activité EEG spontanée, ce qui les rend difficiles à détecter.

Le potentiel évoqué le plus utilisé en ICM est le P300. Il apparaît 300 ms après un évènement rare. Ce signal a été utilisé pour la première fois en ICM par [Farwell 1988] qui a proposé de le détecter sur le sommet du crâne (électrode Cz). Cependant, des applications récentes ont montré que l'utilisation de mesures effectuées sur le cortex visuel mène à de meilleures performances (électrodes O1, Oz, O2 [Krusienski 2008]). Cela peut être dû au fait que lorsque le sujet visualise l'évènement, de l'information peut être extraite des capteurs situés sur le cortex visuel.

Il existe plusieurs autres potentiels évoqués qui peuvent être utilisés en ICM. Par exemple, Le potentiel évoqué d'erreur apparaît, lorsque le sujet commet une erreur [Luck 2005]. Dans ce cas-là, deux types d'évènements peuvent provoquer des potentiels différents : soit lorsqu'il répond et qu'il sait qu'il a commis une erreur (répondu trop vite par exemple), soit lorsque l'on informe le sujet d'une erreur qu'il a faite. Ces deux potentiels sont en général détectés à proximité de la zone centrale légèrement sur le devant du crâne. Il existe aussi un troisième type de potentiel d'erreur, qui peut être mesuré lorsque l'ICM produit une erreur. Ce potentiel, dont l'existence a été montrée par [Ferrez 2007], apparaît donc lorsque le sujet est mécontent à cause d'une erreur de la machine. Sa détection permet ainsi de corriger l'erreur et d'améliorer les performances.

Les potentiels évoqués sont toujours liés à un stimulus, ce qui limite leur utilisation aux ICM synchrones. De plus, comme nous l'avons vu, le rapport signal sur bruit est particulièrement faible pour les potentiels évoqués, des méthodes de moyennage sont donc souvent utilisées [Dornhege 2007b]. Un exemple de ces signaux moyennés pour le potentiel évoqué P300 est tracé Figure 2.4b.

L'application la plus connue faisant appel aux potentiels évoqués est le clavier virtuel "P300 Speller" proposé par [Farwell 1988], permettant la communication écrite aux patients à handicap moteur sévère. Dans cette application le sujet est face à une matrice de taille 6×6 qui contient

(a) Clavier virtuel P300 : le sujet se concentre sur une lettre et les colonnes/lignes du clavier sont flashées

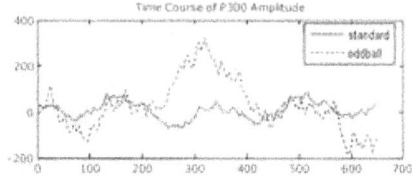

(b) Signal moyenné contenant le potentiel évoqué P300 (en bleu) et signal moyenné ne le contenant pas (en rouge)

FIGURE 2.4: Paradigme du clavier virtuel P300. Le sujet se concentre sur une lettre du clavier virtuel (a). Les colonnes et les lignes du clavier clignotent plusieurs fois. Les signaux moyens de chaque ligne et colonne sont utilisés pour retrouver la lettre cible.

des caractères et des chiffres (Voir Figure 2.4). Le sujet se concentre sur la lettre qu'il veut épeler, la machine fait clignoter plusieurs fois chaque ligne/colonne. Le clignotement de la lettre voulue est rare (1 clignotement sur 6), et provoque donc l'apparition du signal P300 dans les mesures EEG.

Le sujet peut aussi compter lorsque la lettre sélectionnée clignote, pour améliorer le taux de détection. Cette application est classique en ICM et de nombreux outils logiciels comme BCI2000 [Schalk 2004] et OpenVibe [Renard 2010] proposent un scénario de clavier virtuel P300. Il est à noter que les potentiels P300 peuvent aussi être provoqués par un évènement sonore comme le montrent les travaux de [Furdea 2009]. Un clavier virtuel similaire est proposé avec les colonnes et lignes repérées grâce à un nombre parlé, mais les taux de reconnaissance sont moins bons que ceux du clavier virtuel visuel. Une autre approche consiste à utiliser des stimuli répartis spatialement autour du sujet [Schreuder 2010]. Le sujet se concentre sur une direction, et donc sur un des hauts parleurs situés autour de lui, pour sélectionner parmi plusieurs actions. L'utilisation de stimuli audio est intéressante lorsque le sujet est dans l'incapacité de fixer la lettre cible, ce qui est nécessaire pour le P300 visuel.

2.2   État de l'art

Nous présentons un état de l'art concis des différentes étapes nécessaires à la reconnaissance de tâches mentales en ICM. La section 2.2.1 traite des méthodes de traitement du signal, la section 2.2.2 introduit les différentes méthodes d'extraction de caractéristiques et la section 2.2.3 présente les approches d'apprentissage statistique d'intérêt pour les ICM.

2.2.1   Filtrage des signaux et pré-traitement

Le filtrage est une étape récurrente dans les ICM. Comme nous l'avons déjà vu, les mesures EEG sont particulièrement bruitées et le filtrage est une première manière d'améliorer le Rapport Signal sur Bruit (RSB). Il existe deux approches complémentaires pour filtrer un signal multidimensionnel comme un signal EEG. Le filtrage temporel consiste à traiter les signaux de chaque électrode indépendamment et d'appliquer une pondération d'échantillons temporels. Le filtrage spatial, lui, consiste à effectuer des sommes pondérées de signaux provenant d'électrodes différentes en prenant en compte le voisinage spatial de ces électrodes.

Filtrage temporel Les filtres les plus utilisés dans la littérature sont des filtres linéaires. Il est en effet logique de filtrer les signaux de manière à ne conserver que l'information intéressante pour la tâche de classification. Ces filtres supposent cependant que le bruit existant dans les mesures est stationnaire. Ceci est bien entendu une approximation car les mesures ICM sont réputées pour être non-stationnaires.

De multiples filtrages linéaires ont été proposés et sont régulièrement utilisés [Dornhege 2007a]. Il est par exemple commun d'appliquer un filtre passe-bande [Blankertz 2006c]. Les filtres les plus utilisés sont ceux de Tchebychev [Labbé 2010] ou de Butterworth [Lotte 2010b]. Les bandes passantes dépendent du paradigme utilisé. Par exemple, pour les potentiels évoqués, qui sont des signaux qui varient lentement, un filtrage passe-bande de fréquences basses est en général utilisé ([1-10] Hz [Rakotomamonjy 2008b] ou [0.5-30] Hz [Kaper 2004]). Dans le cas du paradigme d'imagerie motrice, la bande passante choisie correspond en général, à la bande des rythmes sensorimoteurs, c'est-à-dire [8-30] Hz [Lotte 2010b]. Enfin, pour des tâches de prédiction de mouvement d'un membre, le filtre de Savitsky-Golay a été proposé comme pré-traitement avant décodage du mouvement par filtre de Kalman [Pistohl 2008].

L'utilisation de filtrage temporel permet d'améliorer le rapport signal sur bruit et donc de rendre les signaux plus facilement reconnaissables. Cependant, le type de filtre et surtout sa bande passante sont des paramètres très importants comme l'ont montré les multiples compétitions internationales de reconnaissance de signaux ICM [Blankertz 2006c, Labbé 2010].

Filtrage spatial Le filtrage spatial est aussi une étape classique de débruitage en ICM. Il peut être vu comme une projection des signaux EEG de chaque électrode vers un espace où ils seront plus faciles à discriminer.

La projection la plus simple consiste à sélectionner les électrodes. Ceci peut se faire en utilisant une connaissance *a priori* sur la tâche de reconnaissance. Par exemple, on conserve uniquement les électrodes positionnées sur le cortex sensorimoteur pour une tâche d'imagerie motrice [Pfurtscheller 2000] ou les électrodes localisées au niveau du cortex visuel pour des potentiels évoqués [Krusienski 2008]. Nous verrons également section 2.3.2 qu'il existe des méthodes pour sélectionner automatiquement les capteurs les plus pertinents pour la reconnaissance.

Les mesures EEG sont des mesures de tension par rapport à une électrode de référence. Cette dernière, qui est généralement positionnée sur le front ou sur l'oreille du sujet, peut ne pas être optimale. Une autre approche est souvent utilisée pour obtenir une référence : la référence moyenne commune (CAR, Common Average Reference en anglais). Ce filtrage spatial consiste à retirer à toutes les électrodes leur valeur moyenne pour atténuer le bruit de mesure [McFarland 1997, Dornhege 2007a]. Le filtrage spatial laplacien, quant à lui, est un filtrage spatialement localisé puisqu'il ne prendra en compte que les électrodes voisines pour filtrer un signal donné [McFarland 1997].

Tous les filtres spatiaux présentés jusqu'à maintenant sont appliqués en se basant sur une connaissance *a priori* et sont fixés par l'utilisateur d'ICM. Mais il est aussi possible d'apprendre une projection maximisant la séparation entre les classes et donc améliorer les performances de prédiction. C'est le cas des filtres spatiaux xDAWN qui visent à débruiter des potentiels évoqués en maximisant le rapport signal sur signal + bruit [Rivet 2009].

De leur côté, les filtres CSP [Ramoser 2000] (Common Spatial Patterns en anglais) ont été proposés pour la discrimination en imagerie motrice. Dans ce cas-là, les caractéristiques discriminantes sont extraites en calculant la variance du signal (rythmes sensorimoteurs). Le but des CSP est donc de maximiser la différence de variance entre les signaux de chaque tâche mentale. Il existe aussi une extension de ces filtres permettant de prendre en compte l'aspect temporel des signaux [Dornhege 2006]. Finalement, différentes méthodes de régularisation ont été proposées pour régulariser lors de l'apprentissage (voir Chapitre 3). Ces régularisations ont été comparées dans les travaux de [Lotte 2010b].

2.2.2 Extraction de Caractéristiques

En ICM, il existe deux types de caractéristiques principalement utilisés [Dornhege 2007a] : les caractéristiques d'amplitude temporelle et les caractéristiques fréquentielles. Les premières ne requièrent aucune extraction de caractéristiques particulière puisque l'on classifie directement le signal, alors que les secondes nécessitent l'utilisation d'une extraction de puissance en fréquence telle que le calcul de la variance du signal dans une fenêtre temporelle. Le fait que la puissance soit calculée sur une fenêtre temporelle implique que cette puissance varie avec le temps. La dénomination « caractéristiques fréquentielles » dans ce manuscrit correspond donc à ce qui s'appelle une étude temps-fréquence en traitement du signal.

Signaux bruts Les caractéristiques d'amplitude temporelle consistent à utiliser directement le signal temporel de chaque électrode dans une fenêtre temporelle. Ce sont les caractéristiques les plus communes pour la reconnaissance de potentiels évoqués. Ces derniers sont en effet localisés temporellement et se superposent à un signal de bruit. L'extraction de caractéristiques se résume donc à conserver une fenêtre temporelle autour de l'apparition présumée du potentiel évoqué [Farwell 1988, Blankertz 2006c, Blankertz 2004, Dornhege 2007b]. En général, une étape de sous-échantillonnage est effectuée pour réduire la dimensionnalité du système. Le taux de sous-échantillonnage est souvent sélectionné par rapport à la bande passante du filtre temporel appliqué auparavant.

Les paramètres d'extraction de caractéristiques les plus importants sont le type de filtre temporel et spatial choisi pour le débruitage, la bande passante, et le paramètre de sous-échantillonnage. De très bonnes performances ont été obtenues en utilisant ce type de caractéristiques couplé avec une validation croisée pour la sélection des paramètres [Labbé 2010].

Puissance spectrale Un autre type de caractéristiques, cette fois-ci non linéaire, correspond à extraire la puissance spectrale dans une bande de fréquence donnée (PSD pour Power Spectral Density en anglais). Par exemple, pour la Compétition BCI III [Blankertz 2004], le 5e défi consistait à prédire continûment la tâche mentale effectuée par un sujet. Trois tâches mentales étaient possibles : mouvement imaginé de la main droite, de la main gauche et association à un mot. Les caractéristiques extraites par les organisateurs étaient la puissance dans différentes bandes de fréquence pour chaque capteur [Chiappa 2003].

Une approche commune en ICM pour extraire des caractéristiques de puissance robustes est l'utilisation du filtrage spatial CSP [Ramoser 2000, Dornhege 2006], abordé dans la section précédente. Ces filtres maximisent la différence de variance entre les différentes tâches mentales.

Après filtrage, la PSD peut être extraite en calculant la variance du signal sur une fenêtre temporelle. Notons que, dans le cas des CSP, la bande de fréquence pour laquelle la puissance est calculée est sélectionnée par le filtre temporel passe-bande [Lotte 2010b].

Il existe également une méthode visant à extraire automatiquement les caractéristiques à l'aide d'un *Echo State Network*, une forme de réseaux de neurones récurrents. Dans un cadre d'imagerie motrice, les états internes du réseau récurrent peuvent être vus comme des extractions de caractéristiques non linéaires. Les caractéristiques pertinentes sont ensuite sélectionnées à l'aide d'un classifieur parcimonieux [Gouy-Pailler 2010].

Les paramètres pour l'extraction de caractéristiques de puissance spectrale sont tout d'abord la bande passante du filtre (ou les bandes lorsqu'on veut estimer la puissance dans plusieurs bandes), et le nombre de filtres spatiaux conservés lorsque l'on utilise les CSP.

2.2.3 Classification des signaux

Nous nous situons dans le cadre des ICM basées sur l'apprentissage statistique. L'étape de classification se fait donc en utilisant un classifieur appris sur des données d'apprentissage. Ces données sont des exemples de signaux correspondant à chaque tâche mentale. Le but de l'apprentissage supervisé est d'apprendre, à partir de ces exemples, une fonction de prédiction permettant de déterminer la tâche mentale associée à une nouvelle mesure. L'apprentissage supervisé dans un cadre de discrimination est introduit plus en détail dans le chapitre suivant.

Une grande partie des méthodes de classification développées par la communauté d'apprentissage statistique ont été testées sur des applications ICM. Pour une comparaison complète, nous référons le lecteur aux travaux de Fabien Lotte [Lotte 2007].

La majorité des applications ICM fait appel à des classifieurs linéaires [Muller 2003, Krusienski 2006]. Les potentiels évoqués étant additifs, ils peuvent être discriminés directement sur les signaux temporels. Dans le cadre de l'imagerie motrice, l'extraction de caractéristiques non linéaires PSD permet de linéariser le problème de classification. Il existe cependant certains exemples où la non-linéarité permet d'améliorer les performances [Meinicke 2003, Labbé 2010].

Les classifieurs linéaires les plus communs sont le discriminateur de Fisher (FDA pour Fisher Discriminant Analysis ou LDA pour Linear Discriminant Analysis) [Lotte 2010b] et le SWLDA (Stepwise Linear Discriminant Analysis) qui consiste à apprendre un classifieur LDA sur des caractéristiques sélectionnées par test statistique [Krusienski 2006]. Les deux approches précédentes nécessitent le choix d'une valeur pour le paramètre de régularisation, ce qui aura un fort impact sur les performances de prédiction. Une approche qui permet de s'affranchir du paramètre de régularisation est l'apprentissage d'un classifieur linéaire Bayésien (BLDA pour Bayesian Linear Discriminant Analysis) [Hoffmann 2008, Rivet 2009]. Finalement, nous pouvons citer les Séparateurs à Vaste Marge (SVM) linéaires, qui ont obtenu de bons résultats dans les compétitions internationales [Rakotomamonjy 2008b, Kaper 2004]. Les comparaisons de ces classifieurs linéaires ne montrent pas de différence significative en terme de performance [Krusienski 2006, Garrett 2003]. Nous nous concentrons dans ce manuscrit sur les SVM qui sont définis dans le chapitre suivant.

Il est également possible d'intégrer des connaissances *a priori* lors de l'apprentissage du classifieur. Tomioka [Tomioka 2010a] propose d'utiliser une régularisation pour sélectionner des capteurs ou pour promouvoir des classifieurs dans des espaces linéaires de faible dimension. Cette dernière régularisation est similaire à l'approche xDAWN [Rivet 2009] qui consiste à projeter les signaux dans un sous-espace puis à les classifier. La différence principale est que l'approche

de Tomioka permet d'apprendre une projection discriminante alors que xDAWN propose une
projection visant le débruitage des signaux.

2.2.4 Évaluation des performances

Dans nos travaux, nous nous sommes concentrés sur la tâche de classification de signaux.
Quel que soit le paradigme ICM, utilisé, il est bien évident qu'il faut être capable d'évaluer les
performances de nos méthodes d'une manière quantitative [Schlögl 2007]. Il existe de multiples
manières d'évaluer les performances en ICM reflétées par les différentes compétitions internationales [Blankertz 2006c, Blankertz 2004].

Imagerie motrice   La méthode d'évaluation qui semble la plus intuitive est le taux de bonne
classification c'est-à-dire le nombre d'exemples qui ont été bien classés divisé par le nombre total
d'exemples. C'est une mesure souvent utilisée pour les tâches d'imagerie motrice [Lotte 2010b,
Pfurtscheller 2000] et dans la majorité des jeux de données des compétitions ICM[2]. Notons
qu'elle peut aussi être utilisée pour évaluer une un étiquetage de séquence [Chiappa 2003].

Potentiel évoqué et clavier virtuel   Dans le cadre du clavier virtuel P300, le taux de
bonne classification est le nombre de lettres bien épelées divisé par le nombre total de lettres
épelées [Rakotomamonjy 2008b]. Ce taux est en effet une bonne mesure de performance pour
un clavier, mais à cause de contraintes de temps, seul un petit nombre de lettres sont épelées, ce
qui le rend imprécis pour évaluer un classifieur donné [Cecotti 2011]. Une mesure plus robuste
est le taux de bonne classification du signal P300, il y a en effet bien plus de signaux enregistrés
que de lettres épelées (nb. répétitions $\times$ 12 pour une matrice 6×6). Toutefois, par définition,
le P300 est un signal apparaissant rarement (proba. de $1/6$ pour un clavier virtuel 6×6). Un
classifieur ne détectant jamais le P300 aurait avec cette mesure une performance apparemment
correcte (83% de taux de reconnaissance).

Dans nos travaux, nous avons utilisé la mesure d'aire sous la courbe COR (AUC pour Area
Under the Receiver Operating Characteristic (ROC) en anglais) qui est moins sensible aux
problèmes à données déséquilibrées. Elle a déjà été utilisée pour la compétition ICM MLSP
2010 [Hild II 2010]. Il existe une interprétation probabiliste de l'aire sous la courbe ROC. [Cle-
mençon 2008, Depecker 2010] : c'est la probabilité que le score d'un échantillon de la classe +1
soit supérieur ou égal au score d'un échantillon de la classe -1. Comme le clavier P300 est basé
sur une mesure de score du classifieur, la colonne/ligne sélectionnée est celle ayant un score
maximum. C'est à notre avis un des meilleurs estimateurs de la performance d'un classifieur
pour clavier P300.

2.3 Challenges et recherches en cours

La communauté de chercheurs en ICM est une communauté particulièrement active. Il existe
de multiples directions de recherche qui tendent à améliorer les performances des ICMs. Nous
introduisons par la suite trois défis auxquels nous nous sommes intéressés dans nos travaux.

---

2. Compétitions ICM : `http://www.bbci.de/competition/`

2.3.1 Réduction du temps d'apprentissage, transfert de connaissances

Un des paramètres les plus sensibles pour l'adoption d'une ICM en utilisation grand public est le temps d'apprentissage. Le temps d'apprentissage est le temps nécessaire avant que le sujet puisse utiliser l'interface. Lorsque l'on utilise l'approche apprentissage statistique, des exemples d'apprentissage sont nécessaires et l'on demande au sujet d'effectuer des tâches mentales pendant un certain temps pour obtenir un ensemble d'apprentissage. L'amélioration des ICM peut ainsi se faire en utilisant des classifieurs plus robustes nécessitant moins d'exemples d'apprentissage.

Sans apprentissage L'approche la plus extrême pour réduire le temps d'apprentissage est de ne pas apprendre. Par exemple, [Krauledat 2008] proposent de sélectionner des filtrages spatiaux CSP robustes sur un ensemble de mesures. Leur but est d'apprendre un classifieur robuste pour ce sujet, ce qui évitera de le réapprendre à la prochaine utilisation. Les signaux EEG étant non stationnaires, c'est-à-dire qu'ils évoluent d'une session de mesures à l'autre, une méthode d'adaptation du biais du classifieur est aussi utilisée (voir chapitre suivant pour plus d'informations sur le biais). Une autre approche consiste à utiliser un classifieur général moyen qui prédit au mieux sur une population de sujets. Dans leurs travaux, [Fazli 2009] apprennent un classifieur indépendant du sujet sur un ensemble important de 45 sujets. Ils apprennent ce classifieur moyen à partir de classifieurs faibles spécifiques à chaque sujet. Les résultats obtenus ont permis d'apprendre un classifieur générique avec une faible perte de performance par rapport aux classifieurs spécialisés.

Transfert de connaissances Le transfert de connaissances est une approche permettant d'obtenir des classifieurs robustes lorsque le nombre d'exemples d'apprentissage disponibles est faible. Il repose sur le principe que, si l'on a plusieurs problèmes de classification à apprendre, et si ces problèmes sont similaires, alors il est avantageux de transférer l'information entre eux. En ICM, un classifieur est appris par sujet (parfois même par session), il y a donc naturellement plusieurs problèmes similaires de classification à apprendre.

Par exemple, Lotte et al. [Lotte 2010a] ont montré que l'on peut régulariser le filtrage spatial du CSP en utilisant des filtrages spatiaux appris sur d'autres sujets. C'est une manière de prendre en compte les données provenant d'autres tâches de classification.

De même, Alamgir et al. [Alamgir 2010] ont supposé que les paramètres des classifieurs de chaque tâche sont tirés à partir d'une loi gaussienne multidimensionnelle. Cette loi est elle-même paramétrée par son espérance (correspondant au classifieur moyen) et sa covariance représentant la variabilité des paramètres des classifieurs. L'espérance et la covariance sont donc estimées sur l'ensemble des sujets, et sont utilisées pour régulariser l'apprentissage des classifieurs. Cette dernière approche est plus connue dans la communauté d'apprentissage statistique sous le nom d'apprentissage multitâche. La section 3.3 est dédiée à ce type de méthodes dans le chapitre suivant.

2.3.2 Extraction de caractéristiques et sélection de capteurs

Sélection de paramètres Nous avons vu, dans la section 2.2, l'importance de l'étape d'extraction de caractéristiques dans les applications ICM. La sélection des paramètres utilisés lors de l'étape de filtrage/extraction de caractéristiques peut se faire par validation. La validation se fait par découpage des données d'apprentissage en un ensemble d'apprentissage et de test. Les paramètres sont ainsi sélectionnés de manière à maximiser les performances sur l'ensemble de validation [Lotte 2010b]. Une bonne validation est décisive, comme l'ont montré des résultats dans les compétitions internationales [Rakotomamonjy 2008b, Labbé 2010]. Des résultats récents ont aussi montré l'intérêt d'apprendre les filtres simultanément avec le classifieur [Flamary 2011b] pour des ICM basées sur le paradigme d'imagerie motrice.

Sélection de capteurs Un problème d'extraction de caractéristiques particulièrement intéressant dans le cadre des ICM est la sélection de capteurs. La réduction du nombre de capteurs est en effet souhaitable pour des raisons de coût des casques de mesures EEG. De plus, le temps de mise en œuvre est réduit proportionnellement au nombre de capteurs, et la sélection de capteurs induit une réduction de la dimensionnalité des signaux à classifier. Les capteurs discriminants peuvent être sélectionnés en utilisant des connaissances *a priori* sur le fonctionnement des différentes parties du cerveau : cortex visuel pour les potentiels évoqués [Krusienski 2008] et cortex sensorimoteurs pour l'imagerie motrice [Pfurtscheller 2000].

Plus récemment, un intérêt s'est porté vers la sélection automatique des capteurs [Tangermann 2007]. Une approche consiste à ajouter/enlever des capteurs et à sélectionner le modèle ayant les meilleures performances en validation croisée [Rakotomamonjy 2008b]. Une autre approche, plus légère en temps de calcul, consiste à effectuer un tri sur les canaux par rapport à une mesure de pertinence (rapport signal sur bruit pour [Rivet 2010, Cecotti 2011] ou d'importance du capteur dans la fonction de décision [Labbé 2010]), puis à conserver les capteurs les plus pertinents.

Ces approches séparent la tâche de sélection de capteurs de la tâche d'apprentissage du classifieur. Cependant, il existe aussi des approches globales qui visent à sélectionner les capteurs et apprendre le classifieur simultanément. Par exemple, [Jrad 2011b] utilise une méthode de sélection de noyaux sélectionner automatiquement les capteurs discriminants. Nous citerons également l'approche équivalente de [Tomioka 2010a], basée sur l'utilisation de normes mixtes comme terme de régularisation. Ces dernières méthodes nous semblent les plus appropriées puisque la sélection de capteurs et l'apprentissage du classifieur visent tous deux à de bonnes performances en classification.

2.3.3 Adaptation et bruit de classification

Les signaux ICM, en plus d'être particulièrement bruités, sont non stationnaires, ce qui signifie que leurs caractéristiques évoluent au cours du temps et des sessions d'enregistrement. En apprentissage statistique supervisé, on suppose que les données d'apprentissage et les données de test ont été tirées de la même loi de probabilité. Malheureusement, la non-stationnarité des signaux rend cette hypothèse invalide [Millán 2007]. Il y a donc un besoin important d'approches capables de s'adapter en ligne, c'est-à-dire au fur et à mesure de l'utilisation de l'ICM [Millán 2004].

Des méthodes d'adaptation temporelle ont été proposées dans la littérature. Nous présentons d'abord les travaux de Vidaurre et al [Vidaurre 2010] qui visent à mettre à jour itérativement un classifieur LDA de manière supervisée lorsque les classes sont connues. Cependant, dans la réalité, il est souvent impossible de connaître la tâche mentale réelle et ce type d'adaptation est utilisable uniquement lors de séances de calibration. Un classifieur peut être mis à jour de manière non supervisée en modifiant le biais et la matrice de covariance, qui ne nécessitent pas la connaissance des vraies classes [Vidaurre 2008, Blumberg 2007]. Il est aussi possible de détecter une erreur de classification en reconnaissant un potentiel évoqué d'erreur. Comme nous l'avons vu section 2.1.3, ce type de potentiel peut être utilisé pour adapter le classifieur [Buttfield 2006,Ferrez 2007]. Finalement, la plupart des travaux en adaptation de classifieur permettent au sujet de visualiser la sortie du classifieur, ce dernier peut donc essayer de s'adapter à la machine : c'est le biofeedback présenté dans la figure 2.1.

Un autre type de bruit apparaissant régulièrement en ICM est celui dit de de classification. Lors de l'étape de calibration, il est demandé au sujet d'effectuer plusieurs tâches mentales. En pratique, un manque d'attention ou une fatigue du sujet peut fausser certains exemples et entraîner du bruit de classification [Angluin 1988]. Une méthode a été proposée dans le cadre des ICM asynchrones par [Gouy-Pailler 2011] pour limiter l'impact de ce type de bruit. Ils proposent pour cela de déterminer les exemples mal classifiés par une étape de validation croisée. Un apprentissage basé uniquement sur les exemples sélectionnés leur a permis d'améliorer les performances de classification.

2.4 Contributions

Nous avons présenté un état de l'art non exhaustif des ICM et des méthodes les plus communément utilisées pour le traitement du signal, l'extraction de caractéristiques et la classification. Nous introduisons dans la suite nos contributions et les situons par rapport à l'état de l'art. Pour cela, nous proposons un tableau récapitulatif table 2.1.

2.4.1 Filtrage et Extraction de caractéristiques

Nous avons déjà souligné l'importance de l'extraction de caractéristiques pour les ICM. Dans nos travaux, nous nous sommes intéressés aux problèmes du bruit présent dans les caractéristiques lors de la décision séquentielle, dans le cadre des ICM asynchrones. Il est bien connu qu'il existe un bruit additif dans les caractéristiques, mais d'autres bruits liés à l'activité cérébrale s'y ajoutent.

Une caractéristique des signaux ICM, pouvant être considérée comme du bruit, est le délai existant entre la tâche mentale et les signaux mesurés. Par exemple, [Pistohl 2008] a montré la nécessité d'appliquer un délai aux signaux pour les synchroniser avec le mouvement réel. Dans leur article, le délai est sélectionné par validation, pour maximiser la corrélation entre leur prédicteur et le mouvement réel. Une autre illustration des problèmes de délai est le cas des interfaces multimodales. Supposons que l'on veuille interagir avec un ordinateur en utilisant des mesures de différentes modalités (EEG, EMG, ...). Chaque modalité a son propre délai, comme l'a montré [Salenius 1996], et il devient alors difficile de synchroniser tous les signaux manuellement.

Les décalages temporels sont un cas particulier de bruit convolutionnel. La réponse impulsionnelle associée au délai temporel est un signal Dirac décalé dans le temps. De plus, la convolution est un processus physique apparaissant aussi lors de la mesure des signaux. Par exemple, la traversée de l'os crânien par les signaux a pour effet, à la fois de les atténuer, et de couper leurs composantes hautes fréquences. Il est facile de voir ce dernier effet sur la bande de fréquence utilisable des signaux EEG (0-40 Hz) qui est bien plus petite que celle des signaux ECoG mesurés sous le crâne (0-200 Hz) [Dornhege 2007b].

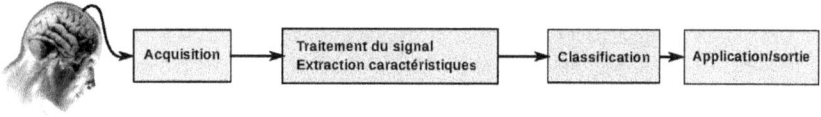

Paradigme	Acquisition	Traitement du signal (TS) et extraction de caractéristiques (EC)	Classification	Application
Potentiel évoqué	EEG	TS : – Filtrage passe-bande ($\approx$[1-10]Hz) – Sous-échantillonnage (Shannon) – Sélection de capteurs – Filtrage spatial (xDAWN) EC : – Caractéristiques temporelles	Classifieur : – LDA – SVM Transfert : – Multitâche	– Clavier virtuel – Choix d'actions
Imagerie motrice	EEG	TS : – Filtrage passe-bande ($\approx$[8-30]Hz ou sous-bandes) – Sélection de capteurs, de bandes – Filtrage spatial (CSP) EC : – Caractéristiques de puissance – Filtrage de chaque caractéristique	Classifieur : – LDA – SVM	– Clavier virtuel – Choix d'actions asynchrone

TABLEAU 2.1: Récapitulatif de l'état de l'art et de nos contributions. Les approches classiques sont reportées. Les choix technologiques que nous avons fait pour nos expérimentations numériques sont en bleu et les domaines où nous avons apporté une contribution sont reportés en vert.

Dans nos travaux, nous nous attaquons au problème de bruit convolutionnel en apprenant un filtrage temporel (une convolution) maximisant la séparation des tâches mentales. Il nous est ainsi possible de nous adapter aux caractéristiques de chaque canal (délai, bruit additif, …) en apprenant un filtre par canal. En pratique, nous apprenons conjointement le classifieur d'échantillons temporels et le filtrage qui maximisent la marge. Cette approche, qui peut aussi être vue comme une méthode d'apprentissage de noyaux, est décrite dans le Chapitre 4 (Filtrage vaste marge). Dans le cadre des ICM, le filtrage vaste marge [Flamary 2010a, Flamary 2010b] s'inscrit comme une méthode d'apprentissage supervisé qui filtre automatiquement les signaux (ou caractéristiques pré-calculées) pour minimiser le risque empirique et améliorer les performances de reconnaissance de tâches mentales dans les ICM asynchrones.

2.4.2 Sélection de capteurs

Le problème de la sélection de capteurs est très important en ICM pour des raisons de coût matériel, de temps de mise en œuvre et de performances. Pour nous attaquer à ce problème, nous nous sommes inspirés de l'approche de Tomioka [Tomioka 2010a]. Cette dernière nous a semblé judicieuse car elle permet de sélectionner les capteurs et d'apprendre le classifieur de manière jointe. Ainsi, nous évitons les approches à plusieurs étapes qui mènent soit à une sélection non optimale vis-à-vis du critère final, soit à des temps de calcul prohibitifs.

Nous avons tout d'abord étendu le filtrage vaste marge en utilisant une régularisation similaire à celle de Tomioka. Cette régularisation sur le filtrage temporel nous permet de sélectionner automatiquement les canaux pertinents. Cette approche peut être utilisée pour sélectionner les électrodes EEG ou les bandes de fréquences intéressante dans un cadre d'imagerie motrice (Chapitre 4. Filtrage vaste marge).

Dans le cadre des ICM synchrones, il nous a paru intéressant d'étudier le comportement d'une famille de régularisations plus riches que celle proposée par Tomioka pour la sélection de capteurs : les normes mixtes. Nous avons aussi proposé l'utilisation d'une variation des normes mixtes, le *group-lasso* adaptatif, pour promouvoir une sélection de capteurs de manière plus agressive. Le chapitre 6 (Régularisations pour la classification de potentiels évoqués) contient une comparaison des différentes régularisations que nous avons proposées pour la sélection de capteurs en ICM synchrones. Les différentes méthodes sont comparées sur plusieurs bases de données de détection de potentiels évoqués.

2.4.3 Apprentissage multitâche

L'apprentissage multitâche est une approche possible pour transférer de la connaissance dans le cadre des ICM. Comme nous l'avons vu dans la section précédente, il est nécessaire d'adapter le classifieur à chaque sujet. Mais lorsque les tâches de classification sont similaires, il peut être intéressant de transférer entre les classifieurs, de l'information spécifique aux sujets. Les travaux de Alamgir [Alamgir 2010] ont ainsi montré qu'apprendre tous les classifieurs de manière jointe, permet d'améliorer sensiblement les performances dans le cadre des ICM de type imagerie motrice.

Dans ce manuscrit, nous proposons une approche d'apprentissage multitâche basé sur une sélection jointe de caractéristiques. Notre approche, présentée dans le chapitre 5 (Apprentissage multitâche parcimonieux), consiste à sélectionner automatiquement les caractéristiques pertinentes pour toutes les tâches de classification. Cette démarche a été testée dans le cadre de la détection de signaux P300 [Flamary 2009a, Rakotomamonjy 2011]. Nous nous sommes aussi intéressés au problème d'apprentissage multitâche dans le chapitre 6 (Régularisations pour la classification de potentiels évoqués). Dans ce chapitre, nous généralisons l'approche de Tomioka pour la sélection de capteurs dans un cadre multitâche. Nous y proposons également l'utilisation d'un terme de régularisation qui promeut la similarité entre tâches. Ce terme est intéressant car il permet de prendre en compte le fait que les différentes tâches de classification pour chaque sujet sont similaires.

CHAPITRE 3

Apprentissage statistique supervisé pour le signal

Sommaire

L'apprentissage statistique, aussi appelé apprentissage automatique ou "Machine Learning" en anglais, est un domaine où le but est d'apprendre à la machine à traiter automatiquement des données. Les méthodes d'apprentissage statistique sont en général, utilisées lorsque les données sont trop complexes pour être traitées par des algorithmes plus classiques. Nos travaux se situent dans le cadre de l'apprentissage supervisé, et plus précisément de la discrimination. Le but de la discrimination est d'apprendre à la machine à catégoriser automatiquement une observation parmi un nombre fixé et connu de catégories, appelées aussi classes ou étiquettes. Cela se fait en utilisant un ensemble d'apprentissage, c'est-à-dire un ensemble d'exemples de chaque classe sur lequel les classes sont connues [Duda 2001, Hastie 2001].

Le cas particulier de la reconnaissance de formes et de caractères écrits, sont des problèmes complexe pour une machine. De bons résultats ont cependant été obtenus avec des méthodes d'apprentissage statistique telles que les réseaux de neurones [Haykin 1994, Le Cun 1998] ou les séparateurs à vaste marge (SVM) [Schölkopf 2001b]. De même, comme nous l'avons vu dans le chapitre précédent, les méthodes d'apprentissage statistique sont largement utilisées dans le cadre des ICM pour la reconnaissance de tâches mentales.

Ce chapitre a pour but de présenter brièvement plusieurs approches d'apprentissage statistique supervisé. Nous verrons tout d'abord une rapide introduction concernant l'apprentissage supervisé. Les Séparateurs à Vaste Marge sont ensuite définis ainsi que les méthodes classiques d'apprentissage de noyaux. La section suivante présente le cadre de l'apprentissage multitâche et les différentes approches existantes pour résoudre ce type de problème. Ensuite, le problème d'étiquetage de séquence pour le signal est discuté et finalement nos contributions sont mises en contexte dans le domaine de l'apprentissage statistique.

3.1   Cadre Général

3.1.1   Apprentissage supervisé

Données d'apprentissage   Le but de l'apprentissage supervisé est d'apprendre à prédire l' étiquette associée à une observation. Pour cela, nous avons accès à ce qui s'appelle un ensemble d'apprentissage. Dans notre cas, cet ensemble contient un certain nombre d'individus $\mathbf{x} \in \mathcal{X}$, où $\mathcal{X}$ définit l'espace des caractéristiques. Dans nos travaux, nous nous limitons à des espaces euclidiens de la forme $\mathcal{X} = \mathbb{R}^d$ où chaque dimension correspond à une variable. Chaque observation $\mathbf{x}$ est associé à une étiquette ou classe $y \in \mathcal{Y}$ que nous voulons prédire. L'ensemble d'apprentissage est composé de n couples d'observation/étiquette $(\mathbf{x}_i, y_i)$ tel que $\mathbf{x}_i \in \mathcal{X}$ et $y_i \in \mathcal{Y}$ pour $i = 1, \ldots, n$.

Pour que la prédiction des étiquettes y soit possible, il doit exister un lien entre ces étiquettes et les observations. Ce lien est modélisé par une loi de probabilité inconnue $\mathbb{P}(X, Y)$ où X est une variable aléatoire associée aux observations et Y une variable aléatoire associé aux étiquettes. Dans ce manuscrit, nous considérerons que les couples $(\mathbf{x}_i, y_i)$ sont indépendants et identiquement distribués (i.i.d.) selon la loi de probabilité $\mathbb{P}(X, Y)$.

Finalement, lorsque $\mathcal{X} = \mathbb{R}^d$, nous considérons la matrice $\mathbf{X} \in \mathbb{R}^{n \times d}$ contenant l'ensemble des observations tel que $\mathbf{X}^T = [\mathbf{x}_1, \mathbf{x}_2, \ldots, \mathbf{x}_n]^T$. De même, le vecteur $\mathbf{y} \in \mathcal{Y}^n$ contient les étiquettes de l'ensemble d'apprentissage $(\mathbf{y}^T = [y_1, y_2, \ldots, y_n]^T)$.

Fonction de décision   Le but de l'apprentissage supervisé est d'obtenir une fonction de décision $f(\cdot)$ capable de prédire l'étiquette y' d'une nouvelle observation $\mathbf{x}'$:

$$f : \mathcal{X} \to \mathbb{R}. \tag{3.1}$$

Nous traitons principalement des fonctions de prédiction sur des exemples réels, c'est-à-dire $\mathcal{X} = \mathbb{R}^d$. Cependant, il est possible d'utiliser des noyaux, qui permettent de traiter des données plus complexes comme des séquences ou des graphes. Dans la suite du manuscrit, nous nous concentrons sur les problèmes de classification, et plus particulièrement les problèmes de classification binaire ($\mathcal{Y} = \{-1, 1\}$).

Il existe plusieurs approches pour apprendre une fonction de décision binaire. Par exemple, la méthode des k plus proches voisins cherche parmi l'ensemble d'apprentissage les k exemples les plus similaires à celui que l'on veut prédire, la classe étant décidée par vote majoritaire en utilisant les classes des k exemples d'apprentissage sélectionnés. La régression logistique, quant à elle, vise à apprendre une fonction représentant la probabilité d'appartenance à la classe +1 sachant l'observation. Pour décider de la classe d'une nouvelle observation, un seuil est sélectionné (souvent 1/2) et la classe +1 est décidée si la valeur de la fonction est supérieure à ce seuil [Duda 2001]. Finalement, une autre approche communément utilisée est d'apprendre une fonction f à valeurs dans $\mathbb{R}$ et de sélectionner la classe par rapport au signe de f [Hastie 2001, Schölkopf 2001b]. On utilise pour cela la fonction sgn définie par :

$$\text{sgn}(y) = \begin{cases} -1 & \text{si } y < 0 \\ 0 & \text{si } y = 0 \\ 1 & \text{si } y > 0 \end{cases}$$

Probabilité d'erreur et risque empirique L'apprentissage de la fonction de décision peut se faire soit en utilisant une structure fixe, comme les k plus proches voisins discutés précédemment, soit en exprimant l'apprentissage sous la forme d'un problème d'optimisation. Tout d'abord nous définissons une fonction de perte $L(\cdot, \cdot)$ qui mesure l'erreur commise en prédisant une étiquette, c'est-à-dire l'erreur de prédiction entre l'étiquette réelle et l'étiquette prédite :

$$L : \mathcal{Y} \times \mathcal{Y} \to \mathbb{R}^+. \tag{3.2}$$

Typiquement, cette fonction est nulle lorsque les deux étiquettes sont identiques, et supérieure à 0 si les étiquettes diffèrent. Théoriquement, la meilleure fonction de décision possible est celle qui minimise l'espérance de l'erreur de prédiction, aussi appelé risque :

$$R(f) = \mathbb{E}[L(Y, f(X))] = \int_{\mathcal{Y} \times \mathcal{X}} L(y, f(\mathbf{x})) \mathbb{P}(\mathbf{x}, y) dy d\mathbf{x}. \tag{3.3}$$

Ce risque est une mesure de la capacité de généralisation de la fonction f, c'est-à-dire de sa capacité à prédire efficacement les étiquettes sur l'ensemble des données. Si la fonction de coût utilisée retourne la valeur 0 lorsque la classe est bien prédite, et la valeur 1 en cas d'erreur, alors le risque défini en (3.3) correspond à la probabilité d'erreur de la fonction f. La minimisation effective de ce risque permet d'obtenir la classifieur de Bayes, c'est-à-dire le classifieur qui minimise la probabilité d'erreur.

Le risque (3.3) ne peut cependant pas être minimisé en pratique car la loi $\mathbb{P}(\cdot, \cdot)$ est inconnue. Il est par contre possible de l'estimer sur un nombre fini d'échantillons : les exemples d'apprentissage. Le problème d'optimisation correspondant, aussi appelé minimisation du risque empirique, est de la forme :

$$\min_{f \in \mathcal{H}} \left(\hat{R}(f) = \frac{1}{n} \sum_{i=1}^{n} L(y_i, f(\mathbf{x}_i)) \right). \tag{3.4}$$

Cependant, résoudre ce problème d'optimisation n'offre aucune garantie quant à l'obtention d'une fonction avec de bonnes propriétés de généralisation. Il est en effet toujours possible, si l'on n'a aucune contrainte sur l'espace de fonction $\mathcal{H}$, de trouver une fonction f suffisamment complexe prédisant parfaitement les étiquettes des exemples d'apprentissage. Comme on peut le voir dans l'exemple Figure 3.1, plus la fonction est complexe et plus elle minimisera l'erreur de prédiction sur les données d'apprentissage. Par contre, elle s'éloignera du classifieur de Bayes ce qui implique une perte de performance. Cet effet est aussi connu sous le nom de sur-apprentissage.

Minimisation du risque structurel Comme nous l'avons vu dans le paragraphe précédent, la minimisation du risque empirique peut mener à une mauvaise généralisation. De plus, le problème (3.4) est mal posé car, selon le nombre d'exemples d'apprentissage et l'espace de recherche $\mathcal{H}$, il peut exister une infinité de solutions. Un problème est en effet considéré comme

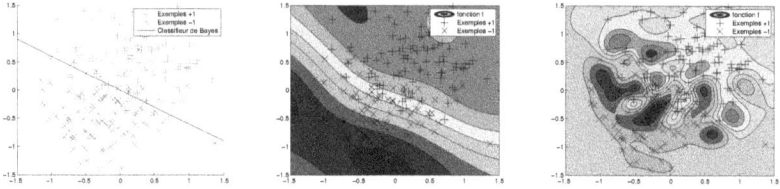

(a) Problème de discrimination   (b) Fonction de décision simple   (c) Fonction de décision complexe

FIGURE 3.1: Illustration du sur-apprentissage sur un problème classique de discrimination avec $d = 2$ et des exemples de chaque classe tirés à partir de lois gaussiennes (a). Il est clair que la fonction de décision complexe tracée en (c) permet de bien prédire les exemples d'apprentissage mais a une mauvaise généralisation. Elle est en effet très éloignée du classifieur de Bayes tracé en (a). La fonction tracée en (b) quant à elle, est bien plus simple et sa frontière de décision est proche du classifieur optimal tracé en (a).

stable ou bien posé s'il existe une solution, qu'elle est unique et qu'elle dépend continûment des données. Il a été montré que, dans le cas du risque empirique, la stabilité du problème et la généralisation sont liées, un problème stable entraînera une bonne généralisation et *vice versa* [Bousquet 2002, Mukherjee 2002]. Afin de rendre le problème stable, un terme de régularisation $\Omega(\cdot)$ mesurant la complexité du modèle est alors ajouté au risque empirique, conduisant à la minimisation du risque structurel [Vapnik 1995, Evgeniou 2002] :

$$\min_f \quad \frac{1}{n}\sum_{i=1}^{n} L(y_i, f(\mathbf{x}_i)) + \lambda\Omega(f). \tag{3.5}$$

Le premier terme, le risque empirique, est également souvent appelé coût d'attache aux données, car son influence dans la fonction de coût globale tend à minimiser l'erreur sur les données d'apprentissage. Le second terme est le terme de régularisation pondéré par le coefficient de régularisation λ. Il a pour but de prendre en considération la complexité du modèle pour éviter le sur-apprentissage.

    Le problème d'optimisation (3.5) peut être complexe à résoudre et il est parfois plus simple de résoudre un problème équivalent. Lorsque les fonctions d'attache aux données et de régularisation sont convexes, il est ainsi équivalent de résoudre le problème d'optimisation sous contraintes suivant :

$$\min_f \quad \frac{1}{n}\sum_{i=1}^{n} L(y_i, f(\mathbf{x}_i)) \tag{3.6}$$

$$\text{s. c.} \quad \Omega(f) \leq \tau.$$

L'équivalence entre les problèmes (3.6) et (3.5) est définie comme suit :

Théorème 3.1. *Soit U_λ l'ensemble des solutions du problème (3.5) et U_τ l'ensemble des solutions du problème (3.6). On a alors :*

$$\forall \lambda \in \mathbb{R}^+, \forall u_\lambda \in U_\lambda, \exists \tau \in \mathbb{R}^+, u_\lambda \in U_\tau$$

$$\forall \tau \in \mathbb{R}^+, \forall u_\tau \in U_\tau, \exists \lambda \in \mathbb{R}^+, u_\tau \in U_\lambda$$

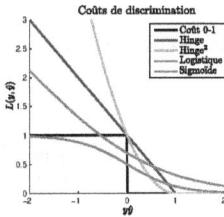

Coût	$L(y, \hat{y})$	Régularité	Convexité
Coût 0-1	$(1 - \text{sgn}(y\hat{y}))/2$	-	-
Hinge	$\max(0, 1 - y\hat{y})$	-	✓
Hinge au carré	$\max(0, 1 - y\hat{y})^2$	✓	✓
Logistique	$\log(1 + \exp(-y\hat{y}))$	✓	✓
Sigmoïde	$(1 - \tanh(y\hat{y}))/2$	✓	-

(a) Visualisation de coûts en fonction de $y\hat{y}$

(b) Liste de coûts et propriétés

FIGURE 3.2: Différents coûts de discrimination et leurs propriétés. Un coût est considéré comme régulier si il est différentiable, c'est à dire si il est de classe $\mathcal{C}^1$.

Résoudre le problème (3.6) ou (3.5) permet donc d'obtenir des solutions identiques. Une démonstration de cette équivalence pour des fonctions de coût convexes est donnée dans [Weiss 2008].

3.1.2 Fonctions de coût et attache aux données

Il existe de nombreuses fonctions de perte $L(y, \hat{y})$ mesurant l'erreur commise pour une prédiction $\hat{y}$ de y. Ces fonctions se séparent en deux grandes familles : les coûts de régression et les coûts de classification. Pour un problème de régression, l'étiquette y est un réel, le but est donc de prédire « au plus près » de y et les fonctions de prédiction font donc souvent appel à la quantité $|y - \hat{y}|$. Par exemple, la fonction de perte la plus commune est le coût quadratique, de la forme $L(y, \hat{y}) = |y - \hat{y}|^2$. Il est évident que ce type de coût est nul lorsque la valeur $\hat{y}$ est prédite parfaitement et croît à mesure que la prédiction s'éloigne de la valeur y.

Pour les problèmes de classification, auxquels nous allons nous consacrer par la suite, la valeur prédite est une classe ($\mathcal{Y} = \{-1, 1\}$ en classification binaire). Toute une classe de méthodes de classification se base sur l'apprentissage d'une fonction continue et décide de la classe en utilisant le signe de la valeur prédite. Dans ce cas, une quantité communément utilisée dans les fonctions de perte est le produit $y\hat{y}$. Cette quantité permet d'utiliser directement la valeur réelle prédite et de mesurer son alignement avec la classe. Elle sera en effet supérieure à 0 lorsque les signes de y et y sont les mêmes, et inférieure à zéro en cas d'erreur de prédiction.

Nous passons en revue dans la suite de la section les fonctions de pertes les plus courantes pour la classification binaire. Elles sont tracées sur la figure 3.2a en fonction de $y\hat{y}$ et leurs propriétés en terme de régularité et de convexité sont reportées dans le tableau 3.2b. La régularité (appartenance à $\mathcal{C}^1$) est une propriété importante pour des raisons pratiques. En effet, une part importante des algorithmes d'optimisation est basée sur la descente de gradient et les fonctions de coût doivent être différentiables pour pouvoir être optimisées. De même, la convexité est un propriété particulièrement intéressante, en effet si la fonction est strictement convexe et si une solution existe, alors elle est unique.

Coût 0-1   Ce coût d'attache aux données est le premier qui vient à l'esprit. Il retourne la valeur 0 lorsque la classe est bien prédite et la valeur 1 lors d'une erreur de prédiction. C'est le coût qui permet d'obtenir le classifieur de Bayes si l'on a accès aux densités de probabilité. Le risque empirique utilisant cette fonction de coût est ainsi un estimateur du taux de mauvaise classification des exemples d'apprentissage.

Ce coût est à la fois non différentiable et non convexe. De plus, la complexité du problème d'optimisation est combinatoire, ce qui le rend difficile à optimiser en pratique. C'est pourquoi on lui préfère en général une approximation.

Coût Hinge et Hinge au carré Ce coût d'attache aux données, appelé également coût charnière en français, est celui qui est utilisé dans les séparateurs à vaste marge [Schölkopf 2001b, Shawe-Taylor 2004] (SVM pour Support Vector Machines). À la différence du coût précédent, il n'est pas nécessairement nul lorsque la bonne classe est prédite. Il n'est en effet nul que si $y\hat{y}$ est supérieur à 1 et donc si la valeur réelle $\hat{y}$ est prédite avec une certaine marge. Lorsqu'il est couplé avec un terme de régularisation de type $\| \cdot \|^2$, il a pour effet de promouvoir une marge maximale entre les classes.

Notons que cette fonction de perte est convexe mais nécessite un terme de régularisation pour rendre le problème strictement convexe et assurer une solution unique [Schölkopf 2001b]. Le coût Hinge est aussi non différentiable en $y\hat{y} = 1$ à la différence du Hinge au carré. Cette propriété aura pour effet de sélectionner des exemples d'apprentissage, comme nous le verrons dans la section suivante.

Finalement, ce type de coût a une particularité intéressante : il est nul pour tout point bien classé avec une certaine marge. L'ajout d'un point de ce type dans la base d'apprentissage ne modifiera donc en rien la fonction de décision optimale.

Coût Logistique Le coût logistique est un coût classique de classification. Il permet d'apprendre des classifieurs probabilistes. En effet, bien que la décision puisse toujours se faire par rapport au signe de la valeur prédite $\hat{y}$, il est possible d'utiliser la fonction de décision pour estimer la probabilité conditionnelle :

$$\hat{P}(Y = 1|X = \mathbf{x}) = \frac{1}{1 + \exp(-f(\mathbf{x}))}.$$

L'accès à une estimation de la probabilité est utile dans certains cas, comme par exemple pour détecter une ambiguïté entre deux classes.

Ce coût a l'avantage d'être strictement convexe, il a donc de bonnes propriétés. Cependant, à la différence du coût Hinge discuté précédemment, il n'est jamais nul (excepté pour $y\hat{y} = \infty$), l'ajout d'un point bien classé aura donc toujours un effet sur la fonction de décision optimale. À la différence du coût Hinge, il ne sélectionne pas les exemples d'apprentissage [Hastie 2001].

Coût Sigmoïde Le coût sigmoïde est une version lissée et régulière du coût 0-1, comme nous pouvons le voir sur la figure 3.2a. Il est couramment utilisé dans les réseaux de neurones [Haykin 1994].

La tangente hyperbolique a de bonnes propriétés de régularité, ce qui permet l'utilisation d'algorithmes de descente de gradient. Cependant, ce coût étant non convexe, il est nécessaire en pratique d'optimiser plusieurs fois le problème avec des initialisations différentes de manière à obtenir un point stationnaire le plus proche possible du minimum global.

3.1.3 Termes de régularisation

Le but de la régularisation est d'éviter le sur-apprentissage et de rendre le problème plus stable (i.e. bien posé). Ceci aura souvent pour effet d'améliorer les performances de la fonc-

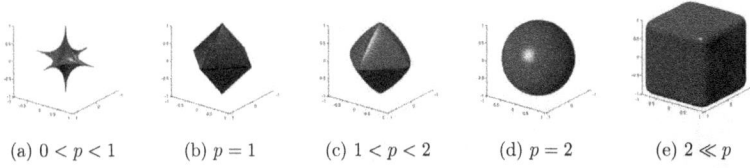

(a) $0 < p < 1$ (b) $p = 1$ (c) $1 < p < 2$ (d) $p = 2$ (e) $2 \ll p$

FIGURE 3.3: Évolution de la région admissible correspondant à $\Omega_p(\cdot) \leq 1$ pour $d = 3$

tion de décision apprise, c'est-à-dire sa capacité de généralisation. Le terme de régularisation $\Omega(\cdot)$ permet de limiter la complexité de la fonction et d'intégrer un *a priori* dans le problème d'optimisation. Typiquement, nous savons qu'une fonction régulière (ou lisse) est susceptible de mieux généraliser, le terme de régularisation sera donc une mesure de complexité de la fonction f. Mais il est aussi possible d'intégrer d'autres formes de connaissances dans le problème comme par exemple un *a priori* concernant la parcimonie de la fonction de décision. Nous verrons ainsi par la suite des termes de régularisation qui permettent de sélectionner automatiquement des variables ou des groupes de variables.

Nous introduisons dans la suite les régularisations les plus couramment utilisées. Pour plus de simplicité, nous allons supposer que la fonction de décision est une fonction linéaire. Elle s'applique sur des vecteurs $\mathbf{x} \in \mathbb{R}^d$ et est de la forme :

$$f(\mathbf{x}) = \mathbf{x}^T \mathbf{w} + b \tag{3.7}$$

avec $\mathbf{w} \in \mathbb{R}^d$ la normale à l'hyperplan séparateur et $b \in \mathbb{R}$ un terme de biais. Le terme de biais est une constante et n'a aucun effet sur la régularité de la fonction f, c'est pourquoi les termes de régularisation utilisent en général uniquement le vecteur $\mathbf{w}$. La parcimonie apparaît dans la fonction de décision sous la forme d'un certain nombre de paramètres égaux à 0 (ici les coefficients w_i).

Nous rappelons aussi que, lorsque les termes de l'équation (3.5) sont convexes, les problèmes d'optimisation régularisés et d'optimisation sous contraintes (3.6) sont équivalents. Dans le cas où nous voulons voir l'effet qu'aura un terme de régularisation donné sur la fonction de décision, il nous semble judicieux de visualiser la région admissible liée à la contrainte.

Quasi-norme ℓ_p

La famille de régularisation la plus utilisée en apprentissage statistique est la famille des normes et quasi-normes ℓ_p :

$$\Omega_p(\mathbf{w}) = \|\mathbf{w}\|_p = \left(\sum_{i=1}^{d} |\mathbf{w}_i|^p \right)^{\frac{1}{p}} \tag{3.8}$$

avec $0 < p \leq \infty$, sachant que $\Omega_p(\mathbf{w})$ est une norme pour $p \geq 1$. Ce terme de régularisation est une fonction coercive de $\mathbb{R}^d$ et est strictement convexe pour $p \geq 1$.

Il est également possible de transformer cette régularisation au travers d'une fonction monotone croissante $h(\cdot)$ qui permet de la rendre plus facile à optimiser tout en conservant sa stricte convexité (démonstration en Annexe A.2.2). Par exemple, pour $p = 2$, le terme de régularisation

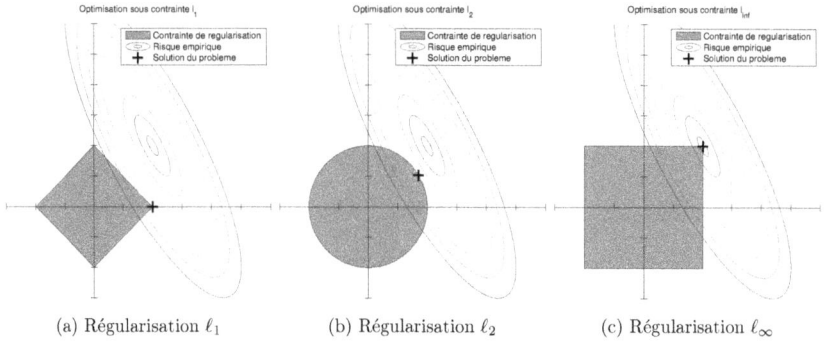

(a) Régularisation ℓ_1 (b) Régularisation ℓ_2 (c) Régularisation ℓ_∞

FIGURE 3.4: Illustration de l'effet des différentes régularisations en terme de parcimonie. Le problème visualisé est un problème quadratique (risque empirique quadratique) sous contrainte de norme ℓ_p. Nous avons tracé la région admissible, les lignes de niveau du problème quadratique (les lignes bleues sont minimales) et la solution du problème pour les régularisations ℓ_1 (a), ℓ_2 (b), et ℓ_∞ (c) .

est souvent mis au carré, ce qui le rend différentiable et surtout séparable. De manière plus générale, pour $1 \leq p < \infty$, il est équivalent d'optimiser $\Omega_p(\cdot)$ et $\Omega_p(\cdot)^p$, puisque $(\cdot)^p$ est une fonction monotone croissante sur sa partie positive.

L'utilisation d'une norme en tant que terme de régularisation dans le cas linéaire aura pour effet de limiter l'amplitude des coefficients de $\mathbf{w}$ et donc de rendre la fonction plus régulière. Le gradient de la fonction est $\nabla f = \mathbf{w}$, et minimiser la norme de $\mathbf{w}$ minimisera également le gradient de la fonction et donc sa complexité.

Dans le reste de cette section, nous discutons de l'impact de p dans la régularisation ℓ_p. Les termes de régularisation présentés sont : la norme ℓ_2, qui est la plus commune, la norme ℓ_1, qui permet de promouvoir la parcimonie, et finalement le terme général ℓ_p en séparant les cas $p < 1$ non convexes et $p > 1$ non parcimonieux. La région admissible de chaque terme de régularisation $\Omega(\mathbf{w}) \leq 1$ a ainsi été tracée avec un risque empirique quadratique dans le cas $d = 2$ (Figure 3.4) et dans le cas $d = 3$ (Figure 3.3).

Norme ℓ_2 La régularisation quadratique est la plus commune en apprentissage statistique. Elle est aussi connue sous le nom de norme euclidienne, car c'est la norme induite par le produit scalaire. C'est un terme usuellement utilisé pour rendre les problèmes bien posés. Dans le cadre de la régression linéaire [Hastie 2001], l'utilisation de la régularisation ℓ_2 au carré, aussi appelée *ridge regression*, aura pour effet de rendre le problème bien posé.

Dans un cadre de discrimination, la minimisation du risque empirique avec la fonction de perte Hinge n'est pas un problème strictement convexe. Si les classes sont séparables, il existe en effet une infinité de fonctions de décision qui ont un risque empirique nul. C'est pourquoi Vapnik a proposé de rendre le problème bien posé en utilisant la régularisation ℓ_2 [Vapnik 1998]. Lorsqu'elle est associée au coût Hinge, cette régularisation est inversement proportionnelle à la marge de la fonction sur les données. La minimiser aura donc pour effet de maximiser la marge, d'où le nom de Séparateur à Vaste Marge en français. Comme nous le verrons dans la suite, cette régularisation s'étend aussi dans un cadre plus général que les fonctions de décision linéaires : les espaces de Hilbert à noyau reproduisant.

Cette norme sera utilisée dans le manuscrit sous la forme $\| \cdot \|$ ou $\| \cdot \|_2$. Sa région admissible lorsque la fonction est contrainte peut être visualisée Figure 3.3d et Figure 3.4b. On reconnaît la boule ℓ_2 qui limite l'amplitude des coefficients de $\mathbf{w}$. Notons que la région admissible est isotrope, il n'y a donc aucune direction privilégiée lorsque ce terme de régularisation est utilisé.

Norme ℓ_1 La norme ℓ_1 est également largement utilisée en apprentissage statistique. Son utilisation est connue dans le cadre de la régression linéaire sous le nom de Lasso (Least Absolute Shrinkage and Selection Operator) [Tibshirani 1996]. Ce terme de régularisation est convexe et non différentiable en 0. Ceci aura pour effet de promouvoir la parcimonie, c'est-à-dire de faire tendre un certain nombre des coefficients de $\mathbf{w}$ vers zéro. La non-différentiabilité est aussi visible sur la région admissible Figure 3.3b et Figure 3.4a. On remarque ainsi Figure 3.4a que, de par la forme de la région admissible, le point optimal a tendance à se situer sur un des axes, c'est-à-dire pour une ou plusieurs composantes de $\mathbf{w}$ nulles. De plus, la région admissible pour la régularisation ℓ_1 est non isotrope au sens de la métrique ℓ_2, et les directions privilégiées sont les axes de $\mathbb{R}^d$.

Dans les faits, ce terme de régularisation est utilisé pour effectuer une sélection automatique de caractéristiques. En ce sens, il est une relaxation convexe de la pseudo-norme ℓ_0. Cette dernière retourne le nombre de composantes différentes de zéro et peut aussi être utilisée pour la sélection de variables. La régularisation ℓ_1 a ainsi un rôle assez important parmi les régularisations ℓ_p car c'est la seule dont le terme est à la fois convexe et promeut la parcimonie.

Ce terme de régularisation est utilisé dans un cadre de reconstruction de signal [Donoho 1989] ou d'image [Fu 2006]. Il est aussi utilisé pour la sélection de variables dans le cadre de la régression linéaire [Tibshirani 1996], de la régression logistique [Hérault 2007], ou de la classification SVM [Bradley 1998].

Quasi-norme ℓ_p avec $0 < p < 1$ Lorsqu'une parcimonie plus importante que celle obtenue à l'aide de la régularisation ℓ_1 est requise, on peut faire appel à la quasi-norme ℓ_p avec $0 < p < 1$. Celle-ci est non convexe et non différentiable en 0, c'est d'ailleurs sa concavité obtenue par $(\cdot)^p$ qui rend la non différentiabilité en zéro encore plus marquée. Cette agressivité en terme de parcimonie se voit sur sa région admissible Figure 3.3a. On voit en effet que la région admissible ne contient quasiment que les axes de chaque composante, c'est-à-dire les solutions parcimonieuses.

Cette quasi-norme a été utilisée dans le contexte de recouvrement de signal parcimonieux [Gorodnitsky 1997, Donoho 2006] et en restauration d'image [Nikolova 2006, Chartrand 2009].

Norme ℓ_p avec $p > 1$ À l'inverse de la quasi-norme précédente, le cas $p > 1$ mène à un terme convexe et régulier. C'est, en quelque sorte, une généralisation de la régularisation ℓ_2, le paramètre p permettant de régler la manière dont sont traités les coefficients de $\mathbf{w}$. L'évolution de l'effet de p sur la région admissible est tracée figure 3.3 et figure 3.4. On y remarque une norme ℓ_1 lissée pour $1 < p < 2$ (Figure 3.3c) et une expansion de la région vers le cube lorsque $q \to \infty$. Dans ce dernier cas, le terme de régularisation va promouvoir la même amplitude pour tous les coefficients de $\mathbf{w}$, comme le montre la figure 3.4c où la solution du problème est le vecteur $[1,1]$.

En pratique, le fait de pouvoir sélectionner p permet une plus grande souplesse dans la régularisation et, dans certaines situations, une amélioration des performances a été constatée par rapport aux régularisations ℓ_2 et ℓ_1 dans un cadre de sélection de noyaux [Kloft 2009]. De même

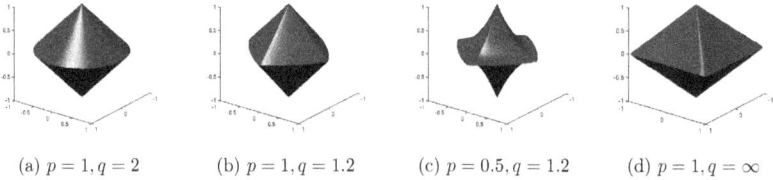

(a) $p = 1, q = 2$ (b) $p = 1, q = 1.2$ (c) $p = 0.5, q = 1.2$ (d) $p = 1, q = \infty$

FIGURE 3.5: Évolution de la région admissible en trois dimensions pour une norme mixte $\Omega_{p,q}(\cdot) \leq 1$ avec les groupes $\{(1,2),(3)\}$.

cette norme a été utilisée comme coût d'attache aux données dans un cadre de reconstruction d'image [Jacques 2011].

Combinaisons Il est aussi possible de combiner plusieurs normes dans le terme de régularisation. Par exemple, Zou et Hastie ont proposé de régulariser avec une somme pondérée de norme ℓ_1 et de norme ℓ_2 [Zou 2005]. Cette approche, appelée aussi régularisation « elastic-net », a montré de bons résultats en terme de généralisation et permet de favoriser un type de structuration. L'ajout de la norme ℓ_2 comme terme de régularisation a pour effet de rendre le problème (3.5) fortement convexe. Elle pose cependant le problème de la sélection des deux paramètres de régularisation (un coefficient par norme).

Régularisation structurée

Lorsque l'on a une connaissance *a priori* du problème, il peut être intéressant d'intégrer cet *a priori* dans le terme de régularisation. Il est notamment possible de promouvoir une parcimonie par groupe de variables. Nous rappelons que, pour une fonction de décision f linéaire, le terme de régularisation s'applique sur le vecteur $\mathbf{w} \in \mathbb{R}^d$ contenant les poids de chaque variable. Ces variables peuvent être naturellement groupées, *i.e.* il existe une partition sans recouvrement $\mathcal{G}$ de $\{1..d\}$. Par exemple, pour $d = 3$, la partition $\{(1,2),(3)\}$ contient deux groupes : le premier groupe comprend les variables 1 et 2 alors que le second groupe contient uniquement la variable 3. La prise en compte de ces groupes peut se faire en régularisant les coefficients de $\mathbf{w}$ par groupe. C'est ce que fait la norme mixte $\ell_p - \ell_q$, nous définissons donc comme terme de régularisation le terme général :

$$\Omega_{p,q}(\mathbf{w}) = \sum_{g \in \mathcal{G}} (\|\mathbf{w}_g\|_q)^p \tag{3.9}$$

où $\mathbf{w}_g$ correspond au sous-vecteur de $\mathbf{w}$ pour le groupe g. Notons que le terme (3.9) est en réalité la norme $\ell_p - \ell_q$ à la puissance p, ce qui permet d'avoir un terme de régularisation séparable par groupe (voir section 3.1.3). On y reconnaît une norme ℓ_p (à la puissance p) sur le vecteur contenant les normes ℓ_q de chaque groupe.

Norme mixte $\ell_1 - \ell_2$ Ce terme de régularisation est la norme mixte la plus commune [Yuan 2006, Bach 2008a]. Elle consiste à appliquer une pénalisation ℓ_1 aux normes ℓ_2 de chaque groupe. Ceci aura pour effet de promouvoir la parcimonie sur les groupes. La région admissible de $\Omega_{1,2}(\cdot)$ pour $d = 3$ est tracée Figure 3.5a. On y reconnaît les zones de parcimonie : les sommets de la boule sont situés sur l'axe de la variable 3, le groupe contenant les variables 1 et 2 n'est donc pas sélectionné ; au contraire, la base correspond à la variable 3 à zéro alors que le groupe (1,2) est sélectionné.

Cette régularisation est utile pour sélectionner des caractéristiques par groupe dans un cadre de régression linéaire [Kowalski 2009a], de régression logistique [Meier 2008], de sélection structurée en apprentissage de noyaux multiples [Bach 2004, Kowalski 2009b] et de sélection jointe de caractéristiques en apprentissage multitâche [Obozinski 2009]. Elle a aussi été utilisée pour la restauration d'image couleur [Teschke 2007].

Finalement, cette régularisation peut être utilisée conjointement avec un lasso classique, ce qui permet de promouvoir la parcimonie à l'intérieur des groupes [Friedman 2010]. Notons que des résultats théoriques ont montré que la régularisation $\ell_1 - \ell_2$ peut gagner à être adaptée par une pondération β_g pour chaque groupe [Bach 2008a, Wang 2008] :

$$\Omega_{a,2}(\mathbf{w}) = \sum_{g \in \mathcal{G}} \beta_g \|\mathbf{w}_g\|_2. \tag{3.10}$$

Le choix des coefficients β_g permet de promouvoir plus de parcimonie. [Bach 2008a] a montré, dans le cadre de la régression linéaire, qu'une meilleure consistance en sélection pouvait être obtenue en utilisant $\beta_g = \frac{1}{\|\mathbf{w}_g^{LS}\|}$ où $\mathbf{w}^{LS}$ est la solution du problème des moindres carrés.

Quasi-norme $\ell_p - \ell_q$ Ce terme est une généralisation du terme $\ell_1 - \ell_2$. Les valeurs typiques de p utilisées dans la littérature sont $0 < p \leq 1$ pour obtenir une parcimonie par groupe plus agressive. Il est par exemple clair sur la Figure 3.5 que le cas $p = 0.5$ conduira à une solution plus parcimonieuse que la cas $p = 1$. Par contre, le terme de régularisation devient non convexe et donc plus difficile à optimiser.

De la même manière, il est possible de choisir $1 \leq q \leq \infty$ pour la régularisation ℓ_q. La régularisation $\ell_1 - \ell_\infty$ a notamment été utilisée en apprentissage multitâche [Chen 2009, Yang 2009]. Il existe aussi une généralisation non parcimonieuse de l'apprentissage de noyaux multiples qui utilise une régularisation $\ell_p - \ell_2$ avec $p > 1$. Dans ce cas-là, le choix de p permet de s'adapter aux données, et ainsi d'améliorer les performances en prédiction [Kloft 2011].

Normes mixtes avec recouvrement   Les normes mixtes peuvent être aussi appliquées avec des groupes qui ne correspondent pas à une partition de $\{1..d\}$ et peuvent ainsi se recouvrir [Jacob 2009, Mairal 2010, Chen 2010]. Cette approche permet de modéliser des structures plus complexes et donc d'intégrer des *a priori* plus forts que pour des groupes sans recouvrement. Ceci a par exemple été proposé pour sélectionner des zones de pixels en apprentissage de dictionnaire sur des images [Jenatton 2010] ou en reconstruction d'image [Peyré 2011].

Régularisation sur des matrices

Toutes les régularisations que nous avons vues jusque-là s'appliquent sur des vecteurs. Mais il existe des problèmes où les paramètres de fonction de classification sont naturellement sous forme matricielle. Dans ce cas, il peut être intéressant d'utiliser des termes de régularisation s'appliquant sur des matrices. Typiquement, un exemple de potentiel évoqué en ICM s'exprime sous forme matricielle. Les signaux provenant de chaque capteur peuvent en effet être vus comme les colonnes d'une matrice. Les paramètres d'un classifieur linéaire peuvent donc être exprimés sous forme de matrice $\mathbf{W} \in \mathbb{R}^{d \times r}$. Les travaux de Tomioka ont montré l'intérêt de traiter ces paramètres sous forme matricielle pour la régularisation en ICM [Tomioka 2010a].

La norme mixte s'applique bien aux matrices car elle permet de grouper les coefficients de la matrice en ligne ou colonne et ainsi de promouvoir une parcimonie par ligne ou colonne. Elle s'applique donc tout particulièrement sur des données matricielles comme par exemples de signaux multidimensionnels. Cependant, ce type de régularisation peut tout aussi bien s'appliquer sur une vectorisation de la matrice. Par exemple, la norme de Frobenius de la matrice $\mathbf{W} \in \mathbb{R}^{d \times r}$:

$$\Omega_F(\mathbf{W}) = \left(\sum_{i=1,j=1}^{d,r} W_{i,j}^2 \right)^{\frac{1}{2}} = \text{trace}(\mathbf{W}^T \mathbf{W}). \tag{3.11}$$

avec $W_{i,j}$ la composante de la i^e ligne et j^e colonne de la matrice, est une norme ℓ_2 sur la vectorisation de la matrice $\mathbf{W}$.

Une autre régularisation assez commune en apprentissage statistique est la régularisation par norme nucléaire de la matrice $\mathbf{W}$:

$$\Omega_*(\mathbf{W}) = \sum_{i=1}^{\min(d,r)} \sigma_i(\mathbf{W}) \tag{3.12}$$

Cette régularisation peut être vue comme une relaxation convexe du rang de la matrice $\mathbf{W}$ [Bach 2008b, Ji 2009], de la même manière que la régularisation ℓ_1 est une relaxation convexe de la régularisation ℓ_0. Elle peut être interprétée comme une norme ℓ_1 sur les valeurs singulières de la matrice $\mathbf{W}$. Elle a donc pour effet, de rendre nulles des valeurs singulières de $\mathbf{W}$ et ainsi de minimiser son rang.

La norme nucléaire est utilisée dans les travaux de Tomioka pour apprendre un classifieur sur des matrices de signaux de potentiel évoqué [Tomioka 2010a]. Ces signaux se présentent sous la forme de matrice (un signal par colonne). Or comme ils sont fortement corrélés, il parait judicieux de forcer les paramètres du classifieur à être de faible rang. Ceci revient à déterminer un sous-espace linéaire discriminant, une approche similaire au filtrage spatial xDAWN [Rivet 2009].

De même, ce terme de régularisation a été introduit dans le cadre de l'apprentissage multi-tâche par [Argyriou 2008]. Il permet en effet, d'apprendre plusieurs classifieurs (un par colonne de la matrice $\mathbf{W}$) en leur faisant partager un sous-espace linéaire.

3.1.4 Optimisation et conditions d'optimalité

Le problème d'apprentissage exprimé Équation (3.5) est un problème de minimisation du risque structurel. La solution de ce problème ne peut, la plupart du temps, pas être exprimée de manière analytique, c'est pourquoi des algorithmes d'optimisation numérique doivent être utilisés [Nocedal 2000]. Ces derniers sont basés sur la mise à jour itérative d'un vecteur jusqu'à convergence vers un point stationnaire de la fonction objectif.

Dans la suite de cette section, notre but est d'optimiser le problème suivant :

$$\min_{\mathbf{x} \in \mathbb{R}^d} \ \{ J(\mathbf{x}) = J_1(\mathbf{x}) + \lambda \Omega(\mathbf{x}) \} \tag{3.13}$$

Ce problème, similaire à (3.5), est un problème de minimisation du risque structurel où $J_1(\cdot)$ est une fonction d'attache aux données et $\Omega(\cdot)$ un terme de régularisation. On considère dans la suite de cette section que la fonction $J(\cdot)$ est propre et coercive.

Nous introduisons certaines de ces méthodes, puis nous discutons de leurs conditions d'optimalité, i.e. des conditions nécessaires et suffisantes pour qu'un vecteur soit solution du problème d'optimisation.

Algorithmes d'optimisation

Il existe de multiples algorithmes dédiés à la résolution des problèmes de type (3.5). Les algorithmes utilisés dans nos travaux sont décrits en Annexe A.1 mais nous introduisons rapidement ici leur conditions d'utilisation.

Gradient Conjugué (GC)   Soit les hypothèses suivantes :

1. L'ensemble de niveau $\mathcal{L} := \{\mathbf{x}|J(\mathbf{x}) \leq J(\mathbf{x}^0)\}$ est borné, la fonction $J(\cdot)$ est coercive.

2. Sur un voisinage ouvert $\mathcal{N}$ de $\mathcal{L}$, le gradient de la fonction de coût $\nabla J(\cdot)$ est lipschitzien, c'est-à-dire qu'il existe une constante $L \in \mathbb{R}^+$ telle que :

$$\|\nabla J(\mathbf{x}) - \nabla J(\mathbf{x}')\|_2 \leq L\|\mathbf{x} - \mathbf{x}'\|_2 \quad \forall \mathbf{x} \in \mathcal{N}, \forall \mathbf{x}' \in \mathcal{N} \tag{3.14}$$

Si $J(\cdot)$ est deux fois différentiable, il est équivalent de montrer que :

$$\exists L \in \mathbb{R}^+, \|\nabla^2 J(\mathbf{x})\|_2 \leq L \quad \forall \mathbf{x} \tag{3.15}$$

avec $\| \cdot \|_2$ la norme matricielle induite par la norme ℓ_2.

Théorème 3.2. *(Al-Baali [Al-Baali 1985]) Si les conditions précédentes sont vérifiées et si l'algorithme du gradient conjugué est implémenté avec une méthode de minimisation linéaire satisfaisant les conditions fortes de Wolfe [Nocedal 2000], alors*

$$\lim_{k \to \infty} \|\nabla J^k\| = 0$$

L'algorithme converge globalement, c'est-à-dire vers un point stationnaire de $J(\cdot)$.

La définition d'un point stationnaire est donnée dans la suite du manuscrit.

Le gradient conjugué est un algorithme de descente de gradient de type Quasi-Newton. À chaque itération, une direction de descente est calculée suivie d'une minimisation linéaire le long de cette direction pour obtenir la nouvelle valeur du vecteur. La particularité du gradient conjugué est que la direction de descente est une combinaison linéaire de la direction de descente précédente et du gradient au point courant. Cet algorithme a été à l'origine proposé pour minimiser des problèmes quadratiques mais il a, par la suite, été étendu à des problèmes non linéaires et non convexes [Hager 2006]. Une description de l'algorithme est donné en Annexe A.1.1.

Nous avons choisi de l'utiliser pour optimiser le problème de filtrage vaste marge détaillé Chapitre 4.

Forward Backward Splitting (FBS)   Soient les hypothèses suivantes :

1. La fonction $J_1(\cdot)$ est de classe $\mathcal{C}^1$, convexe et de gradient lipschitzien. Il doit donc exister pour un $J_1(\cdot)$, une constante de Lipschitz $L > 0$ vérifiant l'équation (3.14) ou (3.15).

2. Le terme de régularisation $\Omega(\cdot)$ est une fonction propre, semicontinue inférieurement et convexe.

Si les hypothèses précédentes sont vérifiées alors l'algorithme FBS converge vers le minimum global de $J(\cdot)$ avec une vitesse de convergence $\mathcal{O}(\frac{1}{k})$. Une approche ayant une vitesse de convergence théorique plus rapide a été proposée par Nesterov [Nesterov 2005, Nesterov 2007]. Cette approche, que nous appellerons dans la suite du manuscrit FBS multipas, a une vitesse de convergence en valeur objectif $\mathcal{O}(\frac{1}{k^2})$, ce qui la rend très intéressante en pratique. Nous avons choisi d'utiliser dans nos travaux l'algorithme FBS multipas proposé dans [Beck 2009].

Les méthodes FBS sont des méthodes faisant appel à l'opérateur proximal de $\Omega(\cdot)$ et ont été proposées pour permettre de résoudre efficacement des problèmes non différentiables. Elles peuvent être utilisées pour minimiser des problèmes convexes pour lesquels le premier terme est différentiable et le second terme a un opérateur proximal calculable analytiquement.

Une présentation rapide des algorithmes FBS et FBS multipas ainsi que des opérateurs proximaux pour les régularisations ℓ_1 et $\ell_1 - \ell_2$ sont donnés en Annexe A.1.2.

Majoration-Minimisation (MM)   Les algorithmes de Majoration-Minimisation sont une classe générale d'algorithmes permettant l'optimisation de problèmes complexes. Le problème est résolu itérativement en minimisant une majoration de la fonction à optimiser. Par exemple, une fonction concave peut être majorée linéairement en un point, ce qui rend le problème bien plus simple à résoudre.

Une discussion sur ce genre d'algorithme ainsi qu'un exemple d'utilisation pour une régularisation ℓ_p non convexe sont fournis en Annexe A.1.3.

Principe du démarrage à chaud   Le démarrage à chaud ou *Warm-Start* est une approche communément utilisée en apprentissage statistique. Une part importante des algorithmes utilisés dans ce domaine sont des algorithmes itératifs. Lorsque deux problèmes d'apprentissage similaires doivent être appris à la suite l'un de l'autre, alors il peut être intéressant d'utiliser la solution du premier pour initialiser le second, ce qui permet de réduire le temps d'optimisation. Ceci a été proposé dans le cadre des SVM pour pouvoir apprendre de manière efficace le problème SVM pour plusieurs valeurs du paramètre C [DeCoste 2000]. Ce type d'initialisation a aussi été utilisé dans le cadre de l'apprentissage de noyaux où de multiples SVM doivent être appris en changeant légèrement le noyau [Rakotomamonjy 2008a]. Nous avons utilisé cette approche pour les algorithmes proposés nécessitant de multiples résolutions de problème SVM.

Conditions d'optimalité

Les algorithmes présentés dans la sous-section précédente sont itératifs. Ils consistent donc à mettre à jour la valeur d'un vecteur donné en le faisant tendre vers la solution du problème. La question de l'arrêt des itérations, *i.e.* de savoir si un vecteur donné est solution du problème, est donc très importante.

Nous supposerons dans la suite que nous cherchons à résoudre le problème de minimisation (3.13) avec les hypothèses suivantes :

1. $J_1(\cdot)$ est une fonction convexe, propre et différentiable.

2. $\Omega(\cdot)$ est un terme de régularisation convexe, propre et semicontinu inférieurement.

3. L'intérieur relatif des domaines de définition des fonctions $J_1(\cdot)$ et $\Omega(\cdot)$ se recouvrent.

Nous allons définir dans la suite certains termes qui permettent d'obtenir des conditions d'optimalité du problème.

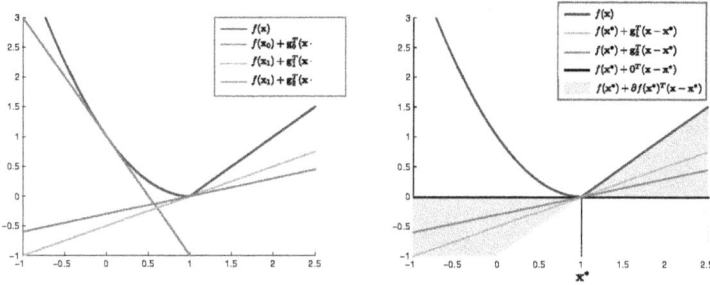

(a) Exemples de sous-gradients de $f(\mathbf{x})$ pour $\mathbf{x}_0 = 0$ et $\mathbf{x}_1 = 1$ (b) Test d'optimalité pour $\mathbf{x}^* = 0$

FIGURE 3.6: Exemples de sous-gradients d'une fonction f convexe et non différentiable pour $d = 1$. (a) La fonction f est différentiable en $\mathbf{x} = 0$, elle a donc un sous-gradient unique $\mathbf{g}_0$ qui permet d'obtenir la courbe rouge. Elle est par contre non différentiable en $\mathbf{x}_1 = 1$ et a une infinité de sous-gradients dont $\mathbf{g}_1$ et $\mathbf{g}_2$ tracés en vert et magenta. (b) Le point $\mathbf{x}^* = 0$ est bien le minimum de la fonction $f(\mathbf{x})$ car le vecteur $\mathbf{0}$ est un sous-gradient de $f(\mathbf{x})$.

Sous-gradient   Soit une fonction J convexe de $\mathbb{R}^d$ dans $\mathbb{R}$, le vecteur $\mathbf{g}$ est un sous-gradient de J en $\mathbf{x} \in \mathbb{R}^d$ si

$$J(\mathbf{z}) \geq J(\mathbf{x}) + \mathbf{g}^T(\mathbf{z} - \mathbf{x}) \quad \forall \mathbf{z} \in \mathbb{R}^d. \tag{3.16}$$

Le sous-gradient permet donc de minorer une fonction convexe par une approximation linéaire, $\mathbf{g}$ est donc la pente d'une tangente de la fonction au point $\mathbf{x}$. Nous définissons aussi la sous-différentielle $\partial J(\mathbf{x})$ comme l'ensemble de tous les sous-gradients de J en $\mathbf{x}$. Si J est une fonction différentiable, alors le gradient $\nabla J(\mathbf{x})$ de la fonction est l'unique sous-gradient de $J(\cdot)$ en $\mathbf{x}$ ($\partial J(\mathbf{x}) = \{\nabla J(\mathbf{x})\}$) [Bertsekas 2003]. Le sous-gradient peut être utilisé pour trouver une direction de descente dans des algorithmes itératifs (descente de sous-gradient).

Optimalité   Soit une fonction $J(\cdot)$ convexe de $\mathbb{R}^d$ dans $\mathbb{R}$ que l'on cherche à minimiser. Le point $\mathbf{x}^*$ est le minimum de $J(\mathbf{x})$ si et seulement si

$$\mathbf{0} \in \partial J(\mathbf{x}^*). \tag{3.17}$$

Dans le cas du problème (3.13), sachant l'hypothèse 3, on peut utiliser la propriété de linéarité des sous-gradients [Hiriart-Urruty 2009] et obtenir la condition d'optimalité suivante :

$$-\nabla J_1(\mathbf{x}^*) \in \partial \lambda \Omega(\mathbf{x}^*). \tag{3.18}$$

Un des sous-gradients de la fonction non différentiable doit donc être capable de « compenser » le gradient de la fonction $J_1(\cdot)$ pour que l'on soit à l'optimum. Les travaux de [Nikolova 2000] ont montré théoriquement pourquoi les termes de régularisation non différentiables en $\mathbf{0}$ auront tendance à promouvoir de la parcimonie.

Norme ℓ_p   Un bon exemple d'utilisation des sous-gradients est le cas de la régularisation ℓ_p avec $p \geq 1$. Cette dernière est, comme nous l'avons vu section 3.1.3, couramment utilisée comme terme de régularisation. Elle apparaît aussi dans les normes mixtes $\ell_1 - \ell_p$, pour lesquelles les sous-gradients sont des outils nécessaires au calcul des opérateurs proximaux.

Avant de donner la sous-différentielle de la norme ℓ_p, nous introduisons le concept de norme duale. La norme duale d'une norme ℓ_p est définie par :

$$\|\mathbf{x}\|_q = \sup_{\mathbf{z} \in \mathbb{R}^d} \mathbf{z}^T \mathbf{x} \tag{3.19}$$
$$\text{s. c.} \quad \|\mathbf{x}\|_p \leq 1.$$

La norme duale de la norme ℓ_p avec $p \in [1, +\infty]$, est la norme ℓ_q avec $q \in [1, +\infty]$ tel que $\frac{1}{p} + \frac{1}{q} = 1$. Par exemple, les norme ℓ_1 et ℓ_∞ sont duales entre elles et la norme ℓ_2 est son propre dual.

Pour obtenir le sous-gradient de la norme ℓ_p, il est nécessaire d'utiliser l'inégalité de Fenchel-Young

$$\|\mathbf{x}\|_p + \imath_{\|\mathbf{g}\|_q \leq 1} \geq \mathbf{g}^T \mathbf{x} \tag{3.20}$$

ou $\imath_{\|\mathbf{g}\|_q \leq 1}$ est le conjugué de Fenchel de la norme ℓ_p, c'est à dire l'indicatrice de la norme duale ℓ_q telle que :

$$\imath_{\|\mathbf{g}\|_q \leq 1} = \begin{cases} 0 & \text{si } \|\mathbf{g}\|_q \leq 1 \\ \infty & \text{sinon .} \end{cases} \tag{3.21}$$

Si l'on suppose que $\mathbf{g}$ est un sous-gradient de la norme ℓ_p alors l'inégalité de Fenchel-Young (3.20) devient une égalité et donc :

$$\mathbf{g}^T \mathbf{x} - \|\mathbf{x}\|_p = \imath_{\|\mathbf{g}\|_q \leq 1} \tag{3.22}$$

On remarque que pour avoir une inégalité finie, il est nécessaire d'avoir $\|\mathbf{g}\|_q \leq 1$. Pour obtenir le sous-gradient de la norme ℓ_p, on distingue les deux cas : soit $\mathbf{x} = \mathbf{0}$ et la seule condition pour que $\mathbf{g}$ soit un sous-gradient est $\|\mathbf{g}\|_q \leq 1$, soit $\mathbf{x} \neq \mathbf{0}$ et la contrainte d'égalité $\mathbf{g}^T \mathbf{x} = \|\mathbf{x}\|_p$ est également nécessaire. Finalement, le sous-gradient du terme de régularisation $\| \cdot \|_p$ est défini par :

$$\partial \|\mathbf{x}\|_p = \begin{cases} \mathbf{g} : \|\mathbf{g}\|_q \leq 1 & \text{si } \mathbf{x} = \mathbf{0} \\ \mathbf{g} : \|\mathbf{g}\|_q \leq 1 \text{ et } \mathbf{g}^T \mathbf{x} = \|\mathbf{x}\|_p & \text{si } \mathbf{x} \neq \mathbf{0} \end{cases} \tag{3.23}$$

Ce sous-gradient est utile pour tester les conditions d'optimalité (3.18) du problème (3.13). Il est aussi utilisé pour obtenir une solution analytique des problèmes proximaux définis en Annexe A.1.2.

Nous prenons comme exemple la norme ℓ_1 qui a pour norme duale la norme ℓ_∞. Le sous-gradient de la norme ℓ_1 peut facilement être obtenu à partir de l'équation (3.23). La contrainte d'égalité est vérifiée pour $\mathbf{g}$ si $g_i = \text{signe}(x_i)$, ce qui permet d'obtenir les conditions d'optimalité du problème (3.13) avec $\Omega(\mathbf{x}) = \|\mathbf{x}\|_1$:

$$- \nabla J_1(\mathbf{x}) \in \partial \lambda \|\mathbf{x}\|_1 \quad \Leftrightarrow \quad -(\nabla J_1(\mathbf{x}))_k \in \begin{cases} \text{sgn}(x_k) & \text{si } x_k \neq 0 \\ [-1, 1] & \text{si } x_k = 0 \end{cases} \quad \forall k \in 1, \ldots, d \tag{3.24}$$

On remarque que la composante k du sous-gradient est unique lorsque la composante correspondante x_k est différente de zéro car le terme de régularisation est différentiable.

3.2 Séparateur à Vaste Marge et Apprentissage de Noyau

Nous avons vu, dans les sections précédentes, différents types de coûts d'attache aux données et de régularisations. Dans nos travaux, nous nous sommes concentrés sur les coûts d'attache aux données Hinge et Hinge au carré. Ces coûts ayant pour effet de promouvoir la marge entre les exemples de chaque classe, ils mènent aux méthodes appelées séparateurs à vaste marge (SVM).

Un des atouts majeurs des SVM pour la classification supervisée est la possibilité d'utiliser des noyaux. Les noyaux permettent non seulement d'apprendre des fonctions de décision non linéaires, mais ils peuvent aussi être appris de manière à s'adapter à chaque tâche de classification.

Nous verrons tout d'abord une introduction succincte à ce que sont les noyaux en apprentissage statistique. Les SVM sont ensuite présentés ainsi que le problème d'optimisation associé. Finalement, nous discutons d'une approche permettant d'adapter automatiquement le noyau au problème de classification : l'apprentissage de noyaux.

3.2.1 Noyaux

Nous nous sommes principalement intéressés, dans les sections précédentes, à l'apprentissage de fonctions de décision linéaires. Malgré leur intérêt en terme de simplicité d'utilisation et d'interprétabilité, les fonctions de décision linéaires sont limitées en pratique à des problèmes dont l'espace de représentation est fixé à $\mathcal{X} = \mathbb{R}^d$.

L'astuce du noyau permet de s'affranchir de ces limitations. Les noyaux permettent en effet d'apprendre des fonctions de décision sur des données complexes non vectorielles (graphes, structures) et de générer des fonctions de décision non linéaires. Dans la suite, nous allons brièvement définir les noyaux et discuter de l'espace fonctionnel qu'ils engendrent : les Espaces de Hilbert à Noyaux Reproduisant (EHNR). Une introduction plus complète aux noyaux est disponible dans [Aronszajn 1951, Fasshauer 2011, Canu 2002, Shawe-Taylor 2004].

Principe   Un noyau est une mesure de similarité entre exemples. C'est une fonction $K(\cdot, \cdot)$ de $\mathcal{X} \times \mathcal{X}$ vers $\mathbb{R}$ qui mesure la ressemblance entre deux exemples d'apprentissage. Le principe derrière l'utilisation des noyaux est de s'affranchir de l'espace de représentation $\mathcal{X}$ et de se concentrer sur les similarités inter-exemples lors de l'apprentissage.

Noyaux définis positifs   Un noyau défini positif est une fonction $k : \mathcal{X} \times \mathcal{X} \to \mathbb{R}$ qui mesure une certaine forme de similarité entre exemples. Cette fonction a deux propriétés importantes. Elle est symétrique :

$$K(\mathbf{x}, \mathbf{x}') = K(\mathbf{x}', \mathbf{x}), \quad \forall (\mathbf{x}, \mathbf{x}') \in \mathcal{X}^2$$

et définie positive :

$$\sum_{i,j=1}^{n} \alpha_i \alpha_j K(\mathbf{x}_i, \mathbf{x}_j) > 0, \quad \forall n \in \mathbb{N} \quad \forall \{\mathbf{x}_i\}_{i=1...n} \in \mathcal{X} \text{ et } \forall \{\alpha_i\}_{i=1...n} \in \mathbb{R}.$$

Bien que des travaux se soient attaqués aux problèmes avec des noyaux non définis positifs [Ong 2004] ou des mesures de similarités ayant des propriétés suffisantes [Balcan 2008], nous nous intéresserons dans ce manuscrit seulement aux noyaux définis positifs.

Noyau	$K(\mathbf{x}, \mathbf{x}')$	Param.	$K(\mathbf{x}, \mathbf{x}_0), \mathbf{x}_0^T = [1,1]$
Gaussien	$\exp\left(-\dfrac{\|\mathbf{x} - \mathbf{x}'\|_2^2}{2\sigma^2}\right)$	$\sigma \in \mathbb{R}^+$	
Rationnel quadratique	$\dfrac{\sigma^2}{\sigma^2 + \|\mathbf{x} - \mathbf{x}'\|_2^2}$	$\sigma \in \mathbb{R}^+$	
Linéaire	$\langle \mathbf{x}, \mathbf{x}' \rangle$	-	
Polynomial	$(\langle \mathbf{x}, \mathbf{x}' \rangle)^d$	$d \in \mathbb{N}$	
Cosinus	$\dfrac{\langle \mathbf{x}, \mathbf{x}' \rangle}{\|\mathbf{x}\|\|\mathbf{x}'\|}$	-	

TABLEAU 3.1: Liste de noyaux les plus communs ainsi qu'une visualisation pour $d = 2$ de leur valeur par rapport au point $\mathbf{x}_0 = [1,1]$. Les deux premières lignes représentent des noyaux radiaux puisqu'ils utilisent le rayon $\|\mathbf{x} - \mathbf{x}'\|_2$, alors que les noyaux suivants sont des noyaux projectifs utilisant le produit scalaire.

Matrice de Gram À partir du noyau et de l'ensemble d'apprentissage $\{\mathbf{x}_i\}_{i=1\ldots n} \in \mathcal{X}$, on peut construire la matrice de Gram $\mathbf{K} \in \mathbb{R}^{n \times n}$ telle que chaque composante de la matrice correspond à la mesure de similarité entre deux exemples d'apprentissage $K_{i,j} = K(\mathbf{x}_i, \mathbf{x}_j)$. Cette matrice est définie positive si la fonction noyau $K(\cdot, \cdot)$ est définie positive [Shawe-Taylor 2004].

Un avantage important lié à l'utilisation de cette matrice pour la résolution des problèmes d'optimisation est que l'on s'affranchit de l'espace de représentation $\mathcal{X}$. Le problème se concentre finalement seulement sur les exemples d'apprentissage, sa complexité est donc fonction du nombre d'exemples n.

Exemples de noyaux définis positifs Il existe de nombreux noyaux définis positifs qui permettent de mesurer une similarité dans des espaces $\mathcal{H}$ divers, comme par exemple l'espace des graphes ou l'espace des séquences. Nous nous sommes concentrés dans nos travaux sur des espaces métriques comme $\mathbb{R}^d$. Nous fournissons dans le tableau 3.1 une liste des noyaux les plus communs. Parmi ceux-ci, nous soulignons l'existence du noyau linéaire, qui n'est autre que le produit scalaire entre deux vecteurs, et le noyau gaussien, qui est fréquemment utilisé pour les problèmes non séparables linéairement.

Notons également que certains noyaux ont des paramètres, dont le choix est en général très sensible pour les performances en prédiction. C'est pourquoi il existe des méthodes de sélection automatique de ces paramètres, que nous décrivons section 3.2.3.

Espace de Hilbert à noyau reproduisant   Soit $\mathcal{H}$ un sous-espace complet des fonctions de $\mathcal{X}$ dans $\mathbb{R}$ muni d'un produit scalaire hilbertien $\langle \cdot, \cdot \rangle_{\mathcal{H}}$. $\mathcal{H}$ est un espace de Hilbert à Noyau Reproduisant (EHNR) s'il existe un noyau $K(\cdot, \cdot)$ pour lequel :

$$\forall \mathbf{x} \in \mathcal{X}, K(\mathbf{x}, \cdot) \in \mathcal{H} \text{ et } \forall f \in \mathcal{H}, f(\mathbf{x}) = \langle f(\cdot), K(\mathbf{x}, \cdot) \rangle_{\mathcal{H}} \quad (3.25)$$

On peut ainsi interpréter la fonction $K(\mathbf{x}, \cdot)$ comme une fonctionnelle d'évaluation en $\mathbf{x}$ puisque son produit scalaire avec une fonction $f(\cdot)$ permet de l'évaluer au point $\mathbf{x}$.

Les EHNR ont un certain nombre de propriétés intéressantes. Tout d'abord s'il existe un noyau reproduisant dans $\mathcal{H}$, alors il est unique. Ensuite la norme $\| \cdot \|_{\mathcal{H}}$ induite par le produit scalaire $\langle \cdot, \cdot \rangle_{\mathcal{H}}$, qui est le pendant fonctionnel de la norme ℓ_2 présentée en 3.1.3, permet de mesurer la complexité d'une fonction. En effet, il est possible d'utiliser les propriétés du produit scalaire pour montrer que

$$|f(\mathbf{x}) - f(\mathbf{x}')| \leq \|f\|_{\mathcal{H}} \|K(\mathbf{x}, \cdot) - K(\mathbf{x}', \cdot)\|_{\mathcal{H}} \quad (3.26)$$

L'équation (3.26) permet de mieux comprendre l'intérêt des EHNR pour l'apprentissage statistique. Tout d'abord, la norme $\|f\|_{\mathcal{H}}$ est une constante de Lipschitz de la fonction f pour la métrique $d_{\mathcal{H}}(\mathbf{x}, \mathbf{x}') = \|K(\mathbf{x}, \cdot) - K(\mathbf{x}', \cdot)\|_{\mathcal{H}}$. Utiliser cette norme comme terme de régularisation aura donc pour effet de limiter les variations possibles de f et donc sa complexité. Il faut cependant garder en mémoire que la métrique est définie par la fonction noyau, et donc que cette dernière doit être choisie judicieusement car elle aussi permet de régler la complexité.

Finalement, une des propriétés les plus importantes, en pratique découle du théorème de représentation [Schölkopf 2001a] :

Théorème 3.3 (Théorème de représentation). *Soient $\mathcal{X}$ un ensemble non vide, $K(\cdot, \cdot)$ une fonction noyau définie positive de $\mathcal{X} \times \mathcal{X}$ dans $\mathbb{R}$, $\{\mathbf{x}_i, y_i\}_{i=1,\ldots,n} \in \mathcal{X} \times \mathbb{R}$ un ensemble d'apprentissage, et $\mathcal{H}$ un EHNR de noyau $K(\cdot, \cdot)$.*

Si l'on apprend une fonction de décision $f \in \mathcal{H}$ par minimisation du risque empirique régularisé

$$\min_{f \in \mathcal{H}} \sum_{i=1}^{n} L(y_i, f(\mathbf{x}_i)) + \phi(\|f\|_{\mathcal{H}}) \quad (3.27)$$

où $L(\cdot, \cdot)$ est une fonction de perte propre et $\phi(\cdot)$ est une fonction croissante, si il existe une solution, alors la fonction f peut être mise sous la forme :

$$f(\mathbf{x}) = \sum_{j=1}^{n} \alpha_j K(\mathbf{x}, \mathbf{x}_j) + b \quad (3.28)$$

avec $\alpha_i \in \mathbb{R}, \forall i \in \{1, \ldots, n\}$ et $b \in \mathbb{R}$.

Cette expression de la fonction permet de voir que toute fonction appartenant à $\mathcal{H}$ et apprise sur un nombre fini de points peut se mettre sous une forme linéaire faisant appel à la fonction noyau.

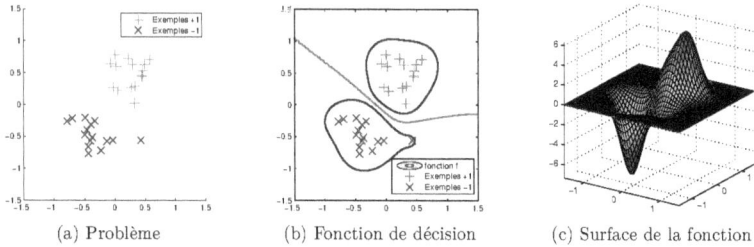

(a) Problème   (b) Fonction de décision   (c) Surface de la fonction

FIGURE 3.7: Illustration de la machine à noyaux (3.29) sur un problème en deux dimensions ($d = 2$) en utilisant un noyau gaussien et 30 exemples d'apprentissage. Le problème d'apprentissage est montré en (a) et la fonction de décision est visualisée sur le plan avec les courbes de niveau [-1,0,1] (b) et sous forme de surface en (c).

Exemple de machine à noyaux Il existe une multitude de machines à noyaux dans la littérature. Nous citerons tout particulièrement la méthode de Parzen qui utilise les noyaux pour estimer une densité de probabilité [Parzen 1962]. Ces estimations peuvent aussi être utilisées pour discriminer des classes [Specht 1990].

Nous décrivons dans ce paragraphe une de ces méthodes, utilisée dans [Hofmann 2008] pour introduire les machines à noyaux. Nous rappelons que nous voulons apprendre une fonction de décision à partir d'un ensemble d'apprentissage $(\mathbf{x}_i, y_i)_{i \in \{1,...,n\}}$ contenant n^+ exemples $\mathbf{x}_i^+$ de la classe +1 et n^- exemples $\mathbf{x}_i^-$ de la classe -1.

Une approche qui parait logique pour décider de la classe d'un nouvel exemple est de mesurer sa similarité moyenne avec les exemples de la classe positive et de la classe négative. On peut ainsi décider de la classe en prenant celle qui est la plus similaire en moyenne. La fonction de décision correspondant à cette approche sera de la forme :

$$f(\mathbf{x}') = \frac{1}{n^+} \sum_{i=1}^{n^+} K(\mathbf{x}_i^+, \mathbf{x}') - \frac{1}{n^-} \sum_{i=1}^{n^-} K(\mathbf{x}_i^-, \mathbf{x}') \qquad (3.29)$$

où l'on soustrait à la similarité moyenne avec la classe positive, la similarité moyenne avec la classe négative. Cette fonction est un cas particulier de la forme (3.28) en prenant $\alpha_i = \frac{1}{n^+}$ pour les exemples de la classe +1 et $\alpha_i = \frac{-1}{n^-}$ pour les exemples de la classe -1. La figure 3.7 montre un exemple d'utilisation de cette machine à noyaux dans un cas simple avec le noyau gaussien. Cette approche particulièrement simple a l'avantage de ne pas nécessiter de phase d'apprentissage des paramètre α_i de la fonction de prédiction. En revanche, la complexité de prédiction dépend directement du nombre de points d'apprentissage, ce qui la rend difficile à mettre en œuvre lorsque le nombre d'exemples est important.

3.2.2   Séparateur à Vaste Marge

Les Séparateurs à Vaste Marge sont un type de classifieurs qui a été proposé par Vapnik [Vapnik 1998], à la suite de ses travaux théoriques sur l'apprentissage statistique supervisé. Ils entrent dans le cadre des problèmes de minimisation du risque structurel. La fonction de perte utilisée est le Hinge ou le Hinge au carré et le terme de régularisation est la norme ℓ_2 au carré que nous avons présentée section 3.1.3 et dont nous avons vu les propriétés dans un cadre fonctionnel section 3.2.1.

Cette approche a certains avantages par rapport à d'autres méthodes de la littérature. Tout d'abord, elle est basée sur la théorie de l'apprentissage statistique introduite par Vapnik [Vapnik 1998] qui lui fournit certaines garanties en terme de généralisation. Un des résultats de cette théorie, montrant l'intérêt des SVM, est qu'avec une grande probabilité :

$$R(f) \leq \hat{R}(f) + \Phi(n, h(\mathcal{H})) \tag{3.30}$$

où $h(\mathcal{H})$ est une mesure de la complexité de l'espace d'hypothèse $\mathcal{H}$ et Φ est une fonction croissante de $h(\mathcal{H})$ [Vapnik 1998]. Cette équation montre que la minimisation simultanée du risque empirique et de la complexité de la fonction a pour effet de minimiser le risque. La mesure de complexité utilisée dans les SVM est la norme $\| \cdot \|_{\mathcal{H}}$, or cette norme est inversement proportionnelle à la marge entre les exemples de chaque classe. La minimisation de la complexité correspond donc à la maximisation de la marge, ce qui donne leur nom aux SVM.

De plus, la possibilité d'utiliser l'astuce du noyau permet d'apprendre des fonctions de décision prenant en compte des données non linéairement séparables mais toujours relativement interprétables car faisant appel à des exemples. Par ailleurs, les fonctions de décision SVM sont parcimonieuses en terme d'exemples. Nous verrons en effet qu'un certain nombre des coefficients α_i sont nuls, ce qui est intéressant pour la rapidité de prédiction. Finalement, le problème d'optimisation SVM est strictement convexe lorsque le noyau est défini positif, il est donc bien posé et une seule solution existe.

Problème SVM L'apprentissage d'un classifieur SVM se fait par la minimisation suivante :

$$\min_{f \in \mathcal{H}} \quad \frac{C}{n} \sum_{i=1}^{n} H(y_i, f(\mathbf{x}_i)) + \frac{1}{2} \|f\|_{\mathcal{H}}^2 \tag{3.31}$$

où C est un paramètre de régularisation, $f(\cdot)$ est la fonction de décision appartenant à un espace de Hilbert à noyau reproduisant $\mathcal{H}$, $H(y, f(x)) = \max(0, 1 - y \cdot f(x))^p$ est le coût Hinge à la puissance $p = \{1, 2\}$ qui promeut une vaste marge, et $\| \cdot \|_{\mathcal{H}}$ est la norme induite de $\mathcal{H}$. On reconnaît dans l'équation (3.31) une formulation similaire au problème général d'apprentissage statistique régularisé défini en (3.5). Nous avons choisi d'utiliser la formulation avec un paramètre de régularisation $C = \frac{1}{\lambda}$, où λ apparaît dans l'équation (3.5), pour respecter la formulation SVM originelle.

Le choix de p (1 ou 2 en général) a un impact en terme de différentiabilité du problème et de parcimonie de la solution, mais il n'a pas été montré d'avantage clair en terme de performances de prédiction de $p = 1$ ou $p = 2$ [Chapelle 2007]. Dans nos travaux, nous utiliserons donc la valeur permettant de résoudre le problème le plus efficacement possible.

Coût Hinge et problème dual La valeur $p = 1$ pour le coût Hinge correspond aux SVM classiques [Vapnik 1998]. Grâce à la dualité forte du problème SVM, il est aussi possible de trouver la solution de l'équation (3.31) en résolvant son dual par rapport à $f(\cdot)$ [Schölkopf 2001b]. Ce dernier se présente sous la forme :

$$\max_{\alpha} \quad -\frac{1}{2} \sum_{i,j=1}^{n,n} y_i y_j \alpha_i \alpha_j K(\mathbf{x}_i, \mathbf{x}_j) + \sum_{i=1}^{n} \alpha_i \tag{3.32}$$

$$s.c. \quad \frac{C}{n} \geq \alpha_i \geq 0 \quad \forall i \quad et \quad \sum_{i=1}^{N} \alpha_i y_i = 0$$

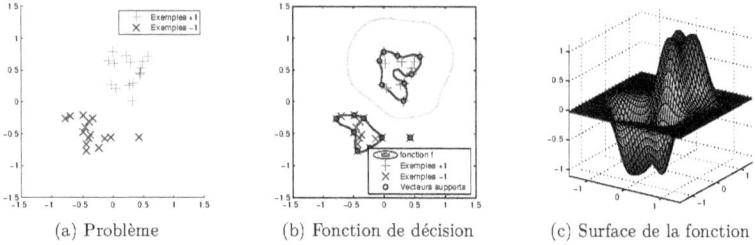

(a) Problème   (b) Fonction de décision   (c) Surface de la fonction

FIGURE 3.8: Illustration d'une classification SVM sur un problème en deux dimensions ($d = 2$) en utilisant un noyau gaussien et 30 exemples d'apprentissage. Le problème d'apprentissage est montré en (a) et la fonction de décision est visualisée sur le plan avec les courbes de niveau [-1,0,1] en (b). La courbe de niveau 0 correspond à la frontière de décision et les courbes (-1, 1) permettent de visualiser la marge. Les vecteurs supports sélectionnés sont aussi reportés et l'on voit clairement que, comme le problème est séparable, seuls les points situés sur la marge sont sélectionnés (16/30). La surface de la fonction f est tracée en (c).

où $\forall i \in [1, n], \alpha_i \in \mathbb{R}$ sont les variables duales et $K(\cdot, \cdot)$ est la fonction noyau associée à $\mathcal{H}$. À partir des contraintes de boite sur les α_i dans le problème (3.32), on distingue trois cas possibles pour les valeurs de α_i. Si $\alpha_i = 0$, cela signifie que l'exemple i est bien classé avec une marge suffisante pour avoir un coût Hinge nul ($y_i f(\mathbf{x}_i) > 1$). Si $\alpha_i = \frac{C}{n}$, alors l'exemple i est situé dans la marge ou est mal classé ($y_i f(\mathbf{x}_i) < 1$). Et finalement, si $0 < \alpha_i < \frac{C}{n}$, alors l'exemple i est situé exactement sur la marge ($y_i f(\mathbf{x}_i) = 1$).

Le théorème de représentation permet d'exprimer la fonction de décision en fonction des variables duales :

$$f(\mathbf{x}') = \sum_{j=1}^{n} \alpha_j y_j K(\mathbf{x}', \mathbf{x}_j) + b \qquad (3.33)$$

avec cette fois-ci les α_i solutions du problème (3.32). Les variables duales représentent donc le poids qu'aura chaque exemple dans la fonction de décision. Or, puisque certains coefficients α_i sont égaux à zéro, le calcul de la prédiction ne se fera donc pas sur l'ensemble des points d'apprentissage mais sur un sous-ensemble de taille n_s.

Un exemple de classification SVM est tracé Figure 3.8 pour un problème séparable et un noyau gaussien. La fonction de décision peut être comparée à celle présentée dans la section précédente. À la différence de la machine à noyaux (3.29), nous pouvons voir que, cette fois-ci, la marge est maximisée et que seul un sous-ensemble des points d'apprentissage est utilisé dans la fonction de décision.

Coût Hinge au carré   Mettre le coût Hinge au carré dans (3.31) mène aux SVM à coût quadratique [Shawe-Taylor 2004, Chapelle 2007]. De même que pour le coût Hinge, il est possible de résoudre le problème dans le dual de (3.31) par rapport à $f(\cdot)$. La différence principale par rapport au problème (3.32) est que le paramètre C n'apparaît plus comme une contrainte de boite mais sous la forme d'un terme diagonal ajouté à la matrice de Gram. Ce terme diagonal, rappelant la régularisation *ridge* en régression linéaire, aura pour effet de rendre la matrice strictement définie positive quel que soit $K(\cdot, \cdot)$ et donc de rendre le problème mieux posé. La solution du problème est généralement moins parcimonieuse que pour les SVM classiques, en partie à cause de la différentiabilité du Hinge au carré.

Extensions probabilistes   Pour un classifieur SVM, la décision s'effectue en utilisant le signe de la fonction de prédiction. Cependant, dans certains cas, il peut être intéressant d'avoir une prédiction probabiliste. Dans le cadre des SVM, il existe un algorithme, proposé par Platt [Platt 1999] et corrigé par [Lin 2007], pour estimer des probabilités d'appartenance aux classes. Cette méthode consiste à transformer le score SVM de la manière suivante :

$$P(y = 1|\mathbf{x}) = \frac{1}{1 + \exp\left(a.f(\mathbf{x}) + b\right)} \tag{3.34}$$

avec f la fonction de décision et $\mathbf{x}$ l'échantillon observé. Les paramètres a et b sont appris en maximisant la log-vraisemblance sur un ensemble de validation. On reconnaît dans cette forme une version unidimensionnelle de la régression logistique. La méthode de Platt consiste donc à effectuer une régression logistique sur le score retourné par la fonction de décision SVM.

Nous citerons aussi les travaux de Grandvalet [Grandvalet 2006] qui utilisent une interprétation probabiliste des SVM pour s'adapter à des problèmes mal équilibrés, c'est-à-dire lorsque le nombre d'exemples d'une classe est bien plus important que pour l'autre classe. Finalement, lorsque l'on a accès à des classes incertaines, par exemple si les étiquettes sont des estimées des probabilités conditionnelles, il est possible d'utiliser cette information pour effectuer automatiquement la pondération a et b sans passer par une maximisation de la vraisemblance [Niaf 2011].

3.2.3   Apprentissage de Noyau

Le choix d'un noyau est une tâche qui s'apparente à la tâche d'extraction de caractéristiques et suppose une bonne connaissance du problème. La sélection du bon noyau ou du bon paramètre de noyau se fait habituellement par validation croisée [Hastie 2001]. Cette approche permettant d'estimer l'erreur de généralisation d'une fonction de décision, est malheureusement très coûteuse en temps de calcul car elle suppose de multiples apprentissages pour toutes les valeurs testées.

Dans les SVM classiques, le noyau choisi par l'utilisateur fixe la représentation des données. En ce sens, les SVM sont limités par rapport à d'autres méthodes de classification qui, elles, ne fixent pas la représentation des données mais l'apprennent de manière supervisée. Parmi ces méthodes, on peut citer l'apprentissage de noyau qui consiste à apprendre simultanément la fonction de décision et le noyau [Lanckriet 2004, Rakotomamonjy 2008a].

Il existe différents types d'apprentissage de noyau que nous introduisons dans la suite. Nous présentons, tout d'abord, une approche convexe et efficace d'apprentissage de noyau basée sur l'apprentissage une somme pondérée de noyaux de base. Ensuite, nous introduisons d'autres approches qui permettent d'apprendre des noyaux continûment paramétrés et différentiables.

Apprentissage de noyaux multiples

Cadre général   L'apprentissage de noyaux multiples (MKL pour Multiple Kernel Learning en anglais) est une approche d'apprentissage de noyau où le noyau s'exprime sous la forme d'une somme pondérée de noyaux de base. La formulation classique du MKL, qui a été proposée par Lanckriet [Lanckriet 2004], est un problème SVM dans lequel la fonction noyau est une variable à optimiser. Le problème MKL est convexe et consiste à résoudre :

$$\min_{K} \quad J(K) \tag{3.35}$$

où $J(K)$ est la valeur du coût SVM en fonction du noyau $K(\cdot, \cdot)$, dont nous rappelons la forme :

$$J(K) = \min_f \; \frac{C}{n} \sum_{i=1}^{n} H(y_i, f(\mathbf{x}_i)) + \frac{1}{2} \|f\|_{\mathcal{H}}^2 \tag{3.36}$$

$$= \max_\alpha \; -\frac{1}{2} \sum_{i,j=1}^{n,n} y_i y_j \alpha_i \alpha_j K(\mathbf{x}_i, \mathbf{x}_j) + \sum_{i=1}^{n} \alpha_i \tag{3.37}$$

$$s.c. \; \frac{C}{n} \geq \alpha_i \geq 0 \;\; \forall i \;\; et \;\; \sum_{i=1}^{N} \alpha_i y_i = 0.$$

Sachant que dans le cadre des MKL le noyau est une somme pondérée de noyaux de base :

$$K(\mathbf{x}, \mathbf{x}') = \sum_{m=1}^{M} d_m K_m(\mathbf{x}, \mathbf{x}') \text{ avec } d_m \geq 0 \tag{3.38}$$

où d_m correspond au poids du noyau m dans le noyau final $K(\cdot, \cdot)$ et $K_m(\cdot, \cdot)$ est le m^e noyau de base défini positif et lié au EHNR $\mathcal{H}_m$. Le fait que les d_m soient de signe positif permet de d'assurer que le noyau final sera lui-même défini positif [Shawe-Taylor 2004].

Notons que si le noyau est une somme de noyaux de base, alors la fonction de décision est une somme de fonctions telle que :

$$f(\mathbf{x}) = \sum_{m=1}^{M} f_m(\mathbf{x}) + b \tag{3.39}$$

où chaque fonction $f_m(\cdot)$ appartient au EHNR $\mathcal{H}_m$ associé au noyau $K_m(\cdot, \cdot)$.

Apprentissage de noyaux ℓ_1   Les MKL ont à l'origine été proposés dans un but de sélection automatique de noyaux. Par exemple, un paramètre de noyau tel que le σ du noyau gaussien peut être sélectionné automatiquement. Pour cela, il suffit de proposer plusieurs noyaux K_m avec des paramètres différents et la méthode sélectionnera automatiquement celui ou ceux qui sont pertinents pour la discrimination.

La parcimonie dans les pondérations des noyaux est induite dans les MKL à l'aide d'une régularisation de type ℓ_1. Dans la formulation de Lanckriet et al. [Lanckriet 2004], cette régularisation est présente sous la forme d'une contrainte :

$$\sum_{m=1}^{M} d_m = 1. \tag{3.40}$$

Sachant que $d_m \geq 0$, cette contrainte va promouvoir une parcimonie sur les d_m, et induire une sélection automatique des noyaux. Une régularisation équivalente, basée sur les fonctions $f_m(\cdot)$, et non pas sur les poids d_m, a été proposée par Bach et al. [Bach 2004]. Elle consiste à optimiser le problème suivant :

$$\min_{\{f_m\}} \; \frac{C}{n} \sum_{i=1}^{n} H(y_i, f(\mathbf{x}_i)) + \frac{1}{2} \left(\sum_m \|f_m\|_{\mathcal{H}_m} \right)^2. \tag{3.41}$$

Ici, le terme de régularisation est une norme mixte au carré : une norme ℓ_1 est appliquée sur le vecteur des normes euclidiennes induites par un produit scalaire pour chaque EHNR. Le problème est non différentiable en zéro à cause des normes $\| \cdot \|_{\mathcal{H}_m}$. Une astuce proposée par [Rakotomamonjy 2008a] permet de transformer ce problème, en un problème différentiable sous contraintes :

$$\min_{\{f_m\},\mathbf{d}} \quad \frac{C}{n}\sum_{i=1}^{n} H(y_i, f(\mathbf{x}_i)) + \frac{1}{2}\sum_m \frac{1}{d_m}||f_m||^2_{\mathcal{H}_m} \tag{3.42}$$

$$\text{s. c.} \quad \sum_{m=1}^{M} d_m = 1 \quad \text{et} \quad d_m \geq 0 \quad \forall m.$$

Ce problème est résolu en utilisant l'algorithme SimpleMKL, qui consiste en une descente de gradient réduit sur les coefficients d_m [Rakotomamonjy 2008a]. [Chapelle 2008] a étendu cet algorithme en proposant une méthode de Newton plus efficace pour un nombre raisonnable de noyaux de base. Dans leur approche, un problème QP sous contrainte de taille M doit être résolu à chaque mise à jour de coefficients d_m.

Apprentissage de noyaux ℓ_p   Plus récemment, s'est posée la question de l'intérêt de la régularisation ℓ_p pour l'apprentissage à noyaux multiples. En effet, dans de nombreux domaines tels que l'image ou la bio-informatique [Camps-Valls 2007], il existe un petit nombre de noyaux spécialisés pour un certain type de données. Dans ce cas-là, on n'a pas forcément intérêt à sélectionner des noyaux mais plutôt à les fusionner puisque chacun peut apporter des informations complémentaires. Dans un cadre de fusion de noyaux, une régularisation n'entraînant pas de parcimonie est donc préférable. La régularisation ℓ_2 a été testée pour la régression à noyaux multiples [Cortes 2009], et les résultats ont montré que dans certains cas de meilleures performances peuvent être obtenues pour des pondérations non parcimonieuses.

L'approche MKL dans un cadre de discrimination a aussi été généralisée à la régularisation ℓ_p avec $p \geq 1$ [Kloft 2009]. Le choix de p permet de s'adapter aux données du problème et ainsi d'obtenir de meilleures performances. Une régularisation de type *elastic net*, vue en section 3.1.3, peut aussi être utilisée car elle a l'avantage de permettre le réglage de la parcimonie [Tomioka 2010b]. Finalement, une étude récente sur de multiples régularisations, dont les normes ℓ_p et *elastic net*, a montré l'intérêt de la norme ℓ_∞ en pratique sur des données bio-informatiques et de détection d'intrusion réseau [Kloft 2010].

Nombre de noyaux infini   Lorsque l'on a un noyau paramétré continûment, l'approche MKL classique consiste à échantillonner l'espace du paramètre et à sélectionner automatiquement les valeurs pertinentes du paramètre à travers un MKL parcimonieux. Le problème principal de cette approche est que l'échantillonnage risque de « rater » la valeur optimale. C'est pourquoi des méthodes permettant d'apprendre automatiquement les paramètres continus ont été introduites. Par exemple, Gehler et al. [Gehler 2009] utilisent une algorithme d'ensemble actif pour ajouter itérativement des noyaux de base. Une descente de gradient sur les paramètres du noyau candidat est faite de manière à l'aligner au mieux avec le problème de classification. Une approche similaire, mais où cette fois le meilleur noyau est sélectionné parmi un ensemble prédéfini ou tiré au hasard, a été proposée par [Yger 2011] pour apprendre des noyaux d'ondelettes paramétrées.

L'apprentissage de noyau est limité à un nombre raisonnable d'exemples d'apprentissage à cause de la complexité du problème SVM. En effet, l'apprentissage d'un SVM à noyaux nécessite la résolution d'un problème quadratique de taille n qui peut être complexe à optimiser pour des problèmes ayant beaucoup d'exemples d'apprentissage. Il est alors plus efficace de revenir dans un cadre de classification linéaire et d'apprendre l'extraction de caractéristiques [Flamary 2011b]. Des extractions de caractéristiques tirées aléatoirement peuvent ainsi être sélectionnées selon leur intérêt pour la tâche de classification. Cette approche est similaire à celle de [Yger 2011] mais permet de résoudre des problèmes avec beaucoup d'exemples d'apprentissage en évitant le calcul de la matrice de Gram.

Minimisation de l'erreur de généralisation Dans toutes les approches présentées précédemment, le critère maximisé lors de l'apprentissage de noyau est la marge. En ce sens, ces approches se sont éloignées des premiers travaux concernant l'apprentissage de noyau [Chapelle 2002]. En effet, bien que la marge soit une estimation de l'erreur de généralisation, il existe des estimateurs plus efficaces en apprentissage de noyaux. Par exemple, le rapport rayon sur marge, défini équation (3.30), est utilisé pour apprendre des fonctions de décision et noyaux ayant une meilleure généralisation dans [Gai 2010].

Apprentissage de noyaux paramétrés

Apprendre les coefficients de pondération d'une somme de noyaux est une tâche relativement facile car le problème d'optimisation est convexe. D'autres travaux se sont attaqués au problème plus complexe de l'apprentissage des paramètres d'un noyau.

Les premiers travaux qui ont visé à apprendre automatiquement les paramètres de noyaux se sont concentrés sur le noyau gaussien [Cristianini 1999, Chapelle 2002]. Ce noyau est paramétré par une largeur de bande $\sigma \in \mathbb{R}^+$ (voir table 3.1) dans sa version isotrope. Dans le cas anisotrope, il est paramétré par un vecteur $\mathbf{g} \in \mathbb{R}_+^d$ contenant les pondérations g_i de chaque dimension à l'intérieur de la gaussienne :

$$K(\mathbf{x}; \mathbf{x}') = \exp\left(-\sum_{i=1}^{d} g_i \left(x_i - x_i'\right)^2\right) \tag{3.43}$$

Quand la dimension d est importante, il est évident que le choix de ces paramètres ne peut pas être fait par l'utilisateur de manière optimale, ni par validation croisée trop coûteuse en temps de calcul. [Cristianini 1999] propose donc de sélectionner la largeur de bande σ du noyau gaussien isotrope minimisant le rapport rayon sur marge (3.30). Chapelle et al. [Chapelle 2002] utilisent une approche similaire pour apprendre plusieurs paramètres comme le vecteur $\mathbf{g}$ du noyau Gaussien anisotrope ou le paramètre de régularisation C. Dans leurs travaux, les paramètres sont appris par un algorithme de descente de gradient.

Une autre méthode, basée sur la maximisation de la marge avec une régularisation ℓ_1 sur $\mathbf{g}$, a permis d'effectuer une sélection automatique de variables en plus d'apprendre les pondérations g_i [Grandvalet 2003]. Finalement, Varma et al. ont proposé un cadre généralisé d'apprentissage de noyaux multiples qui permet d'apprendre les pondérations $\mathbf{g}$ avec une régularisation ℓ_1 ou ℓ_2 [Varma 2009].

3.3   Apprentissage multitâche

L'apprentissage multitâche consiste à apprendre plusieurs fonctions de décision en même temps. L'idée sous-jacente est que ces fonctions ont quelque chose en commun et que l'on gagne à les apprendre ensemble. Le terme « apprentissage multitâche » a été introduit par [Caruana 1997] qui a posé le problème pour des classifieurs à base de réseaux de neurones. Son approche consiste à apprendre les premiers étages du réseau de neurones communs à toutes les tâches. Ceci peut être vu comme une extraction de caractéristiques commune à toutes les tâches suivie d'une fonction de classification propre à chaque tâche. Les informations sont donc partagées entre les tâches, par l'intermédiaire de cette extraction de caractéristique. C'est ce que nous appellerons dans la suite une représentation commune des données. Il est évident que, pour pouvoir partager cette information, les exemples d'apprentissage de chaque tâche doivent faire partie du même espace de représentation $\mathcal{X}$.

Il est important de noter que l'utilisation de l'apprentissage multitâche repose sur une hypothèse de similarité entre tâches. Des résultats théoriques ont montré que, si un tel lien existe entre les tâches, le nombre d'exemple nécessaires pour obtenir une performance donnée sera potentiellement plus faible si les fonctions de décision de chaque tâche sont apprises simultanément [Baxter 2000, Ben-David 2003]. Ce résultat théorique a été vérifié en pratique ; l'apprentissage multitâche a en effet tendance à améliorer les performances de prédiction [Argyriou 2008, Jacob 2008, Alamgir 2010].

3.3.1 Problème général

Nous cherchons à apprendre T fonctions de décision à partir de T ensembles d'apprentissage différents, $(\mathbf{x}_{i,1}, y_{i,1})_{i=1}^{n}, \cdots, (\mathbf{x}_{i,T}, y_{i,T})_{i=1}^{n}$, avec $\mathbf{x}_{i,\cdot} \in \mathcal{X}$ et $y_{i,\cdot} \in \mathcal{Y}$. Pour chaque tâche t, nous cherchons une fonction de décision $f_t(\mathbf{x})$ appartenant à un espace de Hilbert à noyau reproduisant $\mathcal{H}$. Le principe de l'apprentissage multitâche est d'apprendre toutes ces fonctions de discrimination simultanément, en les régularisant de manière à promouvoir une certaine similarité entre elles. Il est en général possible d'exprimer le problème sous la forme :

$$\min_{f_1, \cdots, f_T} C \cdot \sum_{t=1}^{T} \sum_{i=1}^{n} L(f_t(\mathbf{x}_{i,t}), y_{i,t}) + \Omega(f_1, \cdots, f_T) \tag{3.44}$$

avec $L(\cdot, \cdot)$ une fonction de perte et $\Omega(\cdot)$ un terme de régularisation qui va favoriser la similarité entre les fonctions. Ce terme permet de transférer de l'information entre les différentes tâches. Le paramètre C permet de pondérer l'importance relative de chaque terme. Nous rappelons que, bien que la formulation (3.44) soit générale et puisse être utilisée dans un cadre de régression comme de classification, nous avons fait le choix de nous restreindre dans nos travaux à des problèmes de classification binaire ($\mathcal{Y} = \{-1, 1\}$).

3.3.2 Régularisation multitâche

Maintenant que nous avons posé une formulation générale du problème d'apprentissage multitâche, nous pouvons commencer un état de l'art des termes de régularisation multitâche existants dans la littérature. Dans la majorité des travaux, l'apprentissage multitâche se fait sur des fonctions linéaires. Il est en effet plus facile d'intégrer des connaissances *a priori* sur des vecteurs que sur des fonctions appartenant à des EHNR. Lorsque l'on régularise des fonctions linéaires, le terme de régularisation s'applique sur les vecteurs $\mathbf{w}_t \in \mathbb{R}^d$ qui sont la normale à l'hyperplan séparateur de chaque tâche. Nous définissons ici la matrice $\mathbf{W} = [\mathbf{w}_1, \ldots, \mathbf{w}_T]$ qui contient une concaténation des vecteurs $\mathbf{w}_t$ de chaque tâche.

Régularisations basées sur une métrique

Une approche générale de régularisation des différentes fonctions a été proposée par [Evgeniou 2005]. Cette approche consiste à utiliser une métrique de la forme :

$$\Omega_{metric}(f_1, \cdots, f_T) = \sum_{t,s=1}^{T,T} E_{t,s} \langle f_t, f_s \rangle_{\mathcal{H}} \qquad (3.45)$$

où $\mathbf{E}$ est une matrice définie positive de terme général $E_{t,s}$ représentant les relations inter-tâches. Par exemple, si on choisit $\mathbf{E} = \mathbf{I}$ avec $\mathbf{I}$ la matrice identité, alors le terme de régularisation (3.45) est une somme des produits scalaires de chaque fonction avec elle-même, c'est-à-dire une norme euclidienne au carré pour chaque tâche. Dans ce cas-là, chaque fonction est régularisée indépendamment des autres, et le problème (3.44) est séparable par rapport aux tâches.

Variance des fonctions   Dans les travaux de [Evgeniou 2004], une mesure de similarité entre fonctions basée sur la variance des classifieurs a été proposée :

$$\Omega_{var}(f_1, \cdots, f_T) = ||\bar{f}||_{\mathcal{H}}^2 + \lambda_{var} \sum_t ||f_t - \bar{f}||_{\mathcal{H}}^2 \qquad (3.46)$$

avec $\bar{f} = \frac{1}{T} \sum_t f_t$ la fonction moyenne. Dans ce cas, nous supposons que les tâches se ressemblent toutes et surtout qu'elles ressemblent à la tâche moyenne $\bar{f}$. En d'autres termes, cette régularisation suppose que toutes les fonctions font partie d'un cluster et qu'elles sont sensées être relativement proches du centroïde du cluster. Finalement, ce terme est un cas particulier de la forme (3.45) avec une matrice E de terme général :

$$\mathbf{E} = \frac{1 - \lambda_{var}T}{T^2}\mathbf{U} + \lambda_{var}\mathbf{I}$$

où $\mathbf{I}$ est la matrice identité et $\mathbf{U}$ la matrice unitaire de terme général $U_{i,j} = 1$.

Appartenance à un clustering   Dans leurs travaux, [Jacob 2008] ont supposé qu'il existe un clustering des tâches, c'est-à-dire qu'elles sont naturellement groupées en r clusters. Ils proposent donc un terme de régularisation qui permet de prendre en compte ce clustering. Nous définissons tout d'abord la matrice binaire $\mathbf{R} = \{0,1\}^{T \times r}$ contenant le clustering. Son terme général $R_{t,c}$ aura la valeur 1 si la tâche t appartient au cluster c et à 0 sinon. Le terme de régularisation est de la forme :

$$\Omega_{cluster}(f_1, \cdots, f_T) = \lambda_m ||\bar{f}||_{\mathcal{H}}^2 + \lambda_b \sum_{c=1}^r ||\bar{f}_c - \bar{f}||_{\mathcal{H}}^2 + \lambda_w \sum_{c=1}^r \sum_{t=1}^T R_{t,c} ||f_t - \bar{f}_c||_{\mathcal{H}}^2 \qquad (3.47)$$

avec $\bar{f}_c = \frac{1}{m_c} \sum_t R_{t,c} f_t$ le centroïde du cluster c et $m_c = \sum_t R_{t,c}$ le nombre de fonctions dans ce cluster. L'équation (3.47) comporte trois termes que nous allons décrire un à un : le premier terme, pondéré par λ_m, est un terme de régularisation global, qui vise à minimiser la complexité de la fonction de prédiction moyenne (similaire à (3.46)). Le deuxième terme, pondéré par λ_b, va permettre de mesurer la dispersion des différents clusters de fonctions et ainsi éviter qu'ils ne soient trop éloignés. Le troisième et dernier terme, pondéré par λ_w, va mesurer la variance dans chaque cluster et ainsi promouvoir la ressemblance entre les fonctions appartenant à ce cluster. Ces trois types de régularisation sont complémentaires, et prennent chacun en compte un aspect de l'*a priori* de clustering. La régularisation peut aussi être mise sous la forme d'une métrique comme à l'équation (3.45) avec une matrice E de la forme :

$$\mathbf{E} = \lambda_m \mathbf{U} + \lambda_b (\mathbf{M} - \mathbf{U}) + \lambda_w (\mathbf{I} - \mathbf{M}) \qquad (3.48)$$

avec $\mathbf{M} = \mathbf{R}(\mathbf{R}^T \mathbf{R})^{-1} \mathbf{R}^T$ une matrice prenant en compte le clustering. Nous soulignons aussi une contribution importante des travaux de [Jacob 2008] : ils proposent d'apprendre le clustering, c'est à dire l'*a priori*, simultanément avec les fonctions. Pour apprendre les relations inter-tâches, ils proposent une méthode basée sur une relaxation convexe des *k-means*, ce qui leur permet de résoudre un problème d'optimisation convexe et d'éviter une optimisation alternée.

Partage de caractéristiques

L'apprentissage multitâche a été défini à l'origine par [Caruana 1997] dans le cadre des réseaux de neurones. Il suppose dans ses travaux que les tâches doivent partager les caractéristiques utilisées pour la classification. Ceci est mis en œuvre dans les réseaux de neurones à plusieurs couches par l'utilisation de premières couches, *i.e.* d'une extraction de caractéristiques, communes à toutes les tâches. Ces caractéristiques sont ensuite utilisées par les couches suivantes pour apprendre des classifieurs pour chaque tâche.

Le partage des caractéristiques entre tâches est une approche classique en apprentissage statistique, et peut s'exprimer de différentes manières. Ceci peut être fait en sélectionnant les variables pertinentes pour toutes les tâches. Nous verrons ensuite un terme de régularisation permettant de sélectionner un sous-espace linéaire commun à toutes les tâches plutôt qu'un sous-ensemble de variables.

Parcimonie jointe Cette approche est utile lorsque l'on suppose que seul un sous-ensemble des variables est pertinent pour la décision et que cet ensemble est commun à toutes les tâches. Les premiers travaux qui ont utilisé la sélection jointe de variables sont ceux de Argyriou et al. [Argyriou 2008] et de Obozinski et al. [Obozinski 2009]. Ces travaux se sont concentrés sur des fonctions de décision linéaires, et utilisent une contrainte de type *group-lasso* $\Omega_{1,2}(\cdot)$, défini équation (3.9), pour promouvoir la parcimonie. Les groupes utilisés contiennent les lignes de la matrice $\mathbf{W}$. En effet, chaque ligne contient les pondérations d'une variable donnée pour toutes les tâches. Ainsi la sélection de lignes dans la matrice $\mathbf{W}$ permet de sélectionner les variables pertinentes pour l'ensemble des tâches. Nous notons aussi les travaux de [Chen 2009], qui utilisent les normes mixtes $\Omega_{1,2}(\cdot)$ et $\Omega_{1,\infty}(\cdot)$ pour effectuer une sélection jointe de variables dans un cadre multitâche.

Projection dans un sous espace Une autre approche de partage de caractéristiques consiste à utiliser un sous-espace commun à toutes les tâches. On peut voir cela comme une version linéaire de ce qu'a proposé Caruana [Caruana 1997] pour les réseaux de neurones. Le premier étage est une projection $\tilde{\mathbf{x}} = \mathbf{P}\mathbf{x}$ avec $\mathbf{P} \in \mathbb{R}^{d' \times d}$ dans un sous-espace linéaire de taille $d' < d$, et le second représente la fonction de décision apprise pour chaque tâche sur les caractéristiques $\tilde{\mathbf{x}}$ (de paramètre $\tilde{\mathbf{w}}_i \in \mathbb{R}^{d'}$). Finalement, la fonction de décision de chaque tâche sera de la forme $f(\mathbf{x}) = \tilde{\mathbf{w}}_i^T \mathbf{P}\mathbf{x} + b_i$ et la matrice $\mathbf{W} = \mathbf{P}^T \tilde{\mathbf{W}}$ sera de rang $d' < d$.

Une approche ayant le même effet sur la matrice $\mathbf{W}$ est de la régulariser de manière à minimiser son rang. Or, la trace d'une matrice est une relaxation convexe de son rang (voir section 3.1.3). Les premiers travaux utilisant ce type de régularisation dans le cadre de l'apprentissage multitâche sont ceux de [Argyriou 2008]. Ils proposent de découpler le problème en apprenant simultanément une projection $\mathbf{P} \in \mathbb{R}^{d \times d}$ et des fonctions de décision avec une parcimonie jointe. La parcimonie jointe est ainsi induite en terme de sous-espace et non pas en terme de variables. De leur côté, Obozinski et al. résolvent le problème d'une manière particulièrement élégante. Ils tirent aléatoirement une projection unitaire des données et apprennent des fonctions de décision parcimonieuses sur les données projetées [Obozinski 2010]. Ceci a pour effet de sélectionner automatiquement le sous-espace discriminant.

Nous avons vu qu'il est possible de limiter les classifieurs à un sous-espace linéaire. Une généralisation de cette approche aux espaces non-linéaires a été proposée par [Agarwal 2010]. Dans leurs travaux, ils proposent un algorithme alterné où les fonctions de prédiction sont apprises avec une régularisation qui promeut leur appartenance à une variété (ou *manifold* en anglais). C'est cette variété qui contiendra les connaissances transférées entre tâches.

A priori bayésien

Les méthodes bayésiennes considèrent que les fonctions de décision f ainsi que les données d'apprentissage S_n sont des réalisations de variables aléatoires. Dans un cadre d'apprentissage bayésien [Bishop 1995], la fonction de décision f est obtenue en utilisant le théorème de Bayes, qui permet d'obtenir la forme suivante pour la probabilité conditionnelle de f :

$$\mathbb{P}(f|S_n) = \frac{\mathbb{P}(S_n|f)\mathbb{P}(f)}{\mathbb{P}(S_n)}.$$

Une manière d'obtenir la fonction de décision f est de maximiser cette probabilité conditionnelle. Cette approche, aussi connue sous le nom de maximum *a posteriori*, revient à optimiser le problème :

$$\max_{f \in \mathcal{H}} \quad \ln(\mathbb{P}(S_n|f)) + \ln(\mathbb{P}(f)) \tag{3.49}$$

où le terme $\ln(\mathbb{P}(S_n))$ est retiré car indépendant de la variable f. On reconnaît dans l'équation (3.49) un problème typique d'apprentissage statistique régularisé. En effet, le premier terme est le terme d'attache aux données, alors que le second terme est un terme de régularisation. Les connaissances *a priori* concernant la fonction de décision peuvent ainsi être ajoutées sous la forme d'une hypothèse sur la forme de la loi de f.

Il existe tout un pan de l'apprentissage multitâche basé sur des méthodes bayésiennes. Nous introduisons, dans la suite, un certain nombre de ces méthodes, dont nous omettrons les détails puisque nos travaux se situent dans un cadre différent.

Une approche bayésienne a été proposée par [Yu 2005] dans le cadre des fonctions de prédiction linéaires et des fonctions de prédiction non linéaires à base de processus gaussien. Une application aux signaux ICM a été proposée par [Alamgir 2010] pour des tâches de régression linéaire. Ils supposent que les paramètres $\mathbf{w}_t$ des fonctions de décision sont des réalisations d'une loi normale multidimensionnelle $\mathcal{N}(\boldsymbol{\mu}, \boldsymbol{\Sigma})$ d'espérance $\boldsymbol{\mu}$ et de covariance $\boldsymbol{\Sigma}$. Ils utilisent un algorithme alterné pour estimer ces paramètres et apprendre les fonctions linéaires. Le terme de régularisation qui va promouvoir la vraisemblance de l'ensemble des tâches par rapport à la loi $\mathcal{N}(\boldsymbol{\mu}, \boldsymbol{\Sigma})$ est :

$$\Omega_{\mathcal{N}}(\mathbf{w}_1, \cdots, \mathbf{w}_T) = \sum_t (\mathbf{w}_t - \boldsymbol{\mu})^T \boldsymbol{\Sigma}^{-1}(\mathbf{w}_t - \boldsymbol{\mu}). \tag{3.50}$$

Nous remarquons que, dans cette régularisation, les tâches sont régularisées indépendamment. En effet, les liens entre les tâches sont intégrés dans les paramètres de la loi normale qui sont appris simultanément avec les fonctions. Notons aussi que, si l'on suppose que la loi normale a une matrice de covariance $\Sigma = I$, alors ce terme de régularisation est similaire au terme (3.46) minimisant la variance des fonctions.

Une version bayésienne des clusters de tâches a aussi été proposée par [Xue 2007] qui utilisent des processus de Dirichlet pour modéliser l'appartenance des tâches à des clusters. Finalement, en utilisant une approche bayésienne, il est possible d'inférer les relations entre tâches [Bonilla 2008] ce qui permet d'éviter le choix *a priori* de ces relations.

3.4 Étiquetage de séquence pour le signal

L'étiquetage de séquence est un problème classique en apprentissage statistique. Le but est de déterminer une étiquette (ou classe) pour chaque échantillon temporel d'un signal en prenant en compte sa séquentialité. Nous nous intéressons à l'étiquetage de séquence dans nos travaux car le problème de reconnaissance continue de tâche mentale en ICM est un problème d'étiquetage de séquence. Cependant, comme nous le verrons dans la suite, la majorité des méthodes d'étiquetage de séquence a été proposé à l'origine pour des observations discrètes. Leur adaptation à des signaux à valeur continue est donc nécessaire.

Les exemples d'apprentissages forment une séquence temporelle, il est donc préférable de les stocker sous forme matricielle : $X^T = [x_1, x_2, \ldots, x_n]^T$ est une matrice contenant la séquence d'exemple et $y^T = [y_1, y_2, \ldots, y_n]$ est la séquence d'étiquettes correspondantes. X est aussi souvent appelée séquence d'observation. Il est important de noter que pour la majorité des méthodes existantes, les données d'apprentissage consistent en P séquences d'apprentissage $(X^p, y^p)_{p=1,\ldots,P}$.

Le reste de la section se découpe comme suit : tout d'abord nous présentons un état de l'art concis des méthodes d'étiquetage de séquence présentes dans la littérature. Ensuite nous discutons des particularités liées à l'étiquetage de séquence pour le signal et de la manière dont les méthodes doivent être adaptées pour être utilisées sur des signaux.

3.4.1 Approches existantes

Dans cette section, nous allons présenter rapidement différentes approches d'étiquetage de séquence. Tout d'abord nous présentons les Modèles de Markov Cachés ainsi que leurs extension discriminantes. Ensuite, les champs aléatoires conditionnels sont introduits suivis par les approches basées sur la fusion d'informations.

Classification d'échantillons   L'approche la plus simple pour effectuer un étiquetage de séquence est de classifier chaque échantillon temporel indépendamment des autres. Il est, en effet, possible d'apprendre un classifieur sur l'ensemble des échantillons d'apprentissage. Cette approche en utilisant un classifieur SVM a permis d'obtenir de bonnes performances dans les travaux de [Nguyen 2007]. L'aspect temporel peut aussi être pris en compte en ajoutant des caractéristiques contenant les étiquettes précédentes. C'est ce qui est fait dans le décodage glouton de [Bordes 2008] et a permis d'obtenir des résultats aussi bons que l'approche globale de l'équation (3.53).

Modèles de Markov cachés (HMM)   Une des approches les plus communes de décodage de séquence est l'utilisation de modèles de Markov cachés (HMM pour *Hidden Markov Models* en anglais), cf. [Rabiner 1989, Cappé 2005]. Dans un modèle HMM, on suppose que la séquence d'étiquette **y** est une réalisation d'un modèle de Markov où chaque classe correspond à un état. On suppose également, pour les modèles d'ordre 1, que la classe de l'échantillon temporel y_t dépend uniquement de l'état y_{t-1} selon une loi de probabilité définie par la matrice de transition **C** dont le terme général $C_{i,j}$ est :

$$C_{i,j} = \mathbb{P}(y_t = j | y_{t-1} = i)$$

De plus, on considère que les observations **X** sont émises par une loi de probabilité $\mathbb{P}_k(\mathbf{x})$ dépendant de l'état caché courant k. Le modèle est complété par les probabilités π_k d'être dans un état k. Ce type de modélisation peut être utilisé dans différents cas d'utilisation répertoriés dans [Rabiner 1989]. Nous nous intéresserons principalement à la tâche de décodage de séquence à partir des observations **X** en connaissant le modèle $(\mathbf{C}, \boldsymbol{\pi}, \mathbb{P})$. Le décodage des états cachés se fait en maximisant la vraisemblance sachant les observations **X** :

$$\mathcal{L}(\mathbf{y}) = \pi_{y_1} \prod_{t=2}^{N} \mathbf{C}_{y_t, y_{t-1}} \times \prod_{t=1}^{N} \mathbb{P}_{y_t}(\mathbf{x}_t) \tag{3.51}$$

Pour des raisons de simplicité de calcul, on cherche souvent à maximiser la log-vraisemblance. Ce décodage se fait en utilisant l'algorithme de Viterbi [Viterbi 1967].

Cependant, avant de pouvoir décoder une séquence, il faut connaître le modèle HMM. En apprentissage supervisé, les paramètres π_k et **C** peuvent être estimés facilement car la séquence d'étiquettes est connue. La tâche la plus complexe est d'apprendre les lois de probabilité $P_k(\mathbf{x})$ de chaque état caché (ou étiquette). L'approche la plus commune lorsque les observations sont dans $\mathbb{R}^d$ est de modéliser ces lois de probabilité comme des mélanges de gaussiennes et d'apprendre les paramètres de ces mélanges par maximisation de vraisemblance. La vraisemblance étant différentiable, il est possible d'utiliser un algorithme de descente de gradient comme le gradient conjugué [Nocedal 2000] défini section A.1.1. Cependant l'algorithme le plus répandu est l'algorithme EM (pour Espérance-Maximisation) [Bishop 1995].

Apprendre une loi de probabilité dans un espace de grande dimension est une tâche difficile. Pour améliorer les performances en discrimination, des méthodes d'apprentissage discriminantes ont été mises en œuvre. Par exemple, [Collins 2002] a proposé un algorithme de type perceptron pour apprendre des HMM discriminants. Il existe aussi des méthodes qui permettent d'apprendre le mélange de Gaussiennes avec des contraintes vaste marge. On peut citer [Sha 2007] qui minimise un système de programmation semi-définie pour obtenir les paramètres des gaussiennes, ou encore [Do 2009] qui détermine les pondérations de modèles génératifs avec une descente de gradient.

Extraction de caractéristiques et décodage de séquence   Les méthodes d'étiquetage de séquence suivantes font toutes appel à une extraction de caractéristiques qui permet de projeter dans $\mathbb{R}^{d'}$ des exemples d'apprentissage complexes, des séquences d'observations et d'étiquettes [Lafferty 2001, Altun 2003]. Cette extraction de caractéristiques est de la forme :

$$\phi(\mathbf{X}, \mathbf{y}) = [\phi_1 \, \phi_2 \cdots \phi_M \, \phi_{trans}]^T \in \mathbb{R}^{d'} \tag{3.52}$$

où $\phi_k = \sum_{i=1}^{n} \mathbf{x}_i \delta(y_i, k) \in \mathbb{R}^d$ représente la somme de tous les exemples de la classe k, $\delta(i, j)$ est le symbole de Kronecker, et $\phi_{trans} = [c_{1,1} \, c_{1,2} \cdots c_{M,M}]^T \in \mathbb{R}^{M^2}$ avec $c_{i,j}$ le nombre de transitions observées de la classe i vers la classe j. Cette extraction de caractéristiques permet de prendre en compte les observations de chaque classe à l'aide des caractéristiques ϕ_k qui peuvent être vues comme des exemples moyens de chaque classe k. Les informations de transitions entre étiquettes sont stockées dans ϕ_{trans} qui est une vectorisation de la matrice de transition de la séquence y.

La phase d'apprentissage consiste ensuite à apprendre un vecteur de poids $\mathbf{w} \in \mathbb{R}^{d'}$ pour les caractéristiques de $\phi(\mathbf{X}, \mathbf{y})$. Comme nous le verrons dans la suite, la problème à résoudre pour obtenir les paramètres $\mathbf{w} \in \mathbb{R}^{d'}$ dépendra de la méthode (SVM structurés, Champs aléatoires conditionnels, ...).

Dans la phase de décodage, l'étiquetage de séquence se fera en calculant la séquence $\mathbf{y}^*$ tel que :

$$\mathbf{y}^* = \arg\max_{\mathbf{y}} \quad \mathbf{w}^T \phi(\mathbf{X}, \mathbf{y}) \tag{3.53}$$

Ce problème d'optimisation peut être résolu efficacement avec un algorithme de programmation dynamique de type Viterbi [Viterbi 1967]. Notons que le problème (3.53) est un problème d'optimisation global et que la séquence complète d'observations $\mathbf{X}$ est nécessaire au décodage.

Il existe cependant une approche plus simple qui consiste à décoder chaque étiquette de la séquence l'une après l'autre en fixant les étiquettes précédentes. Cette approche appelée décodage glouton dans [Bordes 2008] a l'avantage d'être de complexité moindre et permet l'utilisation des modèles d'ordre supérieur (prenant en compte des transitions plus complexes).

Méthodes à vaste marge   Comme nous l'avons vu dans le paragraphe précédent, un apprentissage discriminant pour des modèles HMM permet d'obtenir de meilleures performances en décodage.

Une approche simple pour utiliser des classifieurs discriminants dans le cadre des HMM a été proposée par [Ganapathiraju 2004]. Son idée est d'appliquer des SVM pour classifier les observations (comme nous l'avons vu dans le paragraphe Classification d'échantillons). Il utilise ensuite l'algorithme de Platt présenté section 3.2.2 pour obtenir des estimations de probabilité à partir des scores SVM. Les estimées de probabilité sont ensuite utilisées à la place des $P_k(\mathbf{x})$ dans un décodage de Viterbi.

Il est aussi possible de traiter le problème d'étiquetage de séquence comme un problème de classification structurée. Les SVM structurels [Tsochantaridis 2005] ont ainsi été adaptés à l'étiquetage de séquence par [Altun 2003]. Ils reposent sur la projection $\phi(\cdot)$ définie équation (3.52), qui permet de transformer les séquences d'observations et d'étiquettes en un vecteur utilisable dans des méthodes numériques. L'apprentissage pour des SVM structurés s'effectue en optimisant :

$$\min_{\mathbf{w}, \xi_i} \quad \frac{1}{2}\|\mathbf{w}\|_{\mathcal{H}}2 + C\sum_{i=1}^{P}\xi_i \tag{3.54}$$

$$s.c. \quad \mathbf{w}^T\phi(\mathbf{X}^i, \mathbf{y}^i) \geq \mathbf{w}^T\phi(\mathbf{X}^i, \mathbf{y}) + \Delta(\mathbf{y}^i, \mathbf{y}) - \xi_i \quad \forall i = 1, \ldots, P \text{ et } \forall \mathbf{y} \in \mathcal{Y}^n$$

où $\Delta(\mathbf{y}^i, \mathbf{y})$ est la mesure du nombre d'étiquettes différentes entre les séquences $\mathbf{y}^i$ et $\mathbf{y}$. Nous reconnaissons équation (3.54) de contraintes similaires à celles apparaissant dans les SVM multi-classe [Weston 1999]. Ce problème est résolu par un algorithme de plans sécants par [Altun 2003]. Le même problème d'apprentissage est résolu par [Taskar 2004], qui utilisent la structure temporelle des données pour proposer un algorithme *Sequential Minimal Optimization* modifié. Finalement, [Bordes 2008] propose un algorithme « en ligne » qui permet d'apprendre les poids

$\mathbf{w}$ en passant une seule fois sur tous les exemples d'apprentissage. Il a pour cela adapté un algorithme de résolution de problème SVM multi-classe « en ligne » défini dans [Bordes 2007].

Champs aléatoires conditionnels   Les CRF (*Conditional Random Fields* en anglais) [Lafferty 2001] sont basés sur l'apprentissage direct d'une probabilité conditionnelle. En ce sens ils sont une version discriminante des HMM. Dans le cadre de l'étiquetage de séquence, les CRF modélisent la probabilité conditionnelle d'une séquence d'étiquette sachant une séquence d'observations. Cette probabilité conditionnelle, paramétrée par $\mathbf{w} \in \mathbb{R}^{d'}$, est supposée de la famille exponentielle :

$$P_{\mathbf{w}}(y|\mathbf{X}) = \frac{1}{Z_{\mathbf{w}}} \exp(\mathbf{w}^T \phi(\mathbf{X}, y)) \qquad (3.55)$$

avec $Z_{\mathbf{w}}$ un terme de normalisation pour que les probabilités somment à 1, et $\phi(\cdot, \cdot)$ est l'extraction de caractéristiques définie équation (3.52). L'apprentissage des paramètres $\mathbf{w}$ se fait par maximisation de la log-vraisemblance sur les exemples d'apprentissage. Une régularisation utilisant des *a priori* bayésiens est en général ajoutée pour éviter le sur-apprentissage. Par exemple, si l'on suppose que $\mathbf{w}$ est la réalisation d'une loi gaussienne avec une matrice covariance diagonale, le problème d'apprentissage est le suivant :

$$L_{CRF} = \sum_{i=1}^{P} log P_{\mathbf{w}}(y^i|\mathbf{X}^i) - \sum_k \frac{\mathbf{w}_k^2}{2\sigma_k^2} \qquad (3.56)$$

avec σ_k^2 les variances de la distribution gaussienne. Les CRF peuvent être appris en utilisant un algorithme GIS (Generalized Iterative Scaling) [Darroch 1972] mais des méthodes plus rapides basées sur le gradient stochastique [Vishwanathan 2006] ont été proposées. L'utilisation des CRF pour la segmentation du signal n'est pas très répandue, mais on peut noter la présence d'un brevet [Patent 2009] et d'un article de conférence lui correspondant [Luo 2007] dans le domaine de l'étiquetage de séquence en ICM.

Approches basées fusion   Il existe de multiples approches pour l'étiquetage de séquence dont la plupart ont été comparées dans l'article de Nguyen et Guo [Nguyen 2007]. Non seulement cette comparaison a permis d'évaluer les différentes méthodes, mais en plus, ils ont proposé dans leur travaux de fusionner les résultats obtenus à partir de ces méthodes pour obtenir une séquence finale plus robuste. Leur approche de fusion consiste à obtenir la séquence y^* optimale en utilisant les séquences retournées par d'autres méthodes $(y^1, y^2, \ldots, y^O)$. La fusion s'effectue en minimisant :

$$\mathbf{y}^* = \arg\min_y \mathcal{L}_{fusion}(\mathbf{y}, \mathbf{y}^1, \mathbf{y}^2, \ldots, \mathbf{y}^O) \qquad (3.57)$$

avec $\mathcal{L}_{fusion}$ une fonction de coût qui mesure une distance entre une séquence et l'ensemble des séquences d'étiquettes obtenues par l'intermédiaire d'autres méthodes d'étiquetage de séquence. Ils proposent dans leurs travaux deux fonctions de coût. La première revient, lorsque le problème (3.57) est optimisé, à décider des étiquettes de la séquence indépendamment par vote majoritaire. La seconde fonction de coût revient, lorsqu'elle est minimisée, à maximiser la vraisemblance d'un modèle de Markov dont les paramètres ont été estimés à partir de l'ensemble $(y^1, y^2, \ldots, y^O)$. Encore une fois, la séquence optimale est obtenue avec un algorithme de programmation dynamique de type Viterbi.

La méthode précédente est capable de fusionner des séquences d'étiquettes, elle travaille donc sur des données discrètes. Dans le cas où l'on veut fusionner des informations hétérogènes, comme un résultat de détection de rupture ou des *a priori* de forme sur les séquences, le problème de fusion devient plus complexe et le minimum global de la fonction de coût de fusion est difficile à obtenir. Il existe, dans ce cas-là, des méthodes itératives inspirées d'algorithmes de segmentation d'image permettant d'obtenir un minimum local [Flamary 2009b].

3.4.2 Adaptation au signal

Nous avons présenté dans la section précédente un certain de nombre de méthodes d'étiquetage de séquence. Mais ces méthodes ont en général été implémentées dans un cadre d'application assez éloigné de la segmentation de signal. Nous allons donc voir dans la suite les différents problème inhérents à l'étiquetage de séquence en signal et plus particulièrement ceux relatifs aux interfaces cerveau-machine.

Exemples d'apprentissage La plupart des méthodes présentées ont été proposées pour des observations discrètes. Leur adaptation à des observation continues n'est pas anodine et requiert certains choix. Par exemple, pour les HMM, il est nécessaire d'apprendre une loi de probabilité continue pour chaque état caché. L'usage est d'utiliser des lois de mélange et d'en apprendre les paramètres [Cappé 2005]. Le type de lois présentes dans le mélange et les paramètres peuvent avoir un impact important sur les performances finales.

Un autre problème qui peut apparaître est celui des exemples d'apprentissage. Comme nous l'avons vu précédemment, les données d'apprentissage consistent en un certain nombre de séquences $(\mathbf{X}^p, \mathbf{y}^p)$. Or, dans le cadre de l'étiquetage de séquence en signal, comme par exemple en ICM, une seule séquence est disponible pour l'apprentissage. Dans le cas où l'on apprend des paramètres linéaires $\mathbf{w}$ pour une extraction de caractéristiques de type (3.52) (CRF par exemple), une séquence d'apprentissage unique peut être suffisante. Dans le cas contraire, il est nécessaire de générer des exemples d'apprentissage à partir de la séquence d'apprentissage. Ceci peut se faire par extraction d'un certain nombre de sous-séquences, aux dépens des informations temporelles.

Décodage « en ligne » Un autre aspect sensible en étiquetage de signal est le décodage. Les séquences de test peuvent en effet être de taille potentiellement infinies, puisque ce sont des signaux temporels continus. Dans ce cas-là, il n'est pas possible de mettre en œuvre un décodage « hors ligne » utilisant l'algorithme de Viterbi. En effet, la séquence complète d'observations est nécessaire pour pouvoir décoder de manière optimale les étiquettes. Dans le cas des interfaces cerveau-machine, le décodage doit être instantané à l'arrivée d'un nouvel échantillon temporel [Blankertz 2004, Millán 2004], ce qui empêche l'utilisation de ce décodage. Il existe cependant des algorithmes approchés de décodage permettant de décoder localement sur une fenêtre temporelle [Bloit 2008, Kohlmorgen 2001].

Nous noterons aussi l'intérêt de l'approche gloutonne proposée par Bordes [Bordes 2008], correspondant à apprendre un classifieur sur les échantillons temporels en prenant en compte les étiquettes précédentes. Le décodage est donc ainsi immédiat pour chaque nouvel échantillon et le décodage global n'est plus nécessaire.

Problème de déphasage Il existe un autre type de problème qui apparaît lorsque l'on veut appliquer les méthodes d'étiquetage de séquence sur des signaux réels : celui du déphasage. Comme nous l'avons vu dans le chapitre précédent, les signaux ICM ne sont pas nécessairement en phase avec les étiquettes et des délais peuvent exister. Ce problème est rendu encore plus complexe lorsque les signaux sont multimodaux et viennent de plusieurs capteurs, car chacun peut avoir un délai différent.

Ce type de bruit aura un effet néfaste sur l'étiquetage de séquence. En effet, toutes les méthodes présentées supposent que les observations sont en phase avec les étiquettes. Un déphasage aura par exemple pour effet de biaiser l'estimation de densité P_k des états cachés dans un HMM et donc l'étiquetage final. De même, les CRF définis par Lafferty [Lafferty 2001], utilisent uniquement les observations courantes pour décider de leur étiquette.

Il existe deux approches possibles pour adapter les méthodes existantes à ce type de bruit. Si le bruit convolutionnel est connu, on peut tenter d'appliquer une déconvolution pour resynchroniser les observations et les étiquettes. Si le bruit est inconnu, on peut utiliser une méthode de fenêtrage, c'est-à-dire compléter les observations avec leur voisinage temporel pour donner la possibilité aux méthodes d'étiquetage de trouver l'information par elles-mêmes dans la fenêtre. Cette dernière approche peut être appliquée simplement aux méthodes existantes comme les HMM ou les CRF, mais la dimension des observations devient vite très importante car multipliée par la taille de la fenêtre.

Il nous parait aussi intéressant de noter que Bengio [Bengio 2004] a proposé une version des HMM pour segmenter des signaux multimodaux et asynchrones. Il est, ainsi, possible de décoder des séquences dont les observations sont échantillonnées différemment.

3.5   Contributions

Dans les sections précédentes, nous avons présenté diverses méthodes et algorithmes. Nous introduisons maintenant nos contributions et leur positionnement par rapport à l'état de l'art. Nous rappelons que ces contributions ont été proposées dans un but d'application aux ICM. Leur cadre d'application est toutefois bien plus large puisqu'elles s'adressent aux problèmes plus généraux de l'apprentissage statistique pour le signal.

3.5.1   Filtrage vaste marge

Comme nous l'avons vu dans la section précédente, la majorité des méthodes d'étiquetage de séquence a été proposé dans un cadre d'observation discrète. Leur application en étiquetage de signal suppose donc une adaptation. Les signaux ICM contiennent du bruit additif et convolutionnel qui auront tendance à compliquer la tâche de reconnaissance.

Nous proposons donc Chapitre 4 le Filtrage vaste marge pour s'attaquer à ce problème. Le principe sous-jacent dans le filtrage vaste marge est le suivant : au lieu de filtrer les étiquettes comme le font presque toutes les approches d'étiquetage de séquence [Cappé 2005, Altun 2003], nous proposons de filtrer directement les observations de manière à atténuer les effets du bruit (délai, bruit gaussien, ...). Comme il n'est souvent pas possible de connaître exactement le type de bruit présent dans les signaux, nous proposons d'apprendre le filtre temporel de manière supervisée. Nous apprenons ainsi simultanément un filtrage temporel et un classifieur qui vont maximiser la marge entre les classes. Le filtrage vaste marge est présenté plus en détail Chapitre 4. Nous nous comparons aussi à une approche par fenêtrage et nous évaluons la performance de notre approche sur plusieurs bases de données.

Nous rappelons que notre approche d'étiquetage de séquence est de de type « classification d'échantillons », nous ne faisons donc pas un filtrage sur les étiquettes. Ceci est intéressant dans le cadre des ICM car ainsi la décision est immédiate et la séquence d'observation complète n'est pas nécessaire. Le fait que l'on filtre les signaux permet de prendre en compte une famille plus générale de bruit. Le filtrage aide notamment à mettre en phase tous les canaux de manière à améliorer les performances en prédiction. De plus, ce filtrage appris peut aussi être vu comme une étape de pré-traitement, qui peut être interprétée en temporel et en fréquentiel. Ce filtrage peut aussi être utilisé comme pré-traitement sur les signaux pour ensuite utiliser une des méthodes présentées section 3.4. Finalement, puisque le filtre est appris, il peut et doit être régularisé lors du processus d'apprentissage. Il est donc possible d'intégrer de l'information *a priori* à travers le terme de régularisation. Nous avons, par exemple, proposé un terme de régularisation par norme mixte $\ell_1 - \ell_2$ qui va promouvoir la parcimonie sur les canaux et permettre ainsi une sélection automatique de canaux.

3.5.2 Apprentissage multitâche parcimonieux

Nous avons vu section 3.3, que l'apprentissage multitâche parcimonieux est un domaine en émergence avec de multiples applications. Une utilisation dans le cadre des ICM permettrait de sélectionner non seulement des caractéristiques mais aussi des capteurs discriminants, et donc de proposer des méthodes efficaces et peu coûteuses.

Nous avons donc proposé une approche plus générale que celles de la littérature. Elle consiste à intégrer l'apprentissage multitâche parcimonieux dans le cadre de l'apprentissage de noyaux multiples. Ceci permet par exemple d'introduire une sélection de variables ou de capteurs dans un cadre non linéaire. Le fait que nous apprenions des noyaux permet ainsi d'apprendre une représentation des données plus complexe que la simple sélection de variables ou de sous-espace linéaire vu section 3.3.2. De plus, nous proposons d'utiliser un terme de régularisation plus général que la classique norme mixte $\ell_1 - \ell_2$ [Obozinski 2010] pour promouvoir la parcimonie jointe : la norme mixte $\ell_p - \ell_q$. Nous pensons en effet que la souplesse introduite par les deux paramètres p et q permet de mieux s'adapter à chaque problème de classification multitâche. Nos contributions concernant l'apprentissage multitâche parcimonieux sont présentées Chapitre 5.

3.5.3 Régularisation par norme mixte

Nous proposons Chapitre 6 d'exprimer dans un cadre d'optimisation régularisé l'apprentissage de classifieur discriminant pour la détection de signaux de potentiel évoqué. Les signaux issus de mesures EEG sont structurés, et il est possible d'utiliser cette structure, par exemple, pour effectuer une sélection automatique de capteurs. Cette démarche, originellement proposée par [Tomioka 2010a], a été généralisée à plusieurs types de régularisations par norme mixte et nous enquêtons sur le choix de ces régularisations selon les contraintes d'utilisation.

Cette approche est ensuite étendue à l'apprentissage multitâche en appliquant directement les méthodes présentées chapitre 5. Pour améliorer les performances des classifieurs lorsque peu de points d'apprentissage sont disponibles, nous proposons un terme général qui promeut non seulement une parcimonie jointe mais aussi une similarité entre les tâches [Evgeniou 2004].

Filtrage vaste marge

Ce chapitre détaille nos contributions dans le domaine de l'étiquetage de séquence. Après avoir rappelé le cadre de notre problème de classification et les contraintes y afférant, des méthodes de classification d'échantillons temporels filtrés et de fenêtres temporelles sont introduites. Ensuite, nous présentons le filtrage vaste marge, une approche d'apprentissage de noyaux qui permet de filtrer un signal multidimensionnel de manière à maximiser la marge entre les classes. Finalement, des expérimentations ont été faites sur des données simulées, sur des mesures réelles en ICM, et finalement en segmentation d'image sur des données multispectrales.

4.1 Contexte

Nous avons proposé le filtrage vaste marge pour répondre à un problème précis dans le cadre des ICM asynchrones. Nous cherchons à détecter la tâche mentale effectuée en continu par le sujet. Le but est de lui permettre de contrôler un bras robotisé ou un curseur indépendemment d'un signal de synchronisation, et cela en temps réel. L'étiquette d'un échantillon temporel donné doit donc être prédite rapidement, il n'est donc pas possible d'utiliser des méthodes d'étiquetage de séquence utilisant des décodages dits *hors ligne*.

Signaux   Nous nous sommes concentrés dans nos recherches sur les tâches mentales d'imagerie motrice qui peuvent être contrôlées en continu par le sujet. Parmi les tâches mentales d'imagerie motrice les plus communes, nous pouvons citer un mouvement imaginé du bras ou de la main. L'acquisition est effectuée à partir de plusieurs capteurs positionnés sur le crâne du sujet. Ces signaux étant particulièrement bruités, une étape de filtrage est, en général, nécessaire pour diminuer l'effet du bruit (voir section 2.2.1). Cette étape est suivie par une extraction de caractéristiques liée à la puissance dans une bande de fréquences.

Le signal ainsi acquis est stocké dans une matrice $\mathbf{X} \in \mathbb{R}^{n \times d}$ contenant l'évolution de d caractéristiques en fonction du temps. $\mathbf{X}$ peut aussi être vu comme un signal contenant d canaux et n échantillons temporels multidimensionnels $\mathbf{x}_i \in \mathbb{R}^d$ tels que $\mathbf{X} = [\mathbf{x}_1, \ldots, \mathbf{x}_n]^T$. $X_{i,v}$ est la valeur de l'échantillon i dans le canal v. Chaque échantillon temporel $\mathbf{x}_i$ de $\mathbf{X}$ est associé à une classe ou étiquette y_i, les étiquettes sont stockées dans le vecteur $\mathbf{y}$. Le problème d'apprentissage consiste finalement à apprendre, à partir de $\mathbf{X}$ et $\mathbf{y}$, une fonction permettant de prédire la séquence $\mathbf{y}'$ d'étiquettes associées à chaque échantillon d'une nouvelle séquence $\mathbf{X}'$.

Types de bruit   La difficulté majeure, dans le cadre des ICM, est la présence de bruit. Nous supposons dans la suite du chapitre que le signal contenant l'information discriminante $\mathbf{X}^\star$ a été bruité de la manière suivante :

$$\mathbf{X}_{\cdot,j} = \mathbf{X}_{\cdot,j}^\star * \mathbf{h}_j + \mathbf{b}_j \tag{4.1}$$

pour chaque signal $\mathbf{X}_{\cdot,j}$ de la matrice $\mathbf{X}$, sachant que $*$ est le produit de convolution.

On considère également que :
- $\mathbf{h}_j$, la réponse impulsionnelle, est inconnue, finie, et fixe pour un canal j donné.
- $\mathbf{b}_j$, le bruit additif, est un bruit stationnaire.

Notons que le bruit additif et la convolution apparaissent naturellement dans les mesures ICM (cf. section 2.4.1).

Lorsque l'on n'a aucune connaissance particulière sur le système mesuré, le bruit additif est souvent supposé comme étant un *bruit blanc* gaussien apparaissant dans toutes les fréquences. Il est relativement aisé d'atténuer ce type de bruit, à l'aide d'un filtre passe-bande laissant passer uniquement les informations pertinentes. Il est bien évidemment nécessaire d'avoir une connaissance *a priori*, *i.e.* de connaître la bande de fréquence dans laquelle sont situées ces informations.

Les effets de la convolution son plus difficiles à atténuer. Par exemple, une convolution par une distribution de Dirac déphasée ajoutera un délai sur le signal. Ceci aura pour effet de déphaser les étiquettes d'apprentissage et les observations, et peut détériorer les performances de prédiction.

Convoluer pour mieux classifier   Il nous a paru judicieux, pour répondre aux problèmes présentés précédemment, d'apprendre de manière supervisée un filtre temporel maximisant les performances en classification. En effet, en l'absence de connaissances précises sur le bruit, un moyen possible pour s'y adapter est d'apprendre le filtrage simultanément avec le classifieur. Comme nous apprenons un classifieur SVM et que le critère maximisé est la marge, nous appelons notre méthode le filtrage vaste marge.

Notre approche rentre dans le cadre des méthodes d'étiquetage de séquence par classification d'échantillons (cf. section 3.4.1). Sa mise en œuvre en prédiction nécessite une convolution et une prédiction de type SVM, ce qu'il est possible de réaliser efficacement. De plus, elle ne nécessite pas de décodage global, ce qui est un avantage dans le domaine des ICM asynchrones.

Hypothèses Nous faisons dans la suite du chapitre les hypothèses suivantes :

a) le noyau $K(\cdot, \cdot)$ est défini positif.

b) le problème SVM (3.31) a une solution unique et peut être résolu exactement. Le résultat est un vecteur $0 \leq \alpha^* \leq C/n$.

c) $\mathbf{X} \in \mathcal{X}$, et $\mathcal{X}$ est un ensemble compact de $\mathbb{R}^{n \times d}$. Pour les données que nous allons considérer, le processus d'acquisition nous assure, en effet, des valeurs bornées.

d) le paramètre de régularisation λ est strictement positif.

e) le noyau utilisé est de classe $\mathcal{C}^2$ sur l'ensemble $\mathcal{X}$. Le noyau gaussien, par exemple, satisfait cette condition.

f) le terme de régularisation $\Omega(\cdot)$ est propre et coercif [Rockafellar 1997].

Ces hypothèses seront utilisées pour discuter de la convergence des algorithmes proposés dans les sections suivantes.

4.2 Classification d'échantillons

L'approche la plus commune pour effectuer un étiquetage de séquence en présence de bruit est d'abord de débruiter le signal par filtrage, puis de classifier les échantillons filtrés. Elle nécessite cependant une connaissance *a priori* sur le bruit pour que le filtrage soit efficace.

Si l'on ne connaît pas les caractéristiques du bruit, la méthode précédente n'est pas applicable. Cependant, les effets du bruit peuvent être pris en compte lors de la classification en utilisant des fenêtre temporelles à la place des échantillons temporels. Une fenêtre temporelle est montrée Figure 4.1, elle permet de prendre en compte le voisinage temporel d'un échantillon lors de sa classification, ce qui permet au classifieur de s'adapter à du bruit convolutionnel qui a pour effet de décaler les informations temporellement.

Cette section est organisée comme suit : dans la première partie, nous définissons le filtrage temporel multidimensionnel et nous exprimons la classification d'échantillons filtrés. Nous formulons ensuite la classification de fenêtre temporelle et discutons rapidement des algorithmes d'apprentissage.

4.2.1 Filtrage numérique multidimensionnel

Pour atténuer le bruit contenu dans un signal $\mathbf{X}$, on peut lui appliquer un filtre. Dans la littérature, ce filtrage est souvent le même pour tous les canaux. Par exemple, [Pistohl 2008] utilise un filtre de Savisky-Golay pour couper un bruit haute fréquence. Cependant, rien ne préconise l'utilisation d'un filtre unique pour un débruitage optimal de l'ensemble des canaux. Nous définissons donc un filtre à Réponse Impulsionnelle Finie (RIF), appliqué à $\mathbf{X}$, que nous notons $\mathbf{F} \in \mathbb{R}^{l \times d}$. Chaque colonne de la matrice $\mathbf{F} = [\mathbf{f}_1, \ldots, \mathbf{f}_d]$ contient les coefficients $\mathbf{f}_v \in \mathbb{R}^l$ du filtre RIF qui sera appliqué au canal v correspondant de $\mathbf{X}$. Il est ainsi possible d'adapter chaque filtre aux caractéristiques de chaque canal.

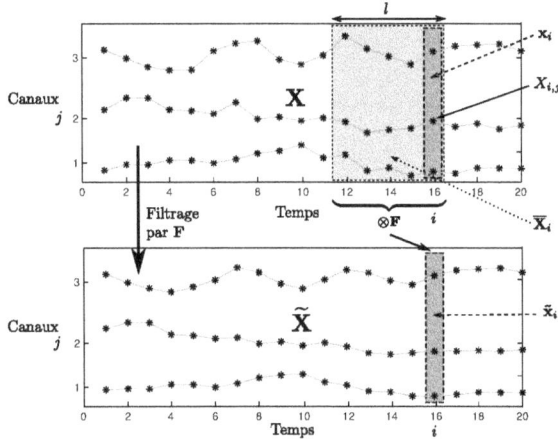

FIGURE 4.1: Matrice de signal $\mathbf{X}$ (en haut), matrice filtrée $\widetilde{\mathbf{X}}$ (en bas) et fenêtre temporelle $\overline{\mathbf{X}}$ (en gris clair) utilisée lors du filtrage en i avec $n_0 = 0, d = 3$ et $f = 5$.

Nous définissons le signal filtré $\widetilde{\mathbf{X}}$ comme :

$$\widetilde{X}_{i,v} = \sum_{u=1}^{f} F_{u,v} \, X_{i+1-u+n_0,v} = X_{i,v} * \mathbf{f}_v \qquad (4.2)$$

où la somme est une convolution unidimensionnelle de chaque canal par la colonne correspondante de $\mathbf{F}$. On utilise ici de manière abusive et par souci de lisibilité le symbole $*$ pour souligner le fait que chaque canal est filtré de manière indépendante. Le paramètre n_0 représente le retard du filtre. Si $n_0 = 0$ alors le filtre est causal, et si $n_0 = f/2$ alors le filtre est non-causal et centré sur l'échantillon courant. La Figure 4.1 montre un exemple de signal $\mathbf{X}$ et de signal filtré $\widetilde{\mathbf{X}}$ pour un filtre causal.

Comme nous l'avons vu, un filtrage causal nécessite les échantillons temporels passés. Ceci peut poser des problèmes d'effet de bord, que nous avons résolus dans nos simulations en fixant les coefficients $X_{i,v}$ à zéro pour $i \leq 0$ et tous les canaux v.

4.2.2   Classification d'échantillons filtrés

Lorsque l'on dispose d'une information *a priori* concernant le bruit, on peut utiliser un filtre pour l'atténuer. Par exemple, pour les bruits haute fréquence, le filtre le plus commun est le filtre moyenneur. Ce filtre est défini par $F_{v,u} = 1/f, \forall v \in \{1, \ldots, f\}$ et $u \in \{1, \ldots, d\}$. La taille du filtre f permet de régler sa bande passante. Dans la suite du manuscrit, l'utilisation d'un filtre moyenneur suivi d'un classifieur est désigné par acronyme Avg-SVM.

Une fois que le signal est filtré, il est possible d'apprendre un classifieur SVM des échantillons filtrés en résolvant le problème d'apprentissage SVM (3.31) ou le problème dual (3.32). Notons que le choix du paramètre p qui permet de mettre ou non le Hinge au carré dépend du cadre d'utilisation. En effet, si l'on apprend un classifieur linéaire, il est intéressant d'avoir une fonction objectif régulière, nous choisirons donc $p = 2$ [Chapelle 2007]. À l'inverse, dans un cadre non linéaire à noyaux, le problème gagne à être optimisé dans le dual avec $p = 1$, car la solution obtenue est plus parcimonieuse.

Noyau gaussien sur échantillons filtrés Le filtre peut être vu comme un paramètre du noyau s'appliquant sur les échantillons non filtrés. Lorsque l'on utilise un noyau gaussien de largeur de bande σ, la matrice noyau $\tilde{\mathbf{K}}$ est définie par un terme général de la forme :

$$
\begin{aligned}
\tilde{K}_{i,j} &= K(\tilde{\mathbf{x}}_i, \tilde{\mathbf{x}}_j) = \exp\left(-\frac{\|\tilde{\mathbf{x}}_i - \tilde{\mathbf{x}}_j\|^2}{2\sigma^2}\right) \\
&= \exp\left(-\frac{1}{2\sigma^2}\sum_v^d ((X_{i,v} - X_{j,v}) * \mathbf{f}_v)^2\right) \\
&= \exp\left(-\frac{1}{2\sigma^2}\sum_v^d \left(\sum_k^l (X_{i+n_0-k,v} - X_{j+n_0-k,v})F_{k,v}\right)^2\right).
\end{aligned}
\tag{4.3}
$$

Proposition 4.1. *Quel que soit le filtrage RIF utilisé et différent de zéro, la matrice $\tilde{\mathbf{K}}$ est définie positive si le noyau $K(\cdot, \cdot)$ est défini positif.*

Démonstration. Soit ϕ une projection de $\mathcal{X}'$ dans $\mathcal{X}$. Si $K(\cdot, \cdot)$ est un noyau de $\mathcal{X} \times \mathcal{X}$ dans $\mathbb{R}$, alors $K'(\cdot, \cdot) = K(\phi(\cdot), \phi(\cdot))$ est un noyau défini positif [Shawe-Taylor 2004]. Ici, ϕ correspond à un filtrage non nul, *i.e.* une pondération d'éléments de $\mathbb{R}^d$. Comme $K(\cdot, \cdot)$ est un noyau défini positif de $\mathbb{R}^d$ dans $\mathbb{R}$, alors le noyau $K'(\cdot, \cdot)$ est lui aussi défini positif et la matrice $\tilde{\mathbf{K}}$ est définie positive. $\qquad\square$

Nous montrons dans la section expérimentale 4.4 que Avg-SVM permet d'améliorer la performance de décodage par rapport au classifieur d'échantillons non filtrés, en présence de bruit haute fréquence. Le filtrage moyenneur étant un filtre passe-bas, cette approche n'est utile que lorsque le bruit a des composantes hautes fréquences. En l'absence d'*a priori* sur le bruit, nous proposons deux approches : la première consiste à apprendre des classifieurs sur une fenêtre temporelle, c'est-à-dire à laisser au classifieur la tâche de gestion du bruit ; la seconde approche consiste à apprendre conjointement le filtre et le classifieur à partir des données d'apprentissage, c'est le filtrage vaste marge.

4.2.3 Classification de fenêtres temporelles

Il est possible de prendre en compte l'influence du bruit en associant aux échantillons leur voisinage temporel. Ainsi, c'est le classifieur qui devra s'adapter aux bruits et aux caractéristiques des signaux. Nous notons $\{\overline{\mathbf{X}}_i\}_{i=1,\dots,n}$ l'ensemble des fenêtres temporelles de taille l extraites avec un délai n_0. Un exemple de fenêtre temporelle est disponible figure 4.1. On y voit que les exemples d'apprentissage $\overline{\mathbf{X}}_i \in \mathbb{R}^{d \times l}$ sont maintenant des matrices contenant une concaténation des échantillons temporels avoisinant le i^e échantillon ($\overline{\mathbf{X}}_i = [\mathbf{x}_{i+n_0}, \mathbf{x}_{i+n_0-1}, \dots, \mathbf{x}_{i+n_0-f}]^T$). Une des limites de cette approche est l'augmentation de la dimensionnalité des exemples à classifier. La complexité du problème est en effet multipliée par l par rapport à la classification d'échantillons. Cette approche sera appelée Win-SVM dans la suite du manuscrit.

Win-SVM linéaire

Problème d'apprentissage   Lorsque l'on apprend un classifieur SVM linéaire sur des fenêtres temporelles, le problème peut être exprimé sous la forme d'un problème SVM sur les exemples $\overline{\mathbf{X}}_i$:

$$\min_{\mathbf{W},b} \quad \frac{C}{n} \sum_i^n H(y_i, f_{\mathbf{W}}(\overline{\mathbf{X}}_i)) + \frac{1}{2}\|\mathbf{W}\|_F^2 \tag{4.4}$$

où $\|\mathbf{W}\|_F^2 = \sum_{i,j} W_{i,j}^2$ est la norme de Frobenius au carré de $\mathbf{W}$, C est un terme de régularisation, et $f_{\mathbf{W}}(\overline{\mathbf{X}}_{i,\cdot})$ est la fonction de décision pour la i^{e} fenêtre temporelle telle que :

$$f_{\mathbf{W}}(\overline{\mathbf{X}}_i) \quad = \quad \langle \mathbf{W}, \overline{\mathbf{X}}_i \rangle + b \quad = \quad \sum_{m=1}^{l}\sum_{j=1}^{d} \mathbf{W}_{m,j}\mathbf{X}_{i+1-m+n_0,j} + b \tag{4.5}$$

avec $\mathbf{W} \in \mathbb{R}^{l \times d}$ la matrice normale à l'hyperplan et $b \in \mathbb{R}$ le biais.

Optimisation   Comme nous avons affaire à un problème linéaire, il peut être vectorisé sans perte de généralisation, ce qui permet d'utiliser les algorithmes existants d'optimisation de SVM linéaire. De plus, en prenant $p = 2$, la fonction de coût devient différentiable et des algorithmes efficaces comme celui de [Chapelle 2007] peuvent être utilisés. Cet algorithme, basé sur la méthode de Newton, assure une convergence rapide vers le minimum. La complexité du problème est $\mathcal{O}(nl^2d^2)$, c'est-à-dire quadratique par rapport à la dimension de la fenêtre.

Interprétation   Un des intérêts de cette approche par fenêtrage est que la matrice $\mathbf{W}$ peut être interprétée comme un filtrage vaste marge. On reconnaît en effet dans la fonction de décision (4.5) une somme similaire à la convolution (4.2).

On peut se demander si la régularisation de Frobenius utilisée en (4.4) est la plus adaptée au problème. Tout d'abord, ce type de régularisation traite tous les coefficients de la matrice $\mathbf{W}$ de manière indépendante, la structure temporelle n'est donc pas prise en compte. Ensuite, la norme de Frobenius au carré ne promeut pas la parcimonie, elle ne peut donc pas être utilisée dans un cadre de sélection de canaux.

Fonction de décision non linéaire   Nous avons traité dans cette section, les fonctions de décision linéaires. Néanmoins, il est possible d'apprendre des classifieurs vaste marge non linéaires sur des fenêtres temporelles. Nous avons également évalué dans nos expérimentations numériques les performances de la classification SVM de fenêtres temporelles avec un noyau gaussien.

Comme, dans ce cas, une fonction non linéaire est apprise, elle ne peut plus être interprétée comme un filtrage temporel. On est donc face à une prédiction de type « boite noire », ce qui limite les applications en ICM où les méthodes interprétables sont préférées.

Win-SVM linéaire avec sélection de canaux

Dans certaines applications, il est intéressant de pouvoir sélectionner automatiquement les canaux. Nous avons par exemple vu section 2.3.2 les avantages de la sélection de capteurs en ICM : non seulement elle permet de réduire les coûts de mise en œuvre mais elle apporte également des avantages en terme d'interprétabilité du classifieur. En effet, il devient possible de retrouver les capteurs discriminants et donc les zones actives du cerveau lors de la tâche mentale réalisée par le patient.

Régularisation par norme mixte Pour sélectionner automatiquement les canaux pertinents lors de l'apprentissage du classifieur, nous proposons de régulariser le matrice $\mathbf{W}$ ((4.4)) en utilisant une norme mixte $\ell_1 - \ell_2$. Cette régularisation, présentée section 3.1.3, est ici de la forme :

$$\Omega_{1-2}(\mathbf{W}) = \sum_j^d \left(\sum_i^l W_{i,j}^2 \right)^{\frac{1}{2}} = \sum_j^d h\left(\|\mathbf{W}_{.,j}\|^2 \right) \tag{4.6}$$

avec $h(u) = u^{\frac{1}{2}}$ la fonction racine carrée. Cette norme mixte agit comme une norme ℓ_2 sur chaque canal alors que la norme ℓ_1 promeut une parcimonie sur les canaux. Le problème d'optimisation qui en découle

$$\min_{\mathbf{W},b} \quad \frac{C}{n} \sum_i^n H(y, f_{\mathbf{W}}(\overline{\mathbf{X}}_{i,\cdot})) + \Omega_{1-2}(\mathbf{W}) \tag{4.7}$$

est, cette fois-ci, non régulier de par la non différentiabilité de $u(\cdot)$ en 0.

Optimisation Puisque la fonction de coût définie en (4.7) n'est pas différentiable, les méthodes d'ordre 2 [Chapelle 2007] ne peuvent pas être mises en œuvre. Nous proposons d'utiliser les algorithmes de gradient accéléré décrits en annexe A.1.1. Les conditions de convergence sont respectées car pour $p = 2$, le premier terme de l'équation (4.7) est convexe et a un gradient lipschitzien [Steinwart 2008]. De plus, le second terme est lui aussi convexe et son opérateur proximal fourni en (A.9) est simple à calculer. Nous avons choisi dans nos expérimentations numériques d'utiliser l'algorithme FISTA proposé par [Beck 2009].

4.3 Filtrage Vaste Marge

Les méthodes que nous avons présentées ci-dessus, se basent soit sur une approche en 2 étapes (filtrage + classification), soit sur la classification d'une fenêtre temporelle. Dans ce qui suit, nous introduisons le Filtrage Vaste Marge, qui consiste à apprendre conjointement un filtre et un classifieur.

Nous détaillons, tout d'abord, le problème d'optimisation ainsi que l'algorithme proposé. Les conditions de convergence sont ensuite discutées. Finalement, nous proposons différents types de régularisation et nous étudions les liens entre notre approche et celles de la littérature.

Le filtrage vaste marge est formulé dans le cadre de la discrimination binaire, le cas multi-classe étant géré dans notre cas par une stratégie classique un-contre-tous. Nous pensons en effet que l'apprentissage d'un filtre spécialisé dans la discrimination de chaque classe permet de mieux séparer les classes qu'un filtrage global appris pour toutes les classes.

4.3.1 Problème

Formulation Le but du filtrage vaste marge est d'apprendre de manière jointe le filtrage du signal et le classifieur d'échantillons filtrés. Cette méthode, que nous appelons KF-SVM (pour Kernel-Filter-SVM) dans la suite du manuscrit, permet d'apprendre un filtre temporel par canal, en maximisant la marge entre les échantillons de chaque classe. Le problème que l'on veut résoudre est donc :

$$\min_{f,\mathbf{F}} \quad \underbrace{\frac{1}{2}\|f\|_{\mathcal{H}}^2 + \frac{C}{n}\sum_{i=1}^{n} H(y_i, f(\tilde{\mathbf{x}}_{i,.}))}_{\text{Problème SVM (3.31)}} + \lambda\Omega(\mathbf{F}) \tag{4.8}$$

où λ est un paramètre de régularisation et $\Omega(\cdot)$ une fonction de régularisation différentiable pour $\mathbf{F}$. On reconnaît dans la partie gauche de l'équation (4.8) un problème SVM pour des échantillons filtrés $\tilde{\mathbf{X}}$, mais dans ce problème, le filtre $\mathbf{F}$ est une variable à optimiser. Nous choisissons, dans un premier temps, le terme de régularisation $\Omega(\mathbf{F}) = \|\mathbf{F}\|_F^2$, qui est la norme de Frobenius au carré, c'est-à-dire un terme convexe et différentiable. Notons que la fonction objectif de (4.8) est non convexe lorsque le noyau utilisé est le noyau gaussien. Même dans des cas très simples comme par exemple le noyau linéaire avec $d = 1$ et $l = 1$, le problème est non convexe.

Optimisation en deux étapes   Nous pouvons utiliser une propriété de (4.8) pour simplifier le problème d'optimisation. En effet, pour un $\mathbf{F}$ fixé, l'optimisation par rapport à $f(\cdot)$ est convexe et correspond à un problème SVM classique. Il est donc possible de trouver la fonction de discrimination optimale pour tout $\mathbf{F}$. Nous proposons donc, puisque l'on peut obtenir la fonction de décision optimale avec un $\mathbf{F}$ fixé, de résoudre le problème :

$$\min_{\mathbf{F}} J(F) \quad = \quad \min_{\mathbf{F}} \quad J_1(\mathbf{F}) + \lambda\Omega(\mathbf{F}) \tag{4.9}$$

avec :

$$J_1(\mathbf{F}) \quad = \quad \min_{f} \frac{1}{2}\|f\|_{\mathcal{H}}^2 + \frac{C}{n}\sum_{i=1}^{n} H(y_i, f(\tilde{\mathbf{x}}_{i,.})) \tag{4.10}$$

où $f(\cdot)$ est la fonction de décision définie équation (3.33) pour des échantillons filtrés $\tilde{\mathbf{x}}_i$. Grâce à la dualité forte du problème SVM, $J_1(\cdot)$ peut également être exprimé sous sa forme duale :

$$J_1(\mathbf{F}) \quad = \quad \max_{\alpha} -\frac{1}{2}\sum_{i,j}^{n,n} y_i y_j \alpha_i \alpha_j K(\tilde{\mathbf{x}}_i, \tilde{\mathbf{x}}_j) + \sum_{i}^{n} \alpha_i \tag{4.11}$$

$$\text{s. c. } \frac{C}{n} \geq \boldsymbol{\alpha} \geq 0, \text{ et } \sum_{i} \alpha_i y_i = 0$$

où $\boldsymbol{\alpha}$ est le vecteur contenant les variables duales α_i.

La fonction objectif $J(\cdot)$ est non linéaire et non convexe. Cependant pour tout filtre $\mathbf{F}$, le problème SVM (4.10) a une solution unique. Nous rappelons maintenant le théorème de Bonnans et Shapiro :

Théorème 4.1 (Bonnans et Shapiro, [Bonnans 1998]). *Soit $\mathcal{A}$ un espace métrique et $\mathcal{F}$ un espace normé. Supposons que $\forall \boldsymbol{\alpha} \in \mathcal{A}$ la fonction $J(\boldsymbol{\alpha}, \cdot)$ est différentiable, que $J(\boldsymbol{\alpha}, \mathbf{F})$ et la dérivée de $J(\boldsymbol{\alpha}, \cdot)$, $D_{\mathbf{F}}J(\boldsymbol{\alpha}, \mathbf{F})$, sont continues sur $\mathcal{A} \times \mathcal{F}$ et finalement que Φ est un espace compact de $\mathcal{A}$. Soit $J_1(\mathbf{F})$ la fonction à valeur optimale $J_1(\mathbf{F}) = \inf_{\boldsymbol{\alpha} \in \Phi} J(\boldsymbol{\alpha}, \mathbf{F})$. Cette dernière fonction est différentiable. De plus, si pour $\mathbf{F}^0 \in \mathcal{F}$, $J(\cdot, \mathbf{F}^0)$ a un minimum unique $\boldsymbol{\alpha}^0$ dans Φ, alors $J_1(\mathbf{F})$ est différentiable en $\mathbf{F}^0$ et $DJ_1(\mathbf{F}^0) = D_{\mathbf{F}}J(\boldsymbol{\alpha}^0, \mathbf{F}^0)$.*

D'après ce théorème, $J_1(\cdot)$ est différentiable par rapport à $\mathbf{F}$ et son gradient admet une forme analytique. Comme nous pouvons calculer le gradient de la fonction de coût $J(\cdot)$, et que cette

---

Algorithme 4.1 KF-SVM

1: $\mathbf{F}_{u,v} = 1/f$ pour $v = 1, \cdots, d$ et $u = 1, \cdots, f$
2: $k = 0$, $D_F^0 = 0$
3: **répéter**
4:     $k \leftarrow k + 1$
5:     $G_F^k \leftarrow$ gradient de $J_1(\mathbf{F}) + \lambda \Omega(\mathbf{F})$
6:     $\beta \leftarrow \frac{\|G_F^k\|^2}{\|G_F^{k-1}\|^2}$ (Fletcher et Reeves)
7:     $D_F^k \leftarrow -G_F^k + \beta D_F^{k-1}$
8:     $(\mathbf{F}^k, f^*) \leftarrow$ minimisation le long de D_F^k
9: **jusqu'à** Critère d'arrêt

---

dernière est à la fois non linéaire et non convexe, nous proposons d'utiliser un algorithme de descente de gradient pour résoudre le problème (4.9). Nous rappelons qu'il est alors nécessaire de déterminer la fonction de décision optimale du problème (4.10) à $\mathbf{F}$ fixe, à chaque calcul de la valeur $J_1(\cdot)$ ou du gradient.

À cause de la non convexité de la fonction objectif, les problèmes (4.8) et (4.9) ne sont pas strictement équivalents. Mais il est avantageux de résoudre (4.9) car cette forme permet l'utilisation des méthodes d'apprentissage SVM standards, et ainsi de profiter de leur vitesse de convergence et de leurs évolutions futures.

4.3.2 Algorithme et convergence

Algorithme proposé Pour résoudre le problème de minimisation (4.9), nous proposons un algorithme de gradient conjugué (GC) couplé à une minimisation unidimensionnelle satisfaisant les conditions de Wolfe [Nocedal 2000] pour trouver le pas optimal. Le gradient conjugué est présenté en annexe A.1.1, notre version modifiée pour résoudre le problème (4.9) est détaillée dans l'algorithme 4.1.

Dans cet algorithme, β est le paramètre de mise à jour du gradient conjugué et $D_\mathbf{F}^k$ est la direction de descente à l'itération k. Dans les résultats expérimentaux, nous avons utilisé la valeur de β proposée par Fletcher et Reeves (voir [Hager 2006] pour plus d'informations). Les itérations de l'algorithme peuvent être arrêtées par plusieurs critères d'arrêt : un seuil sur la variation relative de la valeur de la fonction objectif $J(\mathbf{F})$ ou un seuil sur la norme de la variation de $\mathbf{F}$ entre deux itérations.

Notons que chaque calcul de la valeur objectif $J(\mathbf{F})$ lors de la minimisation unidimensionnelle nécessite la minimisation d'un problème SVM pour obtenir la fonction de décision optimale. Cette approche semble coûteuse, mais elle peut bénéficier d'un redémarrage à chaud (*warm-start* en anglais) pour la résolution du problème d'optimisation, ce qui, en pratique, la rend efficace [Rakotomamonjy 2008a].

Convergence Nous discutons ici de la convergence globale de l'algorithme de gradient conjugué 4.1 proposé pour résoudre le problème (4.8). La preuve de convergence se fait en vérifiant les deux conditions d'utilisation de l'algorithme GC définies sous-section 6.2.3. La démonstration contenant les détails des calculs est aussi disponible dans [Flamary 2011a].

La difficulté principale de la preuve de convergence vient du fait que la fonction de coût est elle-même le résultat d'un problème de minimisation. Nous traitons dans cette démonstration le cas particulier où $\Omega(\cdot) = \|\cdot\|_F^2$ est la norme de Frobenius au carré mais elle peut être facilement étendue à d'autres termes de régularisation propres, coercifs et de classe $\mathcal{C}^2$.

Condition 1 Premièrement, on se propose de démontrer que la condition 1 est vraie, c'est-à-dire que l'ensemble de niveau $\mathcal{L}$ est borné.

Démonstration. Nous voulons montrer que pour $\mathbf{F}^0 \neq 0$, $\mathcal{L} := \{\mathbf{F}|J(\mathbf{F}) \leq J(\mathbf{F}^0)\}$, et donc que la fonction $J(\cdot)$ est coercive. Ceci découle du fait que la fonction $J_1(\cdot)$ est une somme de fonctions continues (hypothèse e) et de variables situées dans un compact (hypothèse c). D'après le théorème de Bolzano-Weierstrass, on peut en déduire que $J_1(\cdot)$ est bornée. Or, comme $J(\cdot) = J_1(\cdot) + \lambda\Omega(\cdot)$ est la somme d'une fonction bornée et d'une fonction coercive (hypothèses d et f), on peut en déduire que la fonction $J(\cdot)$ est elle-même coercive.

$\square$

Condition 2 Nous cherchons maintenant à prouver que la norme de la matrice Hessienne de $J(\mathbf{F})$ est bornée avec $\mathbf{F} \in \mathcal{N}$ tel que $\mathcal{N}$ est un voisinage ouvert de $\mathcal{L}$. En résumé, nous essayons de prouver que pour tout $\mathbf{F} \in \mathcal{N}$, les composantes de la Hessienne sont bornées.

Démonstration. Premièrement, nous utilisons la propriété de coercivité de $J(\cdot)$ pour en déduire que si $\mathbf{F} \in \mathcal{N}$ avec $\mathcal{N}$ un voisinage ouvert de $\mathcal{L}$ alors $\mathbf{F}$ appartient à un ensemble fermé de $\mathbb{R}^{l \times d}$, c'est-à-dire un ensemble compact d'après le théorème de Bolzano-Weierstrass.

La fonction $J(\cdot)$ est deux fois différentiable car $J_1(\cdot)$ et $\|\cdot\|_F^2$ le sont. En effet, le gradient $\nabla_{\mathbf{F}}J_1(\cdot)$ est différentiable car :

  i) la fonction $\boldsymbol{\alpha}(\mathbf{F}) \to \boldsymbol{\alpha}$, qui retourne le vecteur $\boldsymbol{\alpha}$ optimal du problème (4.11), est différentiable (cf. théorème 4.1) ;

  ii) et le gradient $\nabla_{\mathbf{F}}J_1(\cdot)$ (4.16) s'obtient comme une somme de termes différentiables.

Les coefficients de la matrice Hessienne peuvent donc être calculés :

$$\frac{\partial^2 J(\mathbf{F})}{\partial \mathbf{F}_{i,j} \partial \mathbf{F}_{i',j'}} = 2\lambda + \frac{1}{2\sigma}\sum_{o,p}^{n,n}(X_{o+1-i,j} - X_{p+1-i,j})(X_{o+1-i',j'} - X_{p+1-i',j'})$$
$$\times (1 - \frac{1}{2\sigma}(\widetilde{X}_{o,j} - \widetilde{X}_{p,j})(\widetilde{X}_{o,j'} - \widetilde{X}_{p,j'}))\widetilde{\mathbf{K}}_{o,p}y_o y_p \alpha_o^* \alpha_p^* \quad (4.12)$$
$$+ (X_{o+1-i,j} - X_{p+1-i,j})(\widetilde{X}_{o,j} - \widetilde{X}_{p,j})\widetilde{\mathbf{K}}_{o,p}y_o y_p \left(\alpha_p^*\frac{\partial \alpha_o^*}{\partial \mathbf{F}_{i',j'}} + \alpha_o^*\frac{\partial \alpha_p^*}{\partial \mathbf{F}_{i',j'}}\right).$$

En utilisant les résultats de [Chapelle 2008], nous savons que

$$\left.\frac{\partial \boldsymbol{\alpha}^*}{\partial \mathbf{F}_{i,j}}\right|_{\mathbf{F}} = -\bar{\mathbf{A}}\frac{\partial \widetilde{\mathbf{K}}_{sv}}{\partial \mathbf{F}_{i,j}}\boldsymbol{\alpha}_{sv}(\mathbf{F}) \quad (4.13)$$

est la colonne de la matrice jacobienne $\mathbf{J}_\alpha$ correspondant à $\mathbf{F}_{i,j}$, avec $\bar{\mathbf{A}}$ l'inverse d'une matrice continûment dépendante de $\mathbf{F}$ au travers de la matrice de Gram et qui est définie positive (hypothèse b). De par cette construction, on note que $\bar{\mathbf{A}}$ est également continue par rapport à $\mathbf{F}$.

On veut montrer que chaque composante de cette matrice jacobienne $\mathbf{J}_\alpha$ définie par l'équation (4.13) est bornée. $\frac{\partial \widetilde{\mathbf{K}}_{sv}}{\partial \mathbf{F}_{i,j}}$ est la dérivée partielle de la matrice de noyaux réduite aux vecteurs supports sv (ensemble des α_i tels que $0 < \alpha_i < C/n$) qui est continue (hypothèse e). La fonction $\boldsymbol{\alpha}_{sv}(\mathbf{F})$ représente les valeurs des vecteurs supports solution du problème SVM à $\mathbf{F}$ fixe, et est continue par rapport à $\mathbf{F}$ puisque différentiable. On peut en déduire que les coefficients de la matrice Jacobienne $\mathbf{J}_\alpha$, dont les colonnes sont définies équation (4.13), sont des fonctions continues de $\mathbf{F}$. Puisque $\mathbf{F}$ est dans un espace compact (hypothèse c), les composantes de la matrice Jacobienne sont donc bornées. De plus, $\widetilde{\mathbf{X}}$ est borné puisqu'il s'obtient comme la somme et le produit de termes bornés. On peut donc voir équation (4.12) que les composantes de la matrice Hessienne sont composées de somme et de produit de termes bornés, ce qui implique que les composantes de la Hessienne sont elles-mêmes bornées. On peut en déduire que la norme de Frobenius de la Hessienne $||\nabla^2 J(\mathbf{F})||_F$ est bornée. En utilisant les résultats de [Golub 1996], nous pouvons conclure que :

$$\exists L \quad \text{tel que} \quad ||\nabla^2 J(\mathbf{F})||_2 \leq ||\nabla^2 J(\mathbf{F})||_F \leq L. \tag{4.14}$$

Finalement, la seconde condition est vérifiée puisque la Hessienne de la fonction de coût J a des valeurs propres bornées. □

La propriété de gradient lipschitzien par rapport aux paramètres du noyau démontrée précédemment est un résultat qui peut être utile à d'autres cadres que celui présenté dans cette thèse. En effet, dans le cadre de l'apprentissage de noyaux multiples, il permet l'utilisation d'algorithmes efficaces comme par exemple FBS multipas [Beck 2009] pour résoudre le problème convexe MKL.

4.3.3 Complexité

Chaque itération de l'algorithme nécessite le calcul du gradient de $J_1(\mathbf{F}) + \lambda\Omega(\mathbf{F})$. Dans cette section, nous allons évaluer la complexité de chaque étape de l'algorithme lorsque la fonction de décision qui classifie les échantillons filtrés est linéaire puis non linéaire.

Hinge ou Hinge au carré Le choix de $p = \{1, 2\}$ permet de modifier la fonction du coût du problème d'apprentissage SVM (4.10). Comme nous l'avons dit dans le chapitre précédent, aucun des travaux n'a montré la supériorité d'une des deux fonctions. Nous avons donc décidé de choisir p de manière à pouvoir résoudre le problème (4.10) le plus efficacement possible.

Nous discutons tout d'abord le cas où la fonction de décision est linéaire, c'est-à-dire lorsque le noyau utilisé est le produit scalaire usuel de l'espace $\mathbb{R}^d$. Dans ce cas, la fonction de décision est définie dans le primal par $d + 1$ paramètres alors que cette même fonction est définie dans le dual par $n + 1$ paramètres. Si le nombre d'exemples n est plus grand que la dimension d, ce qui est vrai dans nos applications, il est plus simple de résoudre le problème SVM dans le primal. Il existe de multiples algorithmes de résolution pour les SVM linéaires dans la littérature [Chapelle 2007, Shalev-Shwartz 2007]. De manière à avoir une fonction de coût différentiable, nous choisissons $p = 2$, ce qui nous permet d'utiliser l'algorithme de Newton proposé dans [Chapelle 2007].

Dans le cas où la fonction de décision est non linéaire, par exemple avec un noyau gaussien, la fonction de décision ne peut plus être exprimée dans le primal. Le choix de p a dans ce cas-là une incidence sur la parcimonie des variables duales. Il existe des algorithmes efficaces pour résoudre le problème SVM dual. Ces algorithmes profitent de la forme particulière des contraintes pour pouvoir gérer des problèmes de grande dimension et éviter de calculer la matrice de noyaux complète (jusqu'au million d'exemple d'apprentissage [Loosli 2007]). Comme les solutions sont connues pour être plus parcimonieuses avec $p = 1$, nous avons décidé d'utiliser le coût Hinge lors de l'apprentissage de fonctions de décision non linéaires.

Fonction de décision linéaire   Pour une fonction de décision linéaire avec une fonction de perte Hinge au carré, le gradient de $J_1(\cdot)$ est défini par le terme général de la forme :

$$
\begin{aligned}
(\nabla_{\mathbf{F}} J_1(\mathbf{F}))_{u,v} &= \frac{C}{n} \sum_i^n \frac{\partial H(y_i, f^*(\tilde{\mathbf{x}}_i))}{\partial f^*} \frac{\partial f^*(\tilde{\mathbf{x}}_i)}{\partial F_{u,v}} \\
&= -\frac{2C}{n} \sum_i^n \max(0, 1 - y_i f^*(\tilde{\mathbf{x}}_i)) y_i X_{i-u+1+n_0,v}
\end{aligned}
\tag{4.15}
$$

où f^* est le classifieur optimal pour le filtrage fixe $\mathbf{F}$. Notons que nous dérivons ici le problème primal (4.10). La complexité du calcul de ce gradient est $\mathcal{O}(nld)$.

Fonction de décision non linéaire   Pour une fonction de décision non linéaire, avec par exemple un noyau gaussien (4.3) et une fonction de perte Hinge, le gradient de $J_1(\cdot)$ est défini par :

$$
(\nabla_{\mathbf{F}} J_1(\mathbf{F}))_{u,v} = \frac{1}{2\sigma} \sum_{i,j}^{n,n} (X_{i+1-u,v} - X_{j+1-u,v})(\tilde{X}_{i,v} - \tilde{X}_{j,v}) \tilde{\mathbf{K}}_{i,j} y_i y_j \alpha_i^* \alpha_j^*
\tag{4.16}
$$

où α^* est le vecteur des variables duales du problème SVM définissant la fonction de décision f^* optimale pour $\mathbf{F}$ fixé. Cette fois-ci, le gradient est calculé à partir de la forme duale de $J_1(\cdot)$ (4.11). La complexité théorique de ce gradient est de $\mathcal{O}(n^2 ld)$. Toutefois, comme nous l'avons vu section 3.2.2, les SVM sont des classifieurs parcimonieux, et seulement un certain nombre $n_s < n$ de coefficients α_i seront différents de zéro. La complexité se réduit donc à $\mathcal{O}(n_s^2 ld)$.

Complexité globale   Dans le cas général, de par la non convexité de la fonction objectif, il est difficile de fournir une évaluation de la complexité totale de résolution du problème (4.9). Cependant, on connaît la complexité pour chaque étape de l'algorithme : le calcul du gradient est de complexité $\mathcal{O}(nld)$ pour une fonction de décision linéaire et $\mathcal{O}(n_s^2 ld)$ pour une fonction non linéaire. Le calcul de la valeur objectif nécessite la résolution d'un SVM de dimension d en linéaire et n en non linéaire, précédée d'un filtrage de complexité $\mathcal{O}(nld)$.

Il est cependant important de noter que le temps de résolution des problèmes SVM peut être dramatiquement réduit en utilisant une approche *warm-start*. Cette méthode consiste, dans notre cas, à conserver la solution du problème SVM de l'itération précédente et de l'utiliser comme point de départ pour résoudre le problème à l'itération suivante. Puisque la plupart des algorithmes de résolution SVM sont itératifs, la résolution d'un problème se fera rapidement car l'initialisation ne sera pas trop éloignée de la solution du problème.

4.3.4   Régularisation

Nous avons expliqué dans le chapitre précédent l'importance de la régularisation en apprentissage statistique. Elle est d'autant plus importante dans le cadre du filtrage vaste marge puisque les filtres à apprendre introduisent de nombreux paramètres à optimiser, engendrant ainsi un risque de sur-apprentissage.

De plus, la régularisation permet d'intégrer des connaissances *a priori* sur le problème lors de l'optimisation. Typiquement, lorsque l'on apprend une matrice $\mathbf{F}$ contenant des filtres temporels, il est intéressant de prendre en compte la structure de la matrice (un filtre par colonne) lors de l'apprentissage. Nous proposons pour cela une régularisation qui permet de sélectionner automatiquement les canaux, c'est-à-dire de mettre à zéro certaines colonnes de $\mathbf{F}$.

Nous introduisons dans la suite différents termes de régularisation que nous avons évalués dans nos expérimentations numériques. Tout d'abord, nous rediscutons du terme de régularisation classique basé sur la norme de Frobenius de la matrice. Ensuite, nous introduisons la régularisation par norme mixte qui permet de grouper les coefficients de la matrice par filtre et de promouvoir ainsi une sélection automatique de canaux.

Régularisation de Frobenius   Le premier terme de régularisation dont nous allons discuter est la norme de Frobenius au carré présentée section 3.1.3 :

$$\Omega_2(\mathbf{F}) = \sum_{u,v=1}^{f,d} F_{u,v}^2 = \sum_{v=1}^{d} \|\mathbf{f}_v\|_2^2. \tag{4.17}$$

$\Omega_2(\mathbf{F})$ est différentiable et son gradient est simple à calculer ($\nabla \Omega_2(\mathbf{F}) = 2\mathbf{F}$).

En terme d'apprentissage, la matrice de filtrage peut être également vue comme un paramètre du noyau introduit en (4.3) et dont nous rappelons la forme ici :

$$K(\tilde{\mathbf{x}}_i, \tilde{\mathbf{x}}_j) = \exp\left(-\frac{1}{2\sigma^2} \sum_{v=1}^{d} \left(\sum_{k=1}^{l} (X_{i+n_0-k,v} - X_{j+n_0-k,v})F_{k,v}\right)^2\right).$$

Minimiser l'amplitude des coefficients du filtre aura pour effet de promouvoir une largeur de bande importante pour le noyau gaussien, et ainsi promouvoir des fonctions de décision plus lisses. La régularisation par norme de Frobenius sur la matrice $\mathbf{F}$ aura donc tendance à lisser la fonction de décision et la rendre plus régulière.

Régularisation par norme mixte   En utilisant la régularisation de Frobenius, tous les coefficients de la matrice sont traités de manière indépendante. Ainsi, même si cette régularisation tend à atténuer les coefficients des filtres, ils ne sont pas nuls et il n'y a pas de sélection de canaux à proprement parler. Afin de sélectionner des canaux, il faut promouvoir une parcimonie par colonne. Pour cela, nous utilisons la norme mixte $\ell_1 - \ell_2$:

$$\Omega_{1-2}(\mathbf{F}) = \sum_{j=1}^{d} \left(\sum_{i=1}^{l} F_{i,j}^2\right)^{\frac{1}{2}} = \sum_{j=1}^{d} h\left(\|\mathbf{f}_j\|_2^2\right).$$

Cette norme mixte agit tout d'abord comme une régularisation ℓ_2 sur chaque filtre temporel $\mathbf{f}_j$, ce qui permet de calculer l'énergie de chaque filtre $\|\mathbf{f}_j\|_2$. Ensuite, une régularisation ℓ_1 est appliquée sur l'énergie des filtres. Elle aura donc tendance à forcer une parcimonie sur l'énergie des filtres et donc sélectionnera automatiquement les canaux.

Optimisation   Le terme de régularisation par norme mixte n'est pas différentiable, l'algorithme 4.1 ne peut donc pas être utilisé. Nous proposons de résoudre ce problème par une méthode de Majoration-Minimisation (MM), cf. Annexe A.1.3. L'idée est de remplacer à chaque

---

Algorithme 4.2 SKF-SVM

1: $\mathbf{F}_{u,v} = 1/f$ pour $v = 1, \cdots, d$ et $u = 1, \cdots, f$
2: $\beta_j = 1$ pour $j = 1 \cdots d$
3: **répéter**
4:     $(\mathbf{F}, \alpha) \leftarrow$ Résoudre KF-SVM avec Ω_β
5:     $\beta_j \leftarrow \frac{1}{\|\mathbf{f}_j\|_2}$ for $k = 1 \cdots d$
6: **jusqu'à** Critère d'arrêt

---

itération la fonction $h(\cdot) = (\cdot)^{1/2}$ par une majoration, puis de minimiser la fonction objectif résultante. Comme $h(\cdot)$ est concave dans sa partie positive, elle peut être majorée au point $x_0 > 0$ par sa tangente :

$$\forall x > 0, \qquad h(x) \leq x_0^{\frac{1}{2}} + \frac{1}{2}x_0^{-\frac{1}{2}}(x - x_0).$$

Cette majoration de la fonction $h(\cdot)$ nous permet de déduire la majoration de la régularisation $\ell_1 - \ell_2$ en $\mathbf{F}^0$ par :

$$\Omega_{1-2}(\mathbf{F}) \leq \sum_j^d \|\mathbf{f}_j^0\|_2 + \frac{1}{2\|\mathbf{f}_j^0\|_2}\left(\|\mathbf{f}_j\|_2^2 - \|\mathbf{f}_j^0\|_2^2\right).$$

La minimisation à l'itération $k + 1$ de la majoration de $J(\cdot)$ se fait donc par la résolution du problème :

$$\min_{\mathbf{F}^{(k+1)}} \quad J_1(\mathbf{F}) + \lambda\Omega_\beta(\mathbf{F}) \tag{4.18}$$

$$\text{avec } \Omega_\beta(\mathbf{F}) = \sum_j^d \beta_v\|\mathbf{f}_j\|_2^2 \quad \text{et} \quad \beta_j = \frac{1}{2\|\mathbf{f}_j^{(k)}\|_2}.$$

L'avantage principal de cette méthode est de permettre l'utilisation de l'algorithme KF-SVM. En effet, le terme de régularisation Ω_β est une norme pondérée de Frobenius au carré. Ce terme est donc différentiable et les conditions d'application de l'algorithme 4.1 sont remplies. Cette méthode sera appelée par la suite Sparse KF-SVM (SKF-SVM). La méthode correspondante est disponible dans l'algorithme 4.2, les critères d'arrêt sont similaires à ceux de KF-SVM.

L'algorithme 4.2 est très similaire aux méthodes IRLS (pour Itératively Reweighted Least Square) qui permettent d'optimiser des problèmes régularisés par une norme ℓ_p en résolvant itérativement des problèmes régularisés par des normes ℓ_2 pondérées [Daubechies 2010]. Ce type de méthode également est connu sous le nom d'algorithme FOCUS [Gorodnitsky 1997] dans la communauté traitement du signal et il existe une extension dédiée à la régularisation jointe [Cotter 2005].

Longueur du filtre Globalement, l'utilisation des deux régularisations proposées plus haut a tendance à atténuer l'amplitude des signaux non discriminants. L'utilisation de ce terme de régularisation est également un moyen pour atténuer l'impact de la longueur l du filtre. En effet, si l'on choisit une longueur l assez large et que l'on sélectionne correctement le coefficient de régularisation λ, les coefficients des filtres correspondant à des canaux ou échantillons non discriminants devraient tendre vers zéro.

En pratique, il faut cependant veiller à ne pas utiliser de filtres trop longs, à cause du risque de sur-apprentissage. Nous suggérons de sélectionner l par validation ou de choisir la longueur qui maximise les performances pour un filtre moyenneur (AvgSVM). Nous fournissons section 5.3.1 des résultats numériques montrant l'intérêt de cette dernière heuristique.

4.3.5 Relations avec la littérature

Filtrage spatio-spectral Le filtrage spatio-spectral *Common Sparse Spatio-Spectral Patterns* de [Dornhege 2006] est une approche similaire à la nôtre. En effet, les auteurs apprennent une combinaison linéaire de canaux et d'échantillons optimisant un critère de séparabilité des classes. La principale différence entre les deux approches se situe au niveau du critère optimisé : dans le cas des CSSSP, il s'agit de maximiser la variance des échantillons pour la classe positive et de minimiser celle de la classe négative, alors que KF-SVM vise à maximiser la marge entre les échantillons filtrés de chaque classe. Par ailleurs, CSSSP est une méthode d'extraction de caractéristiques supervisée qui est indépendante du type de classifieur utilisé. A l'inverse, dans notre cas, nous apprenons un filtrage temporel ciblé pour la classification vaste marge. Finalement, CSSSP est dédié à l'extraction de caractéristiques discriminantes en fréquence. Au contraire, les filtres appris avec KF-SVM peuvent être utilisés indifféremment sur des signaux mesurés ou sur des caractéristiques bruitées extraites du signal. Par exemple, dans la section expérimentale, le filtrage est appliqué sur des séquences de densités spectrales de puissance dans le cadre des ICM.

Apprentissage de noyau Notre approche peut également être vue comme une méthode d'apprentissage de noyau (4.3). En effet, on peut considérer les coefficients du filtre comme des paramètres du noyau. L'apprentissage de paramètres, introduite par [Chapelle 2002], est une approche commune dans le cadre des SVM. La différence principale entre nos deux approches tient du paramètre optimisé. En effet, Chapelle et al. minimisent une borne sur l'erreur de généralisation par descente de gradient, alors que nous minimisons la fonction de coût SVM. Si l'on s'intéresse aux colonnes de $\mathbf{F}$, on peut remarquer que les coefficients de ces colonnes agissent comme une pondération de canaux. Pour un filtre de taille 1, KF-SVM correspond à la méthode *Adaptive Scaling* proposée par [Grandvalet 2003]. Dans leurs travaux, ils apprennent de manière jointe le classifieur SVM et les paramètres de pondération de canaux parcimonieux du noyau gaussien anisotrope. Ainsi, KF-SVM est une généralisation de leur méthode prenant en compte la séquentialité des échantillons.

Il est aussi possible d'apprendre les paramètres d'un noyau gaussien anisotrope sur une fenêtre temporelle en utilisant la méthode d'apprentissage de noyau généralisée proposée par [Varma 2009]. Cette approche utilise le noyau suivant, paramétré par $\mathbf{G} \in \mathbb{R}^{l \times d}$ pour une fenêtre temporelle de taille l :

$$K_{\mathbf{G}}(\mathbf{x}_i, \mathbf{x}_j) = \exp\left(-\sum_{u,v=1}^{l,d} G_{u,v}\left(X_{i+n_0-u,v} - X_{j+n_0-u,v}\right)^2\right). \tag{4.19}$$

Ce noyau est différent de celui utilisé par le filtrage vaste marge puisque chaque coefficient spatio-temporel est traité indépendamment, à la différence du noyau (4.3) qui effectue la convolution temporelle à l'intérieur du carré.

Apprentissage de filtre En plus d'être une méthode d'apprentissage de noyau, KF-SVM est une méthode supervisée d'apprentissage de filtre. Il existe de multiples approches d'apprentissage de filtre dans la communauté de traitement du signal. Nous soulignerons les travaux de [de Vries 1992,Lawrence 1996] sur les filtres Gamma, où ils proposent d'utiliser une structure particulière de filtres à l'intérieur d'un réseau de neurones et d'en apprendre les paramètres par descente de gradient. Des travaux plus récents se sont concentrés sur le design de filtres dans des situations spécifiques. Ils s'attaquent, par exemple aux problèmes de séparation de source [Christensen 2010] ou d'estimation de fréquence [Christensen 2008].

Ici, nous nous concentrons sur le problème de filtrage pour la discrimination d'échantillons temporels ou spatiaux. Il existe des méthodes d'apprentissage de filtrage pour la discrimination : les réseaux de neurones convolutionnels [LeCun 1995]. Notre approche est différente sous plusieurs aspects. Tout d'abord les réseaux de neurones convolutionnels visent à classifier un signal entier alors que nous voulons discriminer les échantillons d'un signal. De plus, le critère optimisé est différent puisque nous nous situons dans le cadre des SVM. Malgré la non convexité du problème d'apprentissage de noyau, notre fonction de décision est la solution unique d'un problème SVM à noyau fixe.

Finalement, nous pensons que les fonctions de prédiction apprises par KF-SVM peuvent être intégrées dans un système plus complexe. L'étape d'étiquetage de séquence peut en effet s'insérer dans le cadre des réseaux de transformation de graphe (Graph Transformer Networks en anglais) proposés par Bottou et al [Bottou 1997]. Notre fonction de décision peut aussi être vue comme une étape d'extraction de caractéristiques discrète directement utilisable dans des CRF [Lafferty 2001].

Apprentissage de métrique   Le filtrage vaste marge peut aussi être vu comme une méthode d'apprentissage de métrique pour un noyau gaussien. Il est donc également intéressant de faire un parallèle avec les approches d'apprentissage de métrique vaste marge de la littérature [Weinberger 2009]. La méthode proposée par Weinberger et Saul consiste à apprendre une métrique de Mahalanobis qui maximisera la marge entre les exemples de chaque classe. Il existe cependant deux différences importante entre nos travaux. Tout d'abord le classifieur appris dans [Weinberger 2009] est de type plus proches voisins, et l'apprentissage se concentre la matrice de covariance, menant à un problème d'optimisation convexe. Ensuite la matrice de covariance apprise dans leur approche est pleine. Ceci permet beaucoup de souplesse dans la modélisation des liens entre variable mais nécessite aussi d'apprendre beaucoup de paramètres. Dans nos travaux, les matrices de covariance ont une structure permettant de limiter le nombre de paramètres. Par exemple le noyau (4.19) correspond à une matrice de covariance diagonale sur des fenêtres temporelles. Dans le cas du filtrage vaste marge, le noyau (4.3) implique une matrice de covariance diagonale par bloc (un block par canal). Cette structure plus complexe permet ainsi d'intégrer un *a priori* sur les fenêtres temporelles.

4.4   Expérimentations numériques

Nous testons les approches présentées dans ce chapitre sur différents jeux de données. Tous d'abord, nous comparons les méthodes sur des données simulées. Nous proposons pour cela un exemple contenant une convolution et du bruit additif gaussien. Ensuite, les différentes approches sont comparées sur les données d'imagerie motrice asynchrone en ICM de la compétition ICM III [Blankertz 2004]. Finalement, le filtrage vaste marge est étendu à un problème 2D de segmentation d'images multispectrales.

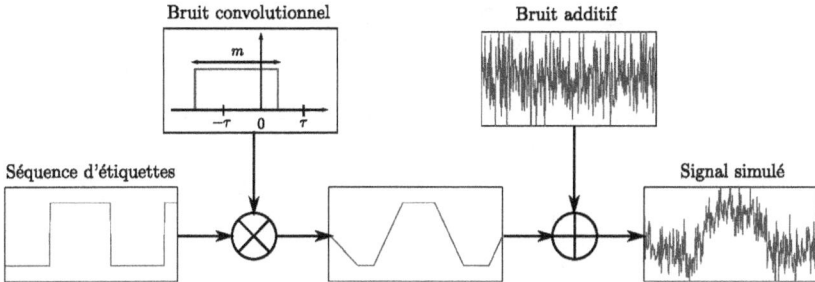

FIGURE 4.2: Schéma de génération de données simulées : tout d'abord une convolution est appliquée sur les canaux discriminants, puis du bruit additif gaussien est ajouté.

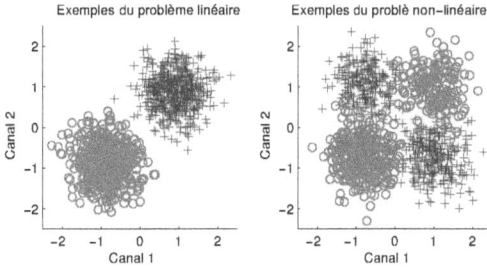

FIGURE 4.3: Projection des échantillons sur les deux canaux discriminants dans le cas linéaire (à gauche) et le cas non linéaire (à droite). Ici, aucune convolution n'est appliquée pour montrer la forme du problème.

4.4.1 Données simulées

Le but de ces expérimentations est de tester la performance des diverses approches dans le cas où les signaux sont corrompus par une convolution et du bruit additif. Nous voulons aussi illustrer le comportement des différentes méthodes en terme de pondération/sélection de canaux. Nous distinguons dans nos expérimentations les problèmes linéairement et non linéairement séparables, car certaines méthodes ne sont applicables que pour des fonctions de décision linéaires.

Génération des données

La génération des données simulées se fait en plusieurs étapes, illustrées Figure 4.2 :

1. Une séquence d'étiquettes y est générée. La longueur des régions d'étiquette constante suit une loi uniforme entre 30 et 40 échantillons temporels.

2. Cette séquence est utilisée comme un signal discriminant pour obtenir les deux canaux d'un signal multidimensionnel.

3. On applique ensuite aux deux canaux une convolution sous la forme d'un déphasage tiré sur l'intervalle $[-\tau, \tau]$, différent pour chaque canal, suivi d'un filtre moyenneur causal de

Méthode	Définition
SVM	SVM classique sur les échantillons.
Avg-SVM	SVM sur des échantillons filtrés par un filtre moyenneur (cf. section 4.2.2).
GMM	Mélange de gaussiennes pour chaque classe apprises avec un algorithme EM. La classification se fait par maximum de vraisemblance.
WinSVM	Classification d'une fenêtre d'échantillons temporels (cf .section 4.2.3).
SWinSVM*	Classification d'une fenêtre d'échantillons temporels avec sélection de canaux (cf. section 4.2.3).
KF-SVM	Kernel FilterSVM, Filtrage Vaste Marge (cf. section 5.1.1).
SKF-SVM	Kernel FilterSVM avec sélection de canaux (cf. section 4.3.4).
KF-GMM	Mélange de gaussiennes sur des échantillons filtrés. Le filtre est appris en utilisant KF-SVM.
WinGMKL**	Apprentissage de noyaux multiples proposé par [Varma 2009] pour de la sélection de caractéristiques, appliqué sur une fenêtre temporelle.

* seulement pour le cas linéaire. ** seulement pour le cas non linéaire.

TABLEAU 4.1: Liste des méthodes utilisées dans nos expérimentations.

taille m.

4. Du bruit additif gaussien d'écart type σ_b est ajouté aux signaux.

5. Des canaux contenant uniquement du bruit gaussien sont ajoutés aux deux canaux discriminants pour un total de d canaux.

Selon le type de problème, les données correspondent soit à un problème linéaire impliquant deux gaussiennes, soit à un problème plus complexe de type ou-exclusif construit autour de 4 gaussiennes (Figure 4.3).

Méthodologie

Méthodes comparées Nous avons comparé de multiples méthodes de classification d'échantillons temporels ou de fenêtres. Ces méthodes sont listées dans le Tableau 6.1a. La plupart de ces méthodes ont été introduites dans les sections précédentes. Nous noterons tout de même la présence de KF-GMM qui consiste à apprendre un classifieur à base de mélange de gaussiennes sur les échantillons filtrés par le filtre appris par KF-SVM. Cette méthode a été ajoutée pour illustrer la capacité de notre filtrage à être utilisé en tant que pré-traitement pour d'autres méthodes de classification.

Paramètres des données simulées La taille n des signaux générés est de 1000 échantillons en apprentissage et validation et de 10000 en test. Pour avoir une comparaison juste avec Avg-SVM, nous avons choisi $l = 11$ et $n_0 = 5$, ce qui correspond à un bon filtre moyenneur centré sur l'échantillon courant (et donc non-causal). Nous avons fixé l'écart-type du bruit gaussien à $\sigma_b = 3$ et le délai maximal à $\tau = 5$.

Validation et comparaison Les paramètres de régularisation de chaque méthode ont été sélectionnés en évaluant les performances sur l' ensemble de validation. Chaque expérimentation a été répétée 10 fois avec des tirages différents et les erreurs de test ont été moyennées. Un test de signe de Wilcoxon avec un risque α de 5% a été mis en œuvre pour vérifier la différence statistique entre les taux d'erreur de test pour chaque méthode. L'erreur de test affichée est le

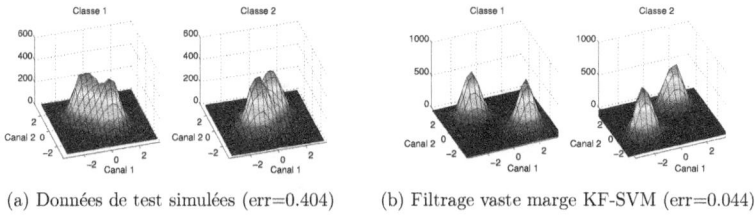

(a) Données de test simulées (err=0.404)   (b) Filtrage vaste marge KF-SVM (err=0.044)

FIGURE 4.4: Histogramme bivarié (a) pour des données simulées avec ($\sigma_n = 1, \tau = 5$) et (b) pour ces mêmes données filtrées à l'aide du filtre obtenu par KF-SVM (gauche pour la classe 1 et droite pour la classe 2)

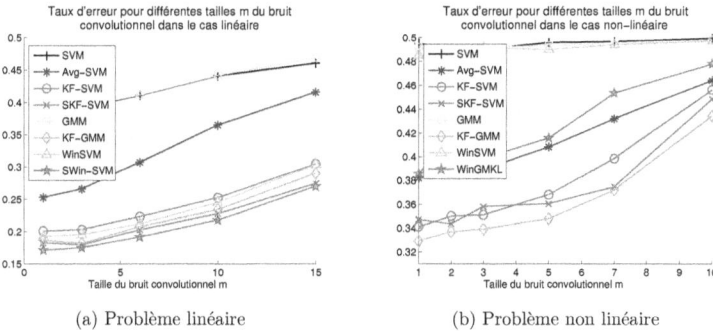

(a) Problème linéaire   (b) Problème non linéaire

FIGURE 4.5: Erreur de test pour différentes longueurs de bruits convolutionnel m

rapport entre le nombre d'échantillons mal étiquetés et le nombre total d'échantillons dans le signal de test.

Illustration du filtrage vaste marge

Tout d'abord, nous illustrons ici le comportement du filtrage vaste marge sur un exemple simple ($\sigma_n = 1, \tau = 5$). La Figure 4.4 présente l'histogramme bivarié de la projection des échantillons de chaque classe sur les deux canaux discriminants. On note sur la Figure 4.4a un fort recouvrement entre les densités de probabilité des échantillons de chaque classe, dû au bruit gaussien et au déphasage. Mais lorsque le filtrage vaste marge est appliqué au signal (Figure 4.4b), les classes sont mieux séparées et leur recouvrement est réduit (erreur de 4% au lieu de 40%).

Performances en test

Les résultats en taux d'erreur de test sont disponibles Figure 4.5 pour les problèmes linéaires et non linéaires. Dans le cas linéaire, (Figure 4.5a) nous pouvons voir que toutes les méthodes par fenêtrage ont de meilleures performances. La méthode la plus performante est SWinSVM, suivie de près par SKF-SVM, les deux méthodes étant statistiquement équivalentes (test de Wilcoxon). Ces deux approches permettent d'effectuer une sélection de canaux ce qui peut expliquer leurs

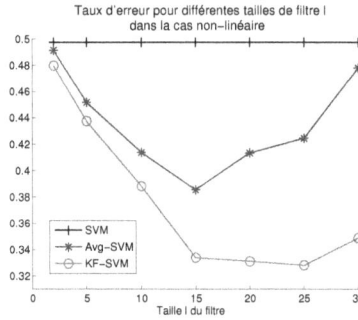

FIGURE 4.6: Erreur de test pour différentes longueurs de filtre l dans le cas non linéaire

bons résultats en généralisation. WinSVM a des performances équivalentes à KF-SVM, ce qui est consistent avec les résultats préliminaires de [Flamary 2010b] dans des problèmes de faible dimension. De par la nature gaussienne du problème, on voit que KF-GMM permet une meilleure généralisation que KF-SVM.

Pour le problème non linéaire (Figure 4.5b), les tests statistiques montrent la supériorité des méthodes de filtrage vaste marge (KF-SVM, SKF-SVM et KF-GMM) en terme de généralisation. Cette fois-ci, la sélection de canaux est intéressante, principalement lorsque le bruit convolutionnel est important. Les meilleurs résultats sont obtenus par KF-GMM car c'est le modèle qui correspond aux données après débruitage. Il est également intéressant de noter que les méthodes avec filtrage, même avec un filtre moyenneur, sont plus performantes que WinGMKL.

Sélection de la longueur des filtres

La longueur des filtres l est un paramètre important qu'il convient de sélectionner. Une approche pour sélectionner la longueur des filtres est d'utiliser des connaissances *a priori* sur les données. Par exemple, il semble logique d'utiliser un filtrage long lorsque les étiquettes changent lentement de manière à pouvoir mieux éliminer le bruit. Il est aussi possible de sélectionner l par validation croisée au prix d'un allongement des temps de calculs.

Sur la Figure 4.6 nous visualisons l'impact sur les performances de AvgSVM et KF-SVM de la longueur des filtres avec un bruit convolutionnel de taille $m = 5$. Nous pouvons voir que KF-SVM a des performances bien meilleures que le filtre moyenneur simple, notamment à partir de $l = 10$. De plus, la région correspondant aux meilleures performances est beaucoup plus large pour KF-SVM, ce qui montre que la méthode est moins sensible à ce paramètre et valide les suppositions faites section 4.3.4. La figure suggère que l'on peut choisir une valeur pour l simplement en déterminant la longueur du filtre qui mène aux meilleures performances pour Avg-SVM.

4.4.2   Données ICM : Imagerie motrice

Nous comparons ensuite les différentes méthodes sur les données ICM de la *compétition BCI III* [Blankertz 2004]. Le but est d'obtenir une séquence d'étiquettes correspondant à différentes

Méthode	$l = 10$				$l = 20$				$l = 50$			
	S1	S2	S3	Moy.	S1	S2	S3	Moy	S1	S2	S3	Moy.
	Modèles linéaires											
SVM	0.254	0.377	0.553	0.395	0.254	0.377	0.553	0.395	0.254	0.377	0.553	0.395
Avg-SVM	0.228	0.342	0.534	0.368	0.193	0.298	0.530	0.340	0.133	0.236	0.475	0.282
KF-SVM	0.205	0.304	0.512	**0.340**	0.185	0.269	0.429	**0.294**	0.126	0.231	0.423	**0.260**
SKF-SVM	0.205	0.294	0.473	**0.324**	0.182	0.262	0.481	**0.308**	0.128	0.222	0.438	**0.263**
WinSVM	0.214	0.316	0.540	0.357	0.196	0.280	0.534	0.337	0.146	0.223	0.482	0.284
SWinSVM	0.215	0.314	0.470	**0.333**	0.196	0.264	0.428	**0.296**	0.146	0.218	0.460	**0.274**
	Modèles non linéaires (Noyau gaussien)											
SVM	0.239	0.357	0.481	0.359	0.239	0.357	0.481	0.359	0.239	0.357	0.481	0.359
Avg-SVM	0.217	0.331	0.470	0.340	0.197	0.295	0.448	0.313	0.128	0.234	0.450	**0.271**
KF-SVM	0.205	0.300	0.489	**0.331**	0.173	0.266	0.482	**0.307**	0.158	0.227	0.445	0.277
SKF-SVM	0.206	0.307	0.489	**0.334**	0.174	0.260	0.446	**0.293**	0.114	0.232	0.471	**0.273**
WinSVM	0.210	0.324	0.477	**0.337**	0.174	0.281	0.448	**0.301**	0.134	0.232	0.440	**0.269**

TABLEAU 4.2: Erreur de test, pour chaque sujet et en moyenne, sur les données ICM pour différentes longueurs de filtrage l. Les résultats sont donnés pour les modèles linéaires (en haut) et pour les modèles non linéaires (en bas). Les meilleurs résultats de la compétition sont 0.2040, 0.2969, 0.4398 et 0.3135 en moyenne.

tâches mentales (3 classes : mouvement main gauche, mouvement main droite ou un mot) pour 3 sujets humains.

Description des données

Les observations sont des puissances spectrales dans différentes bandes de fréquences obtenues à partir des électrodes EEG. Le signal est constitué de 96 canaux et découpé en 3 sessions d'apprentissage et une session de test ($n \approx 3000$ échantillons par session). Les multiples classes de ces données sont gérées en utilisant un schéma un-contre-tous, c'est-à-dire en apprenant un classifieur et un filtrage par classe. Dans le cas non linéaire, nous avons utilisé uniquement un sous-ensemble tiré au hasard des échantillons (30%) pour l'apprentissage, de manière à pouvoir résoudre le problème dans un temps assez court malgré le nombre important d'échantillons. Les paramètres de régularisation sont, cette fois-ci, sélectionnés en validant sur la troisième session d'apprentissage. Dans ces expérimentations, n_0 a été fixé à zéro car nous voulons prédire la tâche mentale courante sans délai.

Performances

Les méthodes sont comparées pour différentes longueurs de filtrage l dans le Tableau 4.2. Les résultats pour GMM et KF-GMM ne sont pas reportés à cause de leurs mauvaises performances (de l'ordre de la classification au hasard), probablement dues à la grande dimensionnalité du problème. Par ailleurs, il ne nous a pas été possible d'apprendre de classifieur WinGMKL en un temps raisonnable.

Pour les modèles linéaires, les meilleures performances ont été obtenues avec KF-SVM, SKF-SVM et SWinSVM. Ces résultats, similaires à ceux obtenus sur les données simulées, montrent l'intérêt du voisinage temporel pour la discrimination d'échantillons. L'utilisation de filtres plus

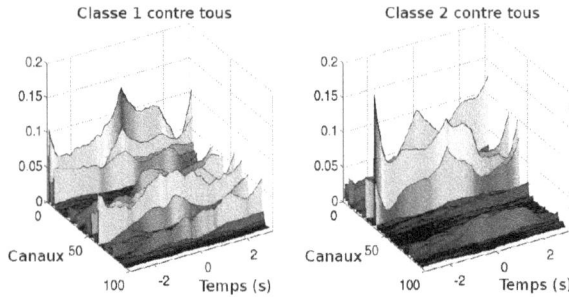

FIGURE 4.7: Filtres vaste marge F (sujet 1) pour la classe 1 contre tous (gauche) et 2 contre tous (droite).

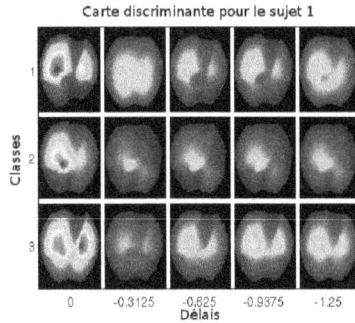

FIGURE 4.8: Carte discriminante du cerveau du sujet 1. Les lignes correspondent aux tâches un-contre-tous et les colonnes aux délais (position temporelle sur le filtre).

longs permet également d'améliorer les performances. La régularisation, à l'aide d'un terme adapté, est à notre avis très importante pour éviter le sur-apprentissage puisque, pour un filtre de taille $l = 50$, il faut apprendre quelques 5000 coefficients de filtre sur seulement 10000 échantillons temporels. Les meilleures performances sont obtenues par KF-SVM et SKF-SVM pour un filtre de taille $l = 50$.

Les résultats sont similaires pour les modèles non linéaires. Dans le cas des ICM, un classifieur linéaire est suffisant pour obtenir de bonnes performances. Cependant, ces performances sont obtenues en utilisant seulement 30% des échantillons temporels en apprentissage, ce qui montre la bonne capacité de généralisation des modèles de filtrage vaste marge. Dans ce cas, Avg-SVM a de meilleures performances qu'en linéaire, car les non linéarités pouvant apparaître à cause du filtrage temporel sont prises en charge par le noyau gaussien.

Visualisation

Un des aspects intéressants de l'approche par filtrage vaste marge est la possibilité de visualiser les filtres appris. En effet, la régularisation des filtres tend à minimiser l'amplitude des canaux et des instants temporels non discriminants. Lorsque les coefficients du filtre ont une grande amplitude, on peut considérer que le signal possède des informations discriminantes à cet instant pour le canal considéré.

Il est donc possible de visualiser des cartes spatio-temporelles discriminantes. La Figure 4.7 montre les filtres appris pour les données ICM du sujet 1 pour un filtre non causal de taille 100. On y voit l'importance de la pondération de canaux : seuls quelques canaux ont une amplitude significatives, les autres auront donc un faible impact dans la fonction de décision. Par ailleurs, il apparaît clairement que les filtres sont très différents selon la tâche de classification. On a donc intérêt à apprendre un filtre différent pour chaque classe plutôt qu'un filtre unique moyen.

Lorsque les données correspondent à des mesures physiques, il est aussi intéressant de projeter les filtres appris sur les capteurs correspondants. C'est ce que montre la Figure 4.8, où les filtres ont été projetés sur le crâne du sujet 1. Plus la zone tend vers le rouge, plus elle est discriminante. On constate ainsi sur cette figure, la présence de coefficients conséquents pour un délai de 1 seconde, témoignant d'informations discriminantes 1 seconde avant l'arrivée de la classe. Ceci peut venir d'une étape de préparation du mouvement chez le sujet qui est automatiquement détectée par notre filtrage.

Ce type de visualisation est proche de celles obtenues avec les CSSSP [Dornhege 2006], mais dans un cadre différent. Le CSSSP suppose en effet une séparation linéaire entre les classes. De plus, nous utilisons un critère différent pour la discrimination : la promotion d'une vaste marge entre les classes.

4.4.3 Données 2D : Segmentation d'image

Notre approche de filtrage vaste marge peut aussi être étendue au cas 2D, c'est-à-dire à la segmentation d'image. Nous avons appliqué notre approche à des images aériennes multispectrales. De nos jours, des capteurs embarqués dans des satellites ou des avions peuvent acquérir l'énergie réfléchie par la terre avec des détails spatiaux très fins et dans plusieurs bandes de fréquence. Les problèmes sont donc des problèmes de reconnaissance d'objets dans les images que nous tenterons de résoudre par classification de pixels. Les cartes de classification peuvent ensuite être utilisées en aménagement du territoire ou en surveillance.

Les méthodes à noyau sont couramment utilisées dans ce cadre de segmentation d'images [Camps-Valls 2009]. Par exemple, des noyaux peuvent être combinés linéairement pour fusionner des caractéristiques hétérogènes comme des informations spatiales ou spectrales [Tuia 2010b, Fauvel 2012]. Des approches à noyaux multiples ont également permis de sélectionner automatiquement des caractéristiques discriminantes [Tuia 2010a]. Finalement, les paramètres d'un noyau gaussien peuvent être appris par descente de gradient [Villa 2008] en utilisant le cadre d'apprentissage de noyau proposé par [Chapelle 2002].

Description des données

En imagerie multispectrale, les pixels sont multidimensionnels (Rouge/Vert/Bleu et Infra-Rouge), nous proposons donc d'apprendre un filtrage différent pour chaque bande de fréquence. Nous évaluons notre approche sur des données VHR (*Very High Resolution*) acquises par un capteur QuickBird (précision spatiale 0.6m) au-dessus de la ville de Zurich en Suisse (Figure 4.9). Les données représentent une zone résidentielle au sud-ouest de la ville. Sept classes, dont

FIGURE 4.9: Scènes QuickBird de la banlieue de Zurich (à gauche) et pixels étiquetés (à droite).

Méthode	Classes	Taille filtre	Pixels App.	Taux erreur	Kappa
SVM				0.249	0.685
AvgSVM	7	9	∼ 5000	0.163	0.796
WinSVM				0.170	0.785
KF-SVM				**0.147**	**0.816**
SVM				0.170	0.772
AvgSVM	6*	9	∼ 5000	0.105	0.860
WinSVM				**0.083**	**0.889**
KF-SVM				0.085	0.885

* Buildings *Résidentiels* et *Commerciaux* sont fusionnés dans la classe 'Building'.

TABLEAU 4.3: Résultats en segmentation d'image avec un noyau gaussien. Taux d'erreur et coefficient Kappa.

la liste est fournie Figure 4.9, ont été identifiées par photo-interprétation. La difficulté principale est de distinguer les deux classes de routes (route/autoroute) et les deux classes de buildings (résidentiels/commerciaux) car les différences spectrales entre ces classes sont faibles.

Résultats

Les résultats de classification avec un noyau gaussien sont disponibles dans le Tableau 4.3. SKF-SVM n'est pas utilisé sur ces données où la sélection de canal n'est en effet pas nécessaire de par la faible dimensionnalité du problème ($d = 4$). On calcule l'erreur de test et le coefficient Kappa qui est plus approprié pour les données avec des classes non équilibrées [Villa 2008, Tuia 2010b].

Deux configurations sont testées : une avec les 7 classes décrites précédemment et une avec 6 classes. Pour la seconde, les classes *Buildings Résidentiels* et *Buildings Commerciaux* ont été fusionnées en une seule classe *Building*. Nous voyons que, pour le problème à 7 classes, l'inclusion d'information spatiale améliore les performances. Dans ce cas-là, apprendre le filtrage spatial améliore les performances par rapport aux autres méthodes.

Dans la configuration à 6 classes, la meilleure méthode est WinSVM qui donne des résultats légèrement meilleurs que KF-SVM. Dans ce cas-là, l'avantage de KF-SVM vient de l'étape de filtrage qui peut être vue comme un pré-traitement interprétable alors que WinSVM est une

Bâtiments Résidentiels   Bâtiments Commerciaux

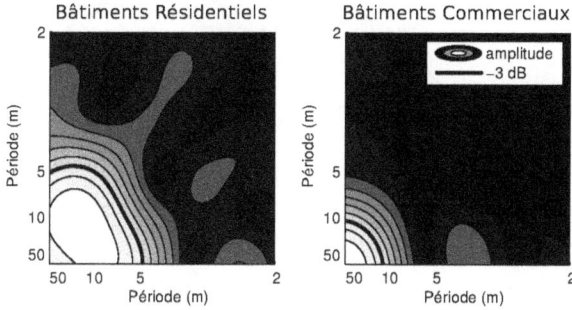

FIGURE 4.10: Amplitude de la transformée de Fourier du filtre spatial pour la composante rouge pour les classes "Buildings Résidentiels" et "Buildings Commerciaux". La ligne noire correspond à l'atténuation de -3dB et l'unité utilisée pour les axes est le mètre, c'est-à-dire l'inverse de la fréquence spatiale.

approche *boîte noir*. Nous allons, d'ailleurs, faire dans la section suivante une interprétation fréquentielle de ces filtres.

Visualisation

Ici, nous visualisons les filtres obtenus dans l'espace de Fourier. La Figure 4.10 montre l'amplitude de la transformée de Fourier des filtres appris pour la composante rouge. Les filtres correspondant à la classe *Buildings Résidentiels* et la classe *Buildings commerciaux* sont disponibles.

Tout d'abord, on voit que l'algorithme a de lui-même appris des filtres passe-bas, le bruit étant en effet souvent situé dans les hautes fréquences, comme le montrent les bonnes performances du filtrage moyenneur. Il est aussi intéressant de noter la différence en terme de fréquence de coupure pour chaque classe. La fréquence de coupure pour la classe *Résidentiels* est de $5m$ $(0.2m^{-1})$ alors que la fréquence de coupure pour la classe *Commerciaux* est de $10m$ $(0.1m^{-1})$. Ceci permet de distinguer les buildings par rapport à leur taille. Les buildings commerciaux ont en effet tendance à être plus grands que les buildings résidentiels. Cette différence entre les classes a été inférée automatiquement lors de l'apprentissage.

4.5   Conclusion

Dans ce chapitre, nous avons présenté nos premières contributions dans le domaine de l'étiquetage de séquence et de l'apprentissage supervisé de filtre. Nous avons, tout d'abord, discuté des différentes approches de classification d'échantillons temporels, puis nous avons introduit le filtrage vaste marge. Des algorithmes adaptés à chaque méthode ont été proposés et leur complexité de mise en œuvre a été discutée.

Finalement, nous avons évalué les différentes approches sur des données simulées, puis sur des données réelles d'interfaces Cerveau-Machine. Les résultats ont montré l'intérêt du filtrage vaste marge dans la pratique en terme de performances de prédiction et surtout en terme d'interprétabilité. Une extension du filtrage vaste marge aux problèmes 2D pour la segmentation d'image a aussi été réalisée.

Les résultats obtenus dans ce chapitre nous ont montré que l'apprentissage de filtres temporels discriminant peu être efficacement reformulé dans le cadre de l'apprentissage de noyau. Ils suggèrent également que le noyau gaussien permet de gérer des problèmes complexes, et ce, malgré la non convexité du problème résultant.

CHAPITRE 5

Apprentissage multitâche parcimonieux

Sommaire

L'apprentissage multitâche est une approche de transfert d'information basée sur l'apprentissage simultané de plusieurs problèmes de classification ou de régression. L'idée sous-jacente est que, lorsque les tâches d'apprentissage sont similaires ou liées d'une certaine manière, il est avantageux de prendre en compte ces relations dans le processus d'apprentissage [Baxter 2000]. Néanmoins, la notion de relation entre tâches est vague et dépend des problèmes de classification et des données. Par exemple, on peut supposer que toutes les tâches doivent ressembler à un modèle unique [Evgeniou 2004], ou qu'elles soient regroupées dans des clusters [Jacob 2008].

Dans ce chapitre, nous considérons que les tâches partagent une représentation des données commune. Ce type d'hypothèse a été utilisé pour la première fois par [Caruana 1997] dans le cadre des réseaux de neurones multicouches. Plus récemment, [Obozinski 2009, Obozinski 2010] ont modélisé dans un cadre de régression linéaire la représentation partagée des données sous la forme d'une sélection jointe de variables, induite par la norme mixte $\ell_1 - \ell_2$.

Nous avons cherché à étendre cette approche de deux manières. Premièrement, nous avons généralisé l'apprentissage multitâche parcimonieux à un cadre fonctionnel à noyau. Deuxièmement, nous avons proposé l'utilisation d'un terme de régularisation plus général : la norme mixte $\ell_p - \ell_q$ avec $p \leq 1$ et $1 \leq q \leq 2$. Cette approche est motivée par les travaux de [Lounici 2009] qui ont montré l'avantage de la régularisation $\ell_1 - \ell_2$ seulement dans certaines situations, d'où l'intérêt d'utiliser un terme de régularisation plus souple permettant de s'adapter aux propriétés

des données. Nous exprimons une formulation variationnelle du problème d'optimisation avec
un terme de régularisation $\ell_1 - \ell_q$. Ensuite, un algorithme alterné est introduit pour résoudre
ce problème ainsi qu'une approche proximale utilisable pour l'apprentissage des fonctions de
décision linéaires. Enfin, nous traitons le cas non convexe $\ell_p - \ell_q$ avec $p \leq 1$, engendrant une
parcimonie plus agressive, à l'aide d'un algorithme de type Majoration-Minimisation.

Finalement, l'intérêt de l'apprentissage multitâche parcimonieux est évalué dans des expérimentations numériques. Tout d'abord, des données simulées sont générées pour mesurer la
capacité de notre approche à sélectionner effectivement les noyaux pertinents pour les tâches de
classification. Ensuite, les performances en terme de prédiction et de sélection sont évaluées sur
des données réelles, d'abord dans un cadre de classification de potentiel évoqué en ICM, puis
dans un cadre de localisation de protéines bactériennes. L'application sur des données ICM est
particulièrement intéressante, car elle permet de sélectionner automatiquement les caractéristiques pertinentes pour l'ensemble des sujets.

5.1   Apprentissage multitâche parcimonieux

Nous présentons dans cette section notre contribution concernant l'apprentissage multitâche
parcimonieux. Le problème d'optimisation est tout d'abord exprimé dans un cadre fonctionnel.
Ensuite, une régularisation parcimonieuse générale, la norme mixte $\ell_p - \ell_q$, est proposée pour
promouvoir une sélection jointe de noyaux.

5.1.1   Problème d'optimisation

Tâches de classification   Supposons que nous ayons T tâches de classification à apprendre
à partir de T ensembles d'apprentissage $(\mathbf{x}_{i,1}, y_{i,1})_{i=1}^{n_1}, \cdots, (\mathbf{x}_{i,T}, y_{i,T})_{i=1}^{n_T}$ où $\mathbf{x}_{i,\cdot} \in \mathcal{X}$, $y_{i,\cdot} \in$
$\{+1, -1\}$ et n_i est le nombre de points d'apprentissage pour la i^e tâche. Nous nous plaçons dans
le cadre de l'apprentissage de noyaux multiples, et pour une tâche donnée, la fonction de décision
est donc de la forme :

$$f_t(\mathbf{x}) = \sum_{k=1}^{M} f_{t,k}(\mathbf{x}) + b_t \qquad \forall t \in \{1, \cdots, T\} \tag{5.1}$$

où la fonction $f_{t,k}$ appartient à un Espace de Hilbert à Noyau Reproduisant (EHNR) $\mathcal{H}_k$ de
noyaux K_k, b_t est un terme de biais et M est le nombre de noyaux proposés. Selon l'espace
d'entrée $\mathcal{X}$, $\mathcal{H}_k$ peut prendre différentes formes. Par exemple si $\mathcal{X} = \mathbb{R}^d$, $\mathcal{H}_k$ peut être un
sous-ensemble de $\mathbb{R}^d$ construit à partir d'une ou plusieurs dimensions. Dans d'autres situations,
comme dans le cas du noyau gaussien, $\mathcal{H}_k$ peut aussi être un espace de dimension infinie, défini
explicitement par son noyau.

Apprentissage   L'objectif de ce chapitre est d'apprendre une fonction de décision f_t pour
chaque tâche sous la contrainte que toutes les fonctions partagent un même sous-ensemble de
noyaux. En d'autre termes, nous voulons une parcimonie commune à toutes les tâches en terme
de noyaux sélectionnés par l'apprentissage. Notre but est donc de proposer un algorithme capable
de sélectionner automatiquement un certain nombre des fonctions $f_{t,k}$ pour tous t.

Pour atteindre ce but, nous exprimons le problème comme le problème d'optimisation suivant :

$$\min_{f_1,\cdots,f_T} C \sum_t^T \sum_i^{n_t} L(f_t(\mathbf{x}_{i,t}), y_{i,t}) + \Omega(f_1, \cdots, f_T) \tag{5.2}$$

où $L(f_t(x), y)$ est une fonction de coût, Ω est un terme de régularisation qui va promouvoir une parcimonie jointe sur les fonctions f_t et C est un terme de pondération entre le coût d'attache aux données et la régularisation. Dans la suite, nous nous concentrons sur la fonction de coût Hinge pour $L(f(\mathbf{x}), y) = \max(0, 1 - yf(\mathbf{x}))$, bien que nos algorithmes puissent être aisément appliqués à d'autres fonctions de coût.

Hypothèses La première hypothèse que nous faisons en choisissant de sélectionner les noyaux de manière jointe est que les noyaux pertinents sont les mêmes pour l'ensemble des tâches de discrimination. C'est un *a priori* fort qui ne convient pas à tous les types de problèmes d'apprentissage multitâche. Ce type d'hypothèse concernant la sélection jointe de caractéristiques a néanmoins été utilisé en pratique et a montré sont intérêt sur des expérimentations numériques [Argyriou 2008, Chen 2010].

Nous faisons également dans la suite du chapitre les hypothèses suivantes :

a) La fonction de perte $L(\cdot, \cdot)$ est propre, continue et convexe. Ceci est le cas du Hinge sur lequel nous nous concentrons.

b) Le terme de régularisation $\Omega(\cdot)$ est propre, continu et coercif.

5.1.2 Régularisation pour la parcimonie jointe

Lorsque l'on apprend une seule tâche, la parcimonie est, en général, induite par une norme ℓ_1 [Tibshirani 1996]. Dans le cas multitâche, cette approche peut être généralisée par l'utilisation d'une norme appropriée. Par exemple, Argyriou et al. et Obozinski et al. [Argyriou 2008, Obozinski 2009] proposent, dans le cas linéaire, l'utilisation de la norme mixte $\ell_1 - \ell_2$. Cette norme mixte, introduite section 3.1.3, est généralisée aux EHNR par :

$$\Omega(f_1, \cdots, f_T) = \sum_{k=1}^{M} \left(\sum_{t=1}^{T} \|f_{t,k}\|_{\mathcal{H}_k}^2 \right)^{1/2}.$$

Cette régularisation est une norme ℓ_1 par bloc qui induit une sélection jointe des fonctions associées aux noyaux. Elle a également été utilisée dans le cadre de l'apprentissage de noyaux multiples pour des problèmes monotâches [Bach 2004].

Pour s'adapter de manière plus fine aux données, cette régularisation peut être généralisée en norme $\ell_p - \ell_q$:

$$\Omega_{p,q}(f_1, \cdots, f_T) = \sum_{k=1}^{M} \left(\sum_{t=1}^{T} \|f_{t,k}\|_{\mathcal{H}_k}^q \right)^{p/q} \tag{5.3}$$

avec $0 \leq p \leq 1$ et $q \geq 1$. Une norme ℓ_q est appliquée au vecteur contenant les normes de chaque tâches dans $\mathcal{H}_k$, ensuite une norme ou pseudo-norme ℓ_p est appliquée sur le vecteur résultant.

La norme ℓ_q dans cette régularisation contrôle la manière dont les informations seront partagées entre les tâches. Par exemple, pour une grande valeur de q (comme $q = \infty$), si $\|f_{t,k}\|_{\mathcal{H}_k}$ est différent de zéro, alors une autre tâche t' peut avoir une fonction $f_{t',k}$ de norme différente de zéro sans augmenter la valeur du terme $\Omega_{p,q}$. Au contraire, en prenant $p = 1$ et $q = 1$, la régularisation peut être découplée et le problème d'apprentissage revient à apprendre T problèmes MKL indépendants.

La pseudo-norme ℓ_p contrôle quant à elle la parcimonie de la représentation à noyaux. Pour $p < 1$, la régularisation (5.3) va promouvoir plus de parcimonie que pour $p = 1$, ce qui peut être intéressant en présence d'un nombre important de noyaux non discriminants. Ce type de régularisation par normes mixtes a déjà été proposé dans un contexte monotâche pour obtenir des parcimonies composites [Szafranski 2008].

5.2   Algorithmes

Cette section présente un certain nombre d'algorithmes que nous avons proposés pour résoudre le problème d'apprentissage multitâche régularisé par $\Omega_{p,q}$ avec $p \leq 1$ et $1 \leq q \leq 2$. Nous nous concentrons, tout d'abord, sur le cas $\ell_1 - \ell_q$ et proposons de résoudre le problème soit par un algorithme alterné, soit par une approche proximale. Finalement, nous décrivons un algorithme général permettant de résoudre le problème non convexe avec $p < 1$.

5.2.1   Formulation variationnelle du problème $\ell_1 - \ell_q$

La proposition suivante étend les travaux de Michelli et al. [Micchelli 2005] sur l'apprentissage de noyau. Notre idée est de proposer un algorithme basé sur une formulation variationnelle de la norme mixte $\Omega_{1,q}(\cdot)$ Des travaux similaires ont été dérivés pour l'apprentissage de noyaux multiples et composites [Rakotomamonjy 2008a, Szafranski 2008]. Dans ce qui suit, nous définissons u/v tel que $u/0 = \infty$ si $u \neq 0$ et $0/0 = 0$.

Proposition 5.1. *Soit $s > 0$ et $\{a_{t,k} \in \mathbb{R} : k \in [1, \cdots, M], t \in [1, \cdots, T]\}$ tel que au moins un $|a_{t,k}| > 0$, alors le problème de minimisation suivant par rapport aux éléments $d_{t,k}$ admet un minimum unique*

$$\min_{\{d_{t,k}\}} \left\{ \sum_{k,t} \frac{|a_{t,k}|^2}{d_{t,k}} : d_{t,k} \geq 0, \sum_k \left(\sum_t d_{t,k}^{1/s} \right)^s \leq 1 \right\} = \left(\sum_k \left(\sum_t |a_{t,k}|^q \right)^{1/q} \right)^2 \quad (5.4)$$

où $q = \frac{2}{s+1}$. De plus, à l'optimum, nous avons :

$$d_{t,k}^\star = \frac{|a_{t,k}|^{\frac{2s}{s+1}} \left(\sum_u |a_{u,k}|^{\frac{2}{s+1}} \right)^{\frac{1-s}{2}}}{\sum_v \left(\sum_u |a_{u,v}|^{\frac{2}{s+1}} \right)^{\frac{s+1}{2}}}. \quad (5.5)$$

Démonstration. La preuve complète est disponible en annexe A.2.1. En bref, il s'agit d'exprimer le lagrangien du problème de minimisation et d'en déduire les conditions d'optimalité par rapport à $d_{t,k}$. On peut en déduire une formulation de $d_{t,k}^{1/s}$, de $\sum_u d_{t,k}^{1/s}$. La proposition est démontrée en injectant ces équations dans la condition d'optimalité. $\qquad \square$

En prenant $a_{t,k} = \|f_{t,k}\|_{\mathcal{H}_k}$, la proposition précédente donne une version variationnelle du terme régularisant $\Omega_{1,q}(\cdot)^2$. Il est intéressant de voir comment la norme mixte sur les $f_{t,k}$ est transférée sur les poids $d_{t,k}$. De plus, pour $q = 1$, cette norme mixte sur $\mathbf{d}$ se découple. Dans le cas où $q \to 2$, alors $s \to 0$ et la norme mixte sur $d_{t,k}$ devient une norme-max. Ceci va promouvoir des valeurs similaires entre tâches pour les coefficients $\{a_{.,k}\}$ différents de zéro. En effet, supposons que pour les tâches t et t', les coefficients $a_{t,k}$ et $a_{t',k}$ sont différents de zéro, alors la fonction de coût peut être diminuée en prenant $d_{t',k} = d_{t,k}$. Dans ce cas, il est donc plus intéressant d'attribuer un poids unique d_k associé à chaque EHNR $\mathcal{H}_k$.

On considère maintenant le problème d'optimisation

$$\min_{f_1,\cdots,f_T} C \cdot \sum_{t,i} H(f_t(\mathbf{x}_{i,t}), y_{i,t}) + \Omega_{1,q}(f_1,\cdots,f_T)^2 \qquad (5.6)$$

avec $1 \leq q \leq 2$. Comme le terme de régularisation est convexe et que la fonction carrée est une fonction monotone croissante de $\mathbb{R}_+$, la fonction objectif ci-dessus mène à un problème équivalent à celui de l'équation (5.2). Ici l'équivalence s'entend dans le sens où, pour une valeur donnée de l'hyperparamètre C dans (5.6), il existe un hyperparamètre C' dans (5.2) pour lequel les deux problèmes donnent la même solution. Une preuve plus formelle est disponible en Annexe A.2.2. Grâce à la formulation variationnelle de $\Omega_{1,q}(f_1,\cdots,f_T)^2$, nous pouvons réécrire le problème d'apprentissage parcimonieux MTL comme

$$\begin{aligned}\min_{f_1,\cdots,f_T,\mathbf{d}} \quad & C\sum_{t,i} H(f_t(\mathbf{x}_{i,t}), y_{i,t}) + \sum_{t,k} \frac{\|f_{t,k}\|^2}{d_{t,k}}\\ \text{s.c.} \quad & \sum_k \left(\sum_t d_{t,k}^{1/s}\right)^s \leq 1, \quad d_{t,k} \geq 0 \quad \forall k,t\end{aligned} \qquad (5.7)$$

avec $s = \frac{2-q}{q}$. On remarque que la fonction de coût est continue et convexe et que les contraintes définissent un ensemble convexe pour $s \leq 1$. Après reformulation, on obtient le problème d'optimisation suivant :

$$\begin{aligned}\min_{\mathbf{d}} \quad & J(\mathbf{d}) = \sum_t J_t(\mathbf{d})\\ \text{s.c.} \quad & \sum_k \left(\sum_t d_{t,k}^{1/s}\right)^s \leq 1, \quad d_{t,k} \geq 0 \quad \forall k,t\end{aligned} \qquad (5.8)$$

avec

$$\begin{aligned}J_t(\mathbf{d}) &= \min_{f_t} C\sum_i H(f_t(\mathbf{x}_{i,t}), y_{i,t}) + \sum_k \frac{\|f_{t,k}\|^2}{d_{t,k}}\\ &= -\min_{0\leq\boldsymbol{\alpha}_t\leq C, \boldsymbol{\alpha}_t^{\mathrm{T}}y=0} \frac{1}{2}\boldsymbol{\alpha}_t^{\mathrm{T}}\mathbf{G}_t(\mathbf{d})\boldsymbol{\alpha}_t - \boldsymbol{\alpha}_t^{\mathrm{T}}\mathbf{1}\end{aligned} \qquad (5.9)$$

où $[\mathbf{G}_t(\mathbf{d})]_{i,j} = y_{i,t}y_{j,t}\sum_k d_{t,k}K_k(\mathbf{x}_{i,t}, \mathbf{x}_{j,t})$ et $\{\boldsymbol{\alpha}_t\}$ sont les vecteurs des multiplicateurs de Lagrange associés au coût Hinge dans le problème $J_t(\mathbf{d})$. La seconde égalité de l'équation 5.9 est due à la dualité forte du problème SVM. On peut noter que, pour une matrice fixe $\mathbf{d}$ (matrice de composants $d_{t,k}$), chaque tâche peut être apprise indépendamment. L'apprentissage de la fonction de décision f_t pour la tâche t revient en effet à apprendre un SVM sur l'ensemble de données t avec le noyau $K(\mathbf{x},\mathbf{x}') = \sum_k d_{t,k}K_k(\mathbf{x},\mathbf{x}')$.

Cette dernière formulation montre clairement le lien entre notre problème d'apprentissage multitâche et l'apprentissage à noyaux multiples. Tout d'abord, on remarque que les équations (5.8-5.9) reviennent à des problèmes MKL lorsque l'on se concentre sur une tâche [Rakotoma-monjy 2008a]. Lorsque plusieurs tâches sont apprises simultanément, la matrice $\mathbf{d}$ définit le lien inter-tâches au travers d'une représentation parcimonieuse commune. Les équations (5.8-5.9) suggèrent l'utilisation d'algorithmes similaires à ceux utilisés pour résoudre le problème MKL. Il est, par exemple, possible d'utiliser un algorithme de gradient réduit comme celui de SimpleMKL [Rakotomamonjy 2008a] ou une approche par programmation semi-infinie comme proposée par Sonnenburg et al. [Sonnenburg 2006]. Cependant, au lieu d'adapter ces méthodes à notre problème, nous préférons proposer un algorithme dédié à la résolution de (5.8).

5.2.2 Algorithme alterné pour résoudre le cas $\ell_1 - \ell_q$

Nous avons vu dans la section précédente une approche variationnelle permettant de transformer le problème régularisé par la norme $\ell_1 - \ell_q$. Nous avons aussi vu que le problème d'apprentissage peut être résolu en utilisant des algorithmes existants dans la littérature. Cependant, l'équation (5.4) et la formulation (5.7) suggèrent l'utilisation d'un algorithme alterné. En effet, ce dernier contient deux types de variables à optimiser : les fonctions de décision f_t et les poids $\mathbf{d}$. De plus, comme nous le verrons dans la suite, la résolution itérative à $\{f_t\}_{t=1,...,T}$ fixé et à $\mathbf{d}$ fixé est beaucoup plus facile à mettre en œuvre que l'optimisation du problème global.

Premièrement, nous définissons la fonction de coût du problème (5.7) sous la forme

$$R(\mathbf{d}, \mathbf{f}) = C \sum_{t,i} H(f_t(\mathbf{x}_{i,t}), y_{i,t}) + \sum_{t,k} \frac{\|f_{t,k}\|^2}{d_{t,k}} \tag{5.10}$$

où $\mathbf{f}$ contient l'ensemble des fonctions $\{f_{t,k}\}$. Après une initialisation appropriée de la matrice des poids $\mathbf{d}$, notre algorithme d'optimisation consiste à minimiser alternativement :

(i) le problème (5.10) par rapport à $\{\mathbf{f}\}$ en gardant la matrice $\mathbf{d}$ fixe. Cette étape correspond à résoudre T tâches de classification SVM à chaque itération v, c'est-à-dire à obtenir la fonction de décision $f_t^{(v)}$ pour chaque tâche t :

$$f_t^{(v)}(\cdot) = \sum_{i,k} \alpha_{i,t}^{(v)} y_{i,t} d_{t,k}^{(v-1)} K_k(x_{i,t}, \cdot) + b_t^{(v)}$$

avec

$$\alpha_t^{(v)} = \begin{cases} \underset{\alpha_{i,t}}{\arg\min} & \frac{1}{2} \sum_{i,j} \alpha_{i,t} \alpha_{j,t} G_{i,j,t} - \sum_l \alpha_{i,t} \\ \text{s.c.} & \sum_i \alpha_{i,t} y_{i,t} = 0, \\ & 0 \leq \alpha_{i,t} \leq C \quad \forall i \end{cases}$$

où $G_{i,j,t} = y_{i,t} y_{j,t} \sum_k d_{t,k}^{(v-1)} K_k(x_{i,t}, x_{j,t})$;

(ii) le problème (5.7) par rapport à la matrice $\mathbf{d}$ avec $\{\mathbf{f}\}$ fixe. De par la relation entre $\{\alpha_t^{(v)}\}$ et $\{f_{t,k}^{(v)}(\cdot) = \sum_i \alpha_{i,t}^{(v)} y_{i,t} d_{t,k}^{(v-1)} K_k(x_{i,t}, \cdot)\}$, ce problème revient à résoudre (5.4), avec à l'étape v

$$\begin{aligned} a_{t,k} &= \|f_{t,k}^{(v)}\|_{\mathcal{H}_k} \\ &= d_{t,k}^{(v-1)} \sqrt{\sum_{i,j} \alpha_{i,t}^{(v)} \alpha_{j,t}^{(v)} y_{i,t} y_{j,t} K_k(x_{i,t}, x_{j,t})} \\ &= d_{t,k}^{(v-1)} \sqrt{\alpha_t^{(v)\mathrm{T}} \tilde{K}_{k,t} \alpha_t^{(v)}} \end{aligned}$$

où $[\tilde{K}_{k,t}]_{i,j} = y_{i,t} y_{j,t} K_k(x_{i,t}, x_{j,t})$. L'équation (5.5), nous donne une forme analytique de la solution $d_{t,k}^{(v)}$ de ce problème, qui s'écrit sous la forme :

$$d_{t,k}^{(v)} = \frac{\|f_{t,k}^{(v)}\|_{\mathcal{H}_k}^{\frac{2s}{s+1}} \left(\sum_u \|f_{u,k}^{(v)}\|_{\mathcal{H}_k}^{\frac{2}{s+1}} \right)^{\frac{1-s}{2}}}{\sum_{u'} \left(\sum_u \|f_{u,u'}^{(v)}\|_{\mathcal{H}_k}^{\frac{2}{s+1}} \right)^{\frac{s+1}{2}}}. \tag{5.11}$$

La fonction de coût étant convexe et régulière, cet algorithme converge, sous certaines conditions, vers le minimum global du problème (5.8). Dans ce qui suit, nous donnons plus de détails sur les propriétés de descente et de convergence de l'algorithme.

Proposition 5.2. *Supposons que les matrices de Gram $K_{k,t}$ (les matrices de terme général $K_k(x_{i,t}, x_{j,t})$) de chaque tâche sont strictement définies positives. Étant donné $\mathbf{d}^{(v-1)}$ avec $d_{t,k}^{(v-1)} \neq 0$ $\forall t, k$, si $\mathbf{d}^{(v)} \neq \mathbf{d}^{(v-1)}$, alors la fonction de coût décroît $R(\cdot, \cdot)$ strictement*

$$R(\mathbf{d}^{(v)}, \mathbf{f}^{(v)}) < \min_{\mathbf{f}} R(\mathbf{d}^{(v-1)}, \mathbf{f}) < R(\mathbf{d}^{(v-1)}, \mathbf{f}^{(v-1)}) \qquad (5.12)$$

et nous avons $d_{t,k}^{(v)} > 0$.

Démonstration. La preuve procède par la démonstration des inégalités de droite et de gauche qui dérivent respectivement de l'optimalité de $\alpha^{(v)}$ dans l'étape (i) et de $\mathbf{d}^{(v)}$ dans l'étape (ii). Les détails de la démonstration sont donnés en annexe A.2.3. $\square$

La proposition précédente montre clairement que la valeur du coût décroît à chaque itération de l'algorithme, en supposant une initialisation correcte de $\mathbf{d}^0$ par une matrice non nulle. De plus, puisque la fonction de coût est minorée par 0, la séquence $\{R(\mathbf{d}^{(v)}, \mathbf{f}^{(v)})\}$ converge. Cette proposition suggère aussi que notre algorithme peut tomber dans un point stationnaire. Cependant comme nous allons le montrer dans la proposition suivante, la séquence de $\{\mathbf{f}^{(v)}\}$ et $\{\mathbf{d}^{(v)}\}$ converge également et un tel point stationnaire serait le minimum du problème.

Proposition 5.3. *Pour $v \in \{1, 2, \cdots\}$, pour $1 \leq q \leq 2$, sous l'hypothèse que les matrices de Gram $K_{k,t}$ sont strictement définies positives et que $\mathbf{d}^{(1)} \neq 0$, la séquence $\{\mathbf{d}^{(v)}, \mathbf{f}^{(v)}\}$ converge vers le minimiseur de $R(\mathbf{d}, \mathbf{f})$ sous les contraintes :*

$$\sum_k \left(\sum_t d_{t,k}^{1/s} \right)^s \leq 1, \quad d_{t,k} \geq 0 \quad \forall k, t.$$

Démonstration. Pour des raisons de lisibilité, la preuve de cette proposition a été reportée en annexe A.2.4. Globalement, elle suit la même démarche que la preuve de convergence de l'algorithme d'optimisation alternée proposé par Argyriou et al. [Argyriou 2008]. Nous aurions également pu utiliser les résultats de [Tseng 2001] sur la convergence des algorithmes d'optimisation alternée. $\square$

Un point clé de la convergence de l'algorithme est que la matrice de poids doit être initialisée avec des valeurs non nulles. Malheureusement, dans ces conditions, les poids $d_{t,k}^{(v)}$ ne seront jamais strictement nuls le long des itérations. Ceci peut être vu comme une limite de notre approche dont le but est de proposer des solutions parcimonieuses. Cependant, les coefficients $d_{t,k}^{(v)}$ vont rapidement décroître vers zéro et atteindre une valeur négligeable. Des détails sur la manière dont nous avons évalué la parcimonie des modèles sont donnés dans les expérimentations numériques.

Complexité La complexité de cet algorithme est difficile à évaluer. Par contre, nous savons que, à chaque itération, T classifieurs SVM doivent être appris et que le calcul de mise à jour de la matrice de poids est nécessaire. Chaque apprentissage d'un SVM est de complexité $O(n_{t,sv}^3)$ et la mise à jour de la matrice de poids est $O(T \cdot M \cdot n_{t,sv}^2)$ avec $n_{t,sv}$ le nombre de vecteurs supports pour la tâche t. Dans la pratique, nous utilisons une approche de *Warm-Start* [DeCoste 2000]

lorsque nous résolvons les problèmes SVM quadratiques, ce qui rend l'algorithme particulièrement efficace même comparé à des méthodes par descente de gradient similaires à celle utilisé
dans SimpleMKL [Rakotomamonjy 2008a].

Adaptation linéaire Dans la littérature, de nombreux travaux sur l'apprentissage multitâche
se sont concentrés sur des problèmes linéaires pour des raisons pratiques. En effet, l'approche
à noyaux que nous avons proposée peut être coûteuse en temps de calcul puisque les matrices
de noyaux doivent être recalculées à chaque itération. Cependant, selon des travaux récents sur
l'apprentissage multitâche, ce type d'approche itérative (résolution d'un SVM puis mise à jour
des poids **d**) reste compétitive par rapport à d'autres algorithmes [Suzuki 2011, Kloft 2009]. Bien
que nous n'ayons pas effectué de comparaison extensives, nous pensons que notre approche est
relativement efficace (au moins plus efficace que des approches par descente de gradient comme
nous allons le montrer dans la section expérimentale).

Dans le cas linéaire, la sélection jointe se traduit sous la forme d'une sélection jointe de
variables. Chaque $\mathcal{H}_k$ est ainsi associé à une dimension de $\mathbb{R}^d$, et le calcul de la matrice globale de
noyaux $\sum_t d_{t,k} K_k$ (étape (i)) prend un temps important. Cependant, à la différence de la sélection
de noyaux non linéaire, la matrice K peut être calculée efficacement à l'aide d'un produit scalaire
pondéré sur les composantes sélectionnées. Cette astuce permet d'éviter de stocker en mémoire
toutes les matrices K_k associées à chaque composante. Elle a été implémentée et testée dans nos
expérimentations numériques sous le nom de d'optimisation alternée linéaire.

Coûts hétérogènes Bien que nous nous soyons concentrés sur les SVM et le coût Hinge, notre
approche peut être appliquée à d'autres coûts convexes tant que le problème de minimisation
peut être résolu, avec des poids **d** fixes. Par exemple, avec un coût quadratique, minimiser (5.10)
revient à une tâche de régression à noyaux multiples. De plus, notre approche peut gérer des
situations où le coût est différent pour chaque tâche. En effet, dans ce cas-là, le problème devient

$$\min_{f_1,\cdots,f_T,\mathbf{d}} \quad C \sum_{t,i} L_t(f_t(x_{i,t}), y_{i,t}) + \sum_{t,k} \frac{\|f_{t,k}\|^2}{d_{t,k}}$$
$$\text{s.c.} \quad \sum_k \left(\sum_t d_{t,k}^{1/s} \right)^s \leq 1, \quad d_{t,k} \geq 0 \quad \forall k,t \tag{5.13}$$

où chaque fonction de coût $L_t(\cdot,\cdot)$ dépend de la tâche et peut être un coût de régression ou
de classification. Cette approche, récemment introduite par Yang et al., est motivée par des
applications d'association de cartes sur des données génétiques [Yang 2009]. Notre algorithme
s'applique directement à ce type de problème. En effet, l'optimisation alternée prend en compte
les coûts uniquement dans la première étape lorsque les poids **d** sont fixés. Comme chaque tâche
se découple lors de cette étape, l'hétérogénéité des coûts ne pose aucun problème.

5.2.3 Approche proximale pour le cas linéaire $\ell_1 - \ell_q$

Récemment, des travaux ont proposé des algorithmes efficaces pour résoudre des problèmes
multitâche linéaires avec une régularisation $\ell_1 - \ell_2$ ou $\ell_1 - \ell_\infty$ [Chen 2009, Quattoni 2009].
Ces approches sont essentiellement basées sur les méthodes de gradient accéléré, présentées en
Annexe A.1.1. Nous avons appliqué l'algorithme FBS multipas au problème multitâche régularisé
par un terme $\ell_1 - \ell_q$ (cf Équation (5.2)). L'algorithme est fourni en annexe A.1.1, nous détaillons
donc ici uniquement notre proposition pour calculer numériquement l'opérateur proximal de la
norme $\ell_1 - \ell_q$.

Nous supposons que les classifieurs linéaires de chaque tâche t sont de la forme $f_t(\mathbf{x}) = \mathbf{w}_t^T\mathbf{x} + b_t$ et la matrice $\mathbf{W} = [\mathbf{w}_1, \cdots, \mathbf{w}_T] \in \mathbb{R}^{d\times T}$ de terme général $W_{k,t}$ contient une concaténation des paramètres $\mathbf{w}_t$ de chaque tâche. À chaque itération de l'algorithme FBS multipas, nous devons appliquer l'opérateur proximal qui projette une matrice $\mathbf{V} \in \mathbb{R}^{d\times T}$ vers le minimum du problème suivant :

$$\min_{\mathbf{X}\in\mathbb{R}^{d\times T}} \frac{1}{2}\|\mathbf{X} - \mathbf{V}\|_F^2 + \lambda \sum_{k=1}^{d} \|\mathbf{X}_{k,\cdot}\|_q.$$

Ce problème peut être décomposé en d problèmes indépendants

$$\min_{\mathbf{x}\in\mathbb{R}^T} \frac{1}{2}\|\mathbf{x} - \mathbf{v}\|^2 + \lambda\|\mathbf{x}\|_q \tag{5.14}$$

pour chaque groupe de variable. Lorsque $q \in \{1, 2, \infty\}$, ce problème a une forme analytique qui rend l'algorithme FBS multipas très efficace. Malheureusement, pour $1 < q < 2$, le problème doit être résolu numériquement. Cependant pour un q' tel que $1/q + 1/q' = 1$, il est possible de montrer que si $\|\mathbf{v}\|_{q'} \leq \lambda$ alors la solution du problème (5.14) est $\mathbf{0}$. Pour les autres composantes, nous avons étudié les méthodes de type descente de sous-gradient et moindres carrés pondérés (IRLS pour Iterative Reweighted Least Squares) [Saab 2008]. Nous avons remarqué que la dernière approche est plus efficace en pratique et c'est celle que nous avons choisie pour notre implémentation numérique.

Tout d'abord, nous écrivons les conditions d'optimalité du problème (5.14) pour $\|\mathbf{v}\|_{q'} \geq \lambda$, c'est-à-dire pour $\mathbf{x} \neq \mathbf{0}$,

$$x_i - v_i + \lambda \operatorname{signe}(x_i)|x_i|^{q-1}\|\mathbf{x}\|_q^{1-q} = 0 \quad \forall i. \tag{5.15}$$

Ceci nous conduit à la relation suivante entre les composantes x_i et v_i :

$$x_i = \frac{v_i}{1 + \lambda|x_i|^{q-2}\|\mathbf{x}\|_q^{1-q}}.$$

L'algorithme IRLS consiste donc à chaque itération (z) à mettre à jour x avec la formule $x^{(z)} = [P^{(z)}]^{-1}v$ tel que

$$P^{(z)} = \operatorname{diag}\left(1 + \frac{\lambda}{\|\mathbf{x}^{(z-1)}\|_q^{q-1}}|\mathbf{x}^{(z-1)}|^{q-2}\right) \tag{5.16}$$

ce qui correspond à une simple multiplication terme à terme pour un vecteur.

Une autre méthode de calcul numérique de l'opérateur proximal avec la norme ℓ_q à la puissance p a été proposée dans [Jacques 2011]. L'approche des auteurs est la suivante : si $\|\mathbf{v}\|_q > \lambda$, alors le problème (5.14) peut être reformulé comme un problème sous contrainte d'égalité. En exprimant le Lagrangien de la reformulation, on remarque que les conditions d'optimalité $\nabla L(\cdot) = \mathbf{0}$ correspondent à un système de $T + 1$ équations et $T + 1$ inconnues qui peut être résolu par une méthode de Newton.

Il est important de noter que les algorithmes FBS multipas présentent un taux de convergence en valeur objectif de $\frac{1}{k^2}$ lorsque les fonctions de coût ont un gradient lipschitzien (par exemple le coût logistique ou le coût Hinge au carré). Dans notre cas, le coût Hinge n'est pas différentiable, la vitesse de convergence n'est donc pas garantie. Cependant, malgré le manque de garanties concernant la vitesse de convergence, nous avons utilisé le sous-gradient à la place du gradient dans nos expérimentations numériques. Ceci a également été fait dans [Chen 2009] dans un cadre d'apprentissage multitâche.

Lorsque $1 < q < 2$, bien que nous n'ayons pas de forme analytique, la résolution numérique (5.16) reste très efficace. Des résultats récents montrent en effet que, bien que l'opérateur proximal ne soit pas calculé exactement, l'algorithme FBS et FBS multipas convergent en valeur objectif, sous certaines conditions, aussi rapidement que lorsque l'opérateur est calculé exactement [Schmidt 2011]. Finalement, à la différence de l'algorithme alterné, la solution de l'optimisation est exactement parcimonieuse grâce au seuillage effectué par l'opérateur proximal.

5.2.4 Algorithme pour le cas non convexe $\ell_p - \ell_q$

Maintenant que nous savons résoudre le problème MTL parcimonieux régularisé par la norme mixte $\ell_1 - \ell_q$, nous proposons un algorithme qui résout le cas non convexe $\ell_p - \ell_q$ (avec $0 < p < 1$ et $1 \leq q \leq 2$). Dans cette situation, nous reformulons le terme de régularisation sous la forme :

$$\Omega_{p,q} = \sum_{k=1}^{M} g(\|f_{\cdot,k}\|_q) \text{ avec } \|f_{\cdot,k}\|_q = \left(\sum_t \|f_{t,k}\|_{\mathcal{H}_k}^q \right)^{1/q} \tag{5.17}$$

où une fonction non convexe $g(u) = u^p, u > 0$ avec $p < 1$ est appliquée aux normes $\|f_{\cdot,k}\|_q$. Dans le cas linéaire, $\|f_{\cdot,k}\|_q = (\sum_t |W_{k,t}|^q)^{1/q}$, et les $W_{k,t}$ sont les composantes de la matrice $\mathbf{W}$ définie section 5.2.3. Pour résoudre ce problème, nous utiliserons un algorithme de Majoration-Minimisation (MM) [Hunter 2004] qui permet d'optimiser des fonctions non convexes. L'algorithme MM, que nous décrivons plus en détail en Annexe A.1.3, consiste à minimiser itérativement une majoration de la fonction à optimiser. L'intérêt principal de cette méthode, vient du fait que la majoration est souvent plus simple à optimiser que la fonction elle-même. Cette approcha a également été proposée par [Bradley 1998] pour minimiser une problème d'optimisation concave.

Pour le problème multitâche, nous proposons une majoration qui permet d'utiliser les méthodes de résolution proposées précédemment pour le problèmes $\ell_1 - \ell_q$. En effet, comme $g(u)$ est concave pour $u > 0$, nous pouvons la majorer en un point donné u_0 par :

$$\forall u > 0, \qquad g(u) \leq u_0^p + p u_0^{p-1}(u - u_0).$$

Nous aurions pu proposer une majoration plus étroite en utilisant une approximation locale quadratique, mais l'utilisation d'une majoration linéaire mène à un algorithme plus simple. En effet, à l'itération z, appliquer cette majoration revient à résoudre :

$$\min_{f_1, \cdots, f_T} C \sum_{t,i} H(f_t(x_{i,t}), y_{i,t}) + \sum_k p \frac{\|f_{\cdot,k}\|_q}{\|f_{\cdot,k}^{(z-1)}\|_q^{1-p}}.$$

Cette équation montre que, pour résoudre le problème non convexe $\ell_p - \ell_q$, il suffit de résoudre itérativement des problèmes $\ell_1 - \ell_q$ pondérés :

$$\min_{f_1, \cdots, f_T} C \sum_{t,i} H(f_t(x_{i,t}), y_{i,t}) + \sum_{k=1}^{M} \beta_k \|f_{\cdot,k}\|_q \tag{5.18}$$

où les β_k sont des coefficients dépendant des solutions précédentes $f_{t,k}$. Ils sont définis pour l'itération z par :

$$\beta_k = \frac{p}{\|f_{\cdot,k}^{(z)}\|^{1-p}}, \quad \forall k = 1, \cdots, M. \tag{5.19}$$

Algorithme 5.1 Algorithme de résolution du problème $\ell_p - \ell_q$

$\beta_k = 1$ for $k = 1, \cdots, M$

Calculer la matrice de noyaux $K_{k,t}$ pour chaque tâche

répéter

   $K_{k,t}^{\beta} \leftarrow \frac{K_{k,t}}{\beta_k^2}$ pour tous k

   Résoudre problème $\ell_1 - \ell_q$ avec les noyaux $K_{k,t}^{\beta}$

   Mettre à jour β_k avec équation (5.19)

jusqu'à convergence des β

Or, la norme $\|f_{\cdot,k}\|$ peut être nulle, de par la parcimonie induite par la norme $\ell_1 - \ell_q$. Ainsi, pour s'assurer que les β_k soient de valeur finie, un terme ε est ajouté à la forme (5.19), menant à $\beta_k = \frac{p}{\|f_{\cdot,k}^{(z-1)}\|^{1-p} + \varepsilon}$. Cette astuce suggérée aussi dans [Candes 2008] permet d'éviter des instabilités numériques et empêche l'apparition d'un terme de régularisation de valeur infinie pour $\|f_{\cdot,k}\| = 0$. Elle permet également d'assurer la dérivabilité de $(u+\varepsilon)^p$ quand $u = 0$. Dans d'autres contextes, ce terme ε joue aussi un rôle de lissage lorsque choisi de manière adaptative [Daubechies 2009]. Nous l'avons fixé, dans nos travaux, à la valeur $\varepsilon = 0.001$.

En utilisant l'approche variationnelle introduite section 5.2.1, nous pouvons déduire de (5.18) le problème d'optimisation à l'itération z :

$$\min_{f_1,\cdots,f_T,\mathbf{d}} \quad C \sum_{t,i} H(f_t(x_{i,t}), y_{i,t}) + \sum_{t,k} \beta_k^2 \frac{\|f_{t,k}\|^2}{d_{t,k}} \qquad (5.20)$$
$$\text{s.c.} \quad \sum_k \left(\sum_t d_{t,k}^{1/s} \right)^s \leq 1, \quad d_{t,k} \geq 0 \quad \forall k, t$$

où $s = \frac{2-q}{q}$. Notons que les conditions d'optimalité de ce problème par rapport à $f_{t,k}$ sont simplement données par la relation $f_{t,k}(\cdot) = \frac{d_{t,k}}{\beta_k^2} \sum_i \alpha_{i,t} y_{i,t} K_k(x_{i,t}, \cdot)$. Par conséquent, à chaque itération MM, nous devons résoudre un problème MTL parcimonieux, où des poids sont appliqués sur les noyaux de base. Ainsi, le problème (5.20) peut être résolu en utilisant l'algorithme $\ell_1 - \ell_q$ et en remplaçant les noyaux $K_k(x, x')$ par $\frac{1}{\beta_k^2} K_k(x, x')$.

Les détails sur la méthode de résolution $\ell_p - \ell_q$ sont donnés dans l'algorithme 5.1. En terme de complexité, l'algorithme $\ell_p - \ell_q$ est basé sur n_{iter} résolutions de problèmes $\ell_1 - \ell_q$ (après pondération des noyaux), sa complexité est donc approximativement n_{iter} fois celle de la méthode $\ell_1 - \ell_q$. Cependant, une fois de plus, il est possible d'utiliser une approche « warm-start » pour résoudre les problèmes $\ell_1 - \ell_q$ à partir des solutions des itérations précédentes. Des résultats empiriques ont montré que n_{iter} est typiquement inférieur à 10.

5.3 Expérimentations numériques

Dans cette section, nous présentons des expérimentations numériques qui montrent l'intérêt de la régularisation $\ell_p - \ell_q$ par rapport à la régularisation $\ell_1 - \ell_2$. Ces expérimentations ont été réalisées sur des données simulées, puis sur des données réelles ICM de classification de potentiels évoqués P300, et finalement sur des données de localisation subcellulaire de protéines.

Avant de rentrer dans le détail des résultats, nous allons d'abord discuter de la manière dont la parcimonie des solutions a été évaluée. Ce type de mesure de parcimonie est nécessaire puisque l'algorithme alterné retourne des vecteurs denses mais avec des valeurs très faibles. Soit le vecteur

$\mathbf{s}$ de composante $s_k = \sum_t d_{t,k}$ ou $s_k = \sum_t |W_{k,t}|$ selon le type d'algorithme, respectivement non linéaire ou linéaire. Nous définissons l'ensemble $\mathcal{S} = \{k \in 1, \cdots, M : s_k > \gamma\}$ où γ est un seuil qui permet de négliger les composantes non nulles dues aux erreurs numériques. Pour les données simulées, nous avons choisi $\gamma = 1e^{-5}$, ce qui à notre avis est suffisamment faible pour donner une estimation pessimiste de la parcimonie des vecteurs. Nous avons aussi considéré une heuristique pour adapter automatiquement la valeur de γ pour les données réelles. L'adaptation du seuil γ se fait au travers de la formule $\gamma(\mathbf{s}) = 0.01 \cdot \max_k(s_k)$. La logique derrière cette heuristique est que les variables ou noyaux qui ont des poids significativement plus petits que les plus forts poids ont une influence négligeable sur la fonction de décision. Puisque nous connaissons les vraies variables discriminantes $\mathcal{S}^\star$ pour les données simulées, nous avons considéré l'utilisation de la F-mesure entre $\mathcal{S}$ et $\mathcal{S}^\star$ comme mesure numérique de l'évaluation de la parcimonie. Pour rappel la F-mesure est la moyenne harmonique

$$F\text{-}mesure = \frac{2 \cdot précision \cdot rappel}{précision + rappel} \tag{5.21}$$

entre la *précision* et le *rappel* définis par :

$$précision = \frac{|\mathcal{S} \cap \mathcal{S}^\star|}{|\mathcal{S}|}, \quad rappel = \frac{|\mathcal{S} \cap \mathcal{S}^\star|}{|\mathcal{S}^\star|}. \tag{5.22}$$

La *précision* est à la valeur 1 lorsque toutes les variables sélectionnées sont discriminantes, le *rappel* est à la valeur 1 lorsque toutes les variables discriminantes ont été sélectionnées, finalement la *F-mesure* est à la valeur 1 uniquement lorsque toutes les variables discriminantes été sélectionnées et aucune variable non-discriminante n'a été sélectionnée ($\mathcal{S} = \mathcal{S}^\star$). Dans le cas des problèmes réels, pour lesquels $\mathcal{S}^\star$ n'est pas connu, nous avons évalué le nombre de variables et noyaux sélectionnés en utilisant le seuil adaptatif $\gamma(\mathbf{s})$ proposé ci-dessus.

5.3.1 Données simulées

Notre objectif à travers ces expérimentations est tout d'abord d'analyser la convergence de notre algorithme d'optimisation alternée. Ensuite, nous comparons le comportement des régularisations $\ell_1 - \ell_2$ et $\ell_p - \ell_2$ (avec $p < 1$) en terme de performances de classification.

Génération des données

Les données simulées sont les mêmes que celles utilisées par Obozinski et al. [Obozinski 2009]. Chaque tâche est un problème de classification binaire d'exemples dans $\mathbb{R}^d$. Parmi ces d variables, seules r définissent un sous-espace de $\mathbb{R}^d$ dans lequel les classes peuvent être discriminées. Pour ces r variables discriminantes, les deux classes suivent une lois gaussienne avec respectivement des moyennes μ et $-\mu$ et des matrices de covariance tirées suivant une distribution de Wishart. μ est tiré aléatoirement sur $\{-1, +1\}^r$. Les autres $d - r$ variables non discriminantes suivent une loi gaussienne *i.i.d* de moyenne nulle et de variance unitaire pour chaque classe. Dans ces expériences, nous nous sommes intéressés au problème de sélection de variable, $\mathcal{H}_k$ est donc un espace de dimension 1 construit à partir de la k^e dimension de $\mathbb{R}^d$. Nous avons tiré respectivement n, n_v et n_t exemples pour l'apprentissage, la validation et le test. Pour certaines expérimentations, n varie mais nous avons fixé $n_v = n$ et $n_t = 5000$. Avant l'apprentissage, les données d'apprentissage ont été normalisées avec une moyenne nulle et une variance unitaire et les données de test normalisées de la même manière.

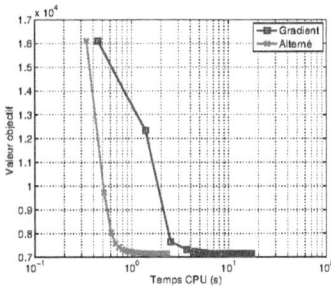

	Initialisation des $d_{t,k}$	
	Uniforme	Aléatoire
Temps Desc. Grad. (s)	19.8 ± 7.8	23.8 ± 5.8
Temps Opt. Altern. (s)	1.39 ± 0.2	1.5 ± 0.2
Diff. Obj (10^{-4})	1.43 ± 0.7	1.3 ± 0.8
$\|\Delta \mathbf{d}\|_\infty (10^{-3})$	2.1 ± 1.5	2.1 ± 1.3

FIGURE 5.1: Comparaison de notre algorithme d'optimisation alternée (version non linéaire) avec une descente de gradient similaire à celle proposée dans SimpleMKL. La partie de gauche montre l'évolution de la valeur objectif par rapport au temps CPU. Le tableau de droite résume les temps nécessaires à la convergence de chaque algorithme ainsi que la différence entre les valeurs objectifs. Toutes les mesures effectuées ont été moyennées sur 10 ensembles de données différents pour une initialisation uniforme ou aléatoire. Pour ces expérimentations, nous avons sélectionné $d = 100$, $r = 4$, $T = 4$ et $n = 100$ avec $C = 100$.

	Régularisation $\ell_1 - \ell_q$	
Méthodes	$q = 2$	$q = \frac{4}{3}$
Opt. Alternée à noyau	1.02 ± 0.20	1.08 ± 0.20
Opt. Alternée Linéaire	0.59 ± 0.06	0.64 ± 0.08
Gradient accéléré proximal	0.06 ± 0.01	0.10 ± 0.20

TABLEAU 5.1: Comparaison des temps de calculs (en secondes) des différentes approches linéaires pour la régularisation $\ell_1 - \ell_q$. Pour les expérimentations, nous avons choisi $d = 100$, $r = 4$, $T = 4$ et $n = 100$.

Vitesse de convergence

Pour évaluer les performances de notre algorithme d'optimisation alternée avec régularisation $\ell_1 - \ell_2$, nous avons comparé les solutions obtenues par une descente de gradient réduit similaire à celles proposées pour SimpleMKL [Rakotomamonjy 2008a]. Les deux algorithmes sont basés sur la résolution itérative de problèmes SVM avec un noyau fixe, après mise à jour de la matrice de poids $\mathbf{d}$. La différence principale entre une méthode de gradient réduit et notre approche réside dans la mise à jour de cette matrice de poids. En effet, alors que notre approche consiste à apprendre itérativement les fonctions de décision puis les poids $\mathbf{d}$, SimpleMKL effectue une descente de gradient sur $\mathbf{d}$ et doit optimiser un problème SVM à chaque calcul de coût le long de la direction de descente.

Notez que chacune des approches utilise un *warm-start* pour les apprentissages successifs de problème SVM. Les critères d'arrêt que nous avons choisis sont les suivants : pour notre optimisation alternée, nous arrêtons les itérations lorsque $\max(|\mathbf{d}^{(v+1)} - \mathbf{d}^{(v)}|) < 0.001$ (le maximum étant appliqué sur les composantes de la matrice). Pour la descente de gradient réduit, puisque les conditions KKT peuvent être testées sans coût additionnel, nous les utilisons donc comme conditions d'arrêt avec une tolérance relative de 0.1 pour chaque $d_{t,k}$. Les comparaisons ont été

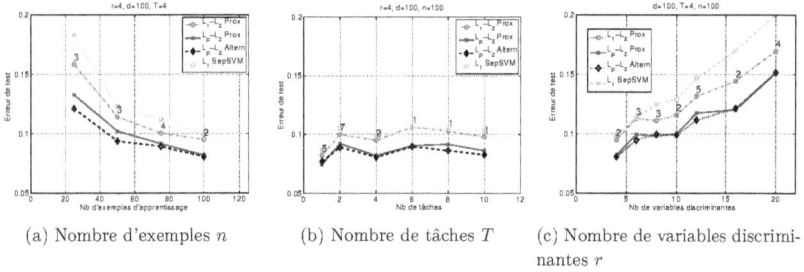

(a) Nombre d'exemples n (b) Nombre de tâches T (c) Nombre de variables discrimi-
                                                                          nantes r

FIGURE 5.2: Comparaison des performances (erreur de test) pour les modèles $\ell_1 - \ell_2$ (rouge, tirets), $\ell_p - \ell_2$ (bleu) appris par algorithme proximal , $\ell_p - \ell_2$ appris par optimisation alternée (noir, pointillés) et modèles ℓ_1 séparés (vert, tirets) pour différentes situations expérimentales. Pour chaque courbe, nous avons fait varier un seul des paramètres : (a) le nombre de points d'apprentissage n, (b) la dimension du problème d et (c) le nombre de variables discriminantes r. Le nombre donné sur chaque marqueur représente le nombre de fois (sur 20) où la pénalisation $\ell_1 - \ell_2$ a de meilleures performances que la pénalisation $\ell_p - \ell_2$.

faites pour des hyperparamètres $C = 100$ et pour $T = 4$ tâches.

La Figure 5.1 présente les résultats de cette comparaison. Sur la gauche, nous avons tracé la décroissance de la valeur objectif en fonction du temps CPU. Tous les calculs ont été faits sur une machine Bi-Xeon avec 24 Go de mémoire vive. Le code est en Matlab. Nous remarquons que la mise à jour faisant appel à l'équation (5.5) engendre une convergence plus rapide. Cette observation corrobore les mesures quantitatives données dans le tableau à droite de la figure 5.1. Nous montrons, dans ce tableau, que pour des valeurs de fonction objectif similaires, notre algorithme d'optimisation alternée converge beaucoup plus vite que l'approche par gradient réduit.

Le Tableau 5.1 compare, quant à lui, l'efficacité des différents algorithmes pour la résolution d'un problème linéaire. Nous avons comparé la version linéaire et celle à noyaux de notre algorithme d'optimisation alternée, ainsi que la version à base de méthode proximale dont la condition d'arrêt est une variation de la valeur objectif inférieure à 0.001. Ici, nous avons choisi une valeur des hyperparamètres permettant de retrouver exactement la même parcimonie des variables pour toutes les méthodes. Premièrement, nous voyons que, dans le cas linéaire, l'astuce qui consiste à calculer directement la somme $\sum_k d_{t,k} K_k$ à partir des exemples permet un gain substantiel de temps (quel que soit q). Lorsque $q = 2$, l'algorithme proximal est très efficace pour un gain de temps de facteur 10. Dans le cas $q = \frac{4}{3}$, la méthode proposée pour le calcul numérique de l'opérateur proximal reste très efficace avec un gain de temps d'à peu près 6.

Comparaison des performances

Dans cette section, nous voulons montrer que l'utilisation de la régularisation $\ell_p - \ell_2$, qui est plus agressive en terme de parcimonie, permet d'obtenir de meilleures performances en test que la régularisation $\ell_1 - \ell_2$. Nous fournissons également des résultats montrant que pour ces données simulées, les variables sélectionnées par la régularisation $\ell_p - \ell_2$ sont plus pertinentes. Pour une comparaison avec une approche classique, nous avons aussi considéré les SVM parcimonieux appris séparément pour chaque tâche (SepSVM) et un SVM parcimonieux unique appris

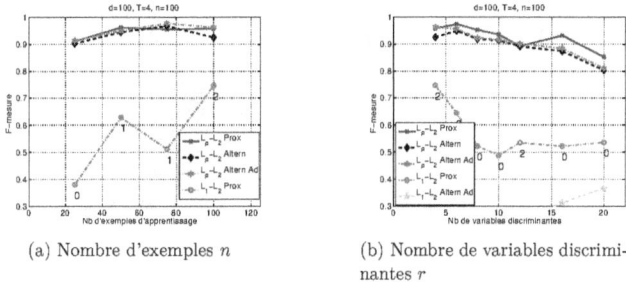

(a) Nombre d'exemples n

(b) Nombre de variables discriminantes r

FIGURE 5.3: Évaluation de la sélection de variable par rapport à la réalité au travers de la F-mesure. (gauche) F-mesure par rapport au nombre de points d'apprentissage. (droite) F-mesure par rapport au nombre de variables discriminantes. Prox, Altern et Altern Ad correspondent respectivement à l'algorithme proximal, l'optimisation alternée et l'optimisation alternée avec seuillage adaptatif pour l'évaluation de la parcimonie. Lorsque toutes les variables discriminantes sont exactement sélectionnées, la F-mesure est égale à 1.

sur toutes les tâches (FullSVM). Comme le problème est linéaire, nous avons utilisé la version proximale de nos algorithmes et l'avons comparé à l'algorithme par optimisation alternée.

Les deux termes de régularisations ont été comparées à travers plusieurs expérimentations où nous avons fait varier certains paramètres des données : le nombre de tâche T, le nombre d'exemples d'apprentissage n et le nombre de variables discriminantes r. Une sélection de modèle est aussi faite dans les expérimentations. Les hyperparamètres ont été sélectionnés par maximisation des performances sur un ensemble de validation. Pour les apprentissages MTL parcimonieux $\ell_1 - \ell_2$ et $\ell_p - \ell_2$, les paramètres λ (proximal) et C (alterné) ont été sélectionnés parmi 10 valeurs échantillonnées logarithmiquement sur un intervalle $[3, \cdots, 60]$ et $[0.01, \cdots, 100]$. Pour la régularisation $\ell_p - \ell_2$ le paramètre de parcimonie a été choisi parmi les valeurs $[0.2, 0.5, 0.75, 0.9]$. Chaque expérimentation a été répétée 20 fois en régénérant des données.

Les résultats de comparaison sont disponibles Figure 5.2. La figure montre que, quel que soit le cadre expérimental, la régularisation $\ell_p - \ell_2$ apporte de meilleures performances que la régularisation $\ell_1 - \ell_2$ et ℓ_1 (Les résultats pour FullSVM ne sont pas reportés ici car ils sont toujours supérieurs à 0.20). La différence statistique entre les méthodes a été évaluée par un test de Wilcoxon signé. Le test montre que la différence de performance est significative à un niveau de 0.05, hormis dans quelques rares situations (le premier marqueur du second graphe par exemple).

Nous pouvons aussi voir que les approches proximales et alternées mènent à des résultats statistiquement équivalents excepté lorsque le nombre d'exemples d'apprentissage est petit. Après analyse de ce résultat, ceci serait dû à un problème de sélection de modèle : l'algorithme proximal semble être plus sensible au choix de λ. La Figure 5.3 permet de mieux comprendre les meilleures performances de la régularisation $\ell_p - \ell_2$ en visualisant la F-mesure de S par rapport aux vraies variables discriminantes. Cette régularisation permet en effet, de mieux retrouver les variables discriminantes, même lorsque nous utilisons l'optimisation alternée qui n'est pas à proprement parler parcimonieuse. L'utilisation d'un seuillage adaptatif permet aussi une bonne estimation des variables discriminantes. Les modèles absents des figures ont une valeur de F-mesure inférieure à 0.30. Par exemple, pour la régularisation $\ell_1 - \ell_2$ apprise avec l'algorithme d'optimisation

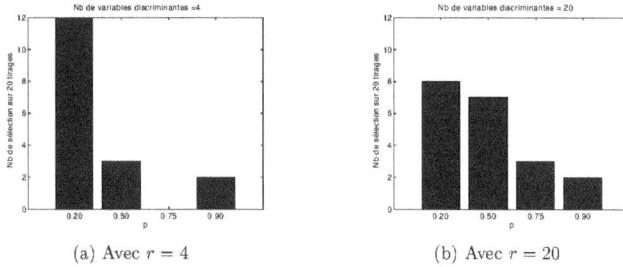

(a) Avec $r = 4$ (b) Avec $r = 20$

FIGURE 5.4: Illustration de l'adaptation aux données permise par la régularisation $\ell_p - \ell_2$ pour $d = 100$, $T = 4$ et $n = 100$. Les deux histogrammes montrent le nombre de fois où chaque valeur de p a été sélectionné par validation. Sur la gauche le nombre de variables discriminantes est petit ($r = 4$) alors que sur la droite le nombre de variables discriminantes est plus important avec $r = 20$. On voit que p permet d'adapter la parcimonie selon le nombre de variables discriminantes.

alternée, les modèles ont beaucoup de poids tel que $\sum_t d_{t,k} > \gamma$. Lorsque le nombre de variables discriminantes s'accroît, la différence entre les régularisations $\ell_1 - \ell_2$ et $\ell_p - \ell_2$ s'atténue. Ceci est aisément expliqué par le fait que la régularisation $\ell_p - \ell_2$ devient trop agressive et ne sélectionne pas certaines variables discriminantes. Nous pouvons donc conclure que la régularisation $\ell_p - \ell_2$ est plus adaptée aux situations où une forte parcimonie est requise. Ce point peut également être illustré par la Figure 5.4. On y voit que la méthode de sélection de modèle a tendance à choisir de plus grandes valeurs de p lorsque le nombre de variables discriminantes augmente. Ceci montre aussi que, sans *a priori* sur la parcimonie des données, une adaptation sélectionnée par validation, peut améliorer les performances.

5.3.2   Classification de potentiels évoqués P300

Nous illustrons ici le comportement de nos méthodes sur des données ICM. L'apprentissage multitâche peut en effet être très intéressant pour des données ICM, car il permet le transfert d'information entre sujets. Il est ainsi possible de sélectionner de manière jointe les variables pertinentes pour les tâches de classification. Les données utilisées pour ces expérimentations sont des mesures de type clavier P300 proposées par Hoffmann et al. [Hoffmann 2008].

Les données contiennent des mesures effectuées sur 8 sujets dont certains présentent des handicaps. Les étapes de pré-traitement sont celles décrites par Hoffmann et al : filtrage passe-bande, sous-échantillonnage, extraction des exemples. Dans nos expérimentations, nous avons utilisé uniquement 8 canaux (Fz, Cz, Pz, Oz, P7, P3, P4, P8) qui mènent, après sous-échantillonnage, à des exemples d'apprentissage de dimension 256. Le nombre d'exemple pour chaque sujet est d'environ 3300. Les données et les algorithmes de pré-traitement sont disponibles sur le site du groupe ICM de l'EPFL [1].

Au lieu d'apprendre des classifieurs indépendants comme dans Hoffmann et al., nous avons appris des classifieurs linéaires régularisés par un terme $\ell_p - \ell_q$ de manière à promouvoir une parcimonie jointe. Trois régularisations ont été considérées : $\ell_1 - \ell_2$, $\ell_p - \ell_2$ et $\ell_1 - \ell_q$. Pour pouvoir comparer les méthodes multi- et monotâches, nous avons aussi appris des SVM classiques (régularisés ℓ_2) et parcimonieux (régularisés ℓ_1), en séparant les tâches (un par sujet : SepSVM)

---

1. Données EPFL : http://bci.epfl.ch/p300

	$\mathrm{MTL}_{1,2}$	$\mathrm{MTL}_{p,2}$	$\mathrm{MTL}_{1,q}$	SepSVM	Sep ℓ_1 SVM	Full SVM	Full ℓ_1 SVM
AUC	76.5 ± 0.6	76.1 ± 0.5	76.5 ± 0.6	75.6 ± 0.8	73.4 ± 1.3	67.1 ± 0.6	67.0 ± 0.6
# Var	191 ± 26	134 ± 33	201 ± 23	256	118 ± 30	256	238 ± 7
p-val	0.00019	0.00897	0.00014	-	0.00006	0.00006	0.00006

	$\mathrm{MTL}_{1,2}$	$\mathrm{MTL}_{p,2}$	$\mathrm{MTL}_{1,q}$	SepSVM	Sep ℓ_1 SVM	FullSVM	Full ℓ_1 SVM
AUC	78.2 ± 0.6	77.8 ± 0.7	78.3 ± 0.6	77.4 ± 0.9	75.1 ± 1.3	67.9 ± 0.6	67.9 ± 0.6
# Var	205 ± 18	150 ± 35	209 ± 16	256	149 ± 32	256	249 ± 2
p-val	0.00009	0.007	0.00009	-	0.00009	0.00009	0.00009

TABLEAU 5.2: Performances AUC des 7 différents algorithmes sur les données ICM. Le nombre de variables sélectionnées est aussi donné. SepSVM and Sep ℓ_1 SVM représentent respectivement un SVM et un SVM parcimonieux appris séparément sur chaque tâche. FullSVM et Full ℓ_1 SVM sont des classifieurs uniques appris sur toutes les tâches. (haut) $n = 300$. (bas) $n = 400$.

ou en fusionnant les tâches (un pour tous les sujets : FullSVM). les SVM parcimonieux ont été obtenus en utilisant un algorithme MKL ℓ_1 classique où chaque variable est associée à un noyau [Rakotomamonjy 2008a]. La sélection des paramètres est effectuée par validation. Pour chaque sujet, les données ont été séparées aléatoirement en trois ensembles : n exemples pour l'apprentissage et la validation, et le reste pour le test. Dans les expérimentations, nous avons choisi la taille des ensembles d'apprentissage de $n = 300$ et $n = 400$. C et p ont été sélectionnés parmi les mêmes valeurs que dans la section 5.3.1 et $q \in \{\frac{4}{3}, \frac{5}{3}, \frac{20}{11}\}$. Pour des raisons explicitées en section 2.2.4, la performance de chaque méthode est mesurée en utilisant l'aire sous la courbe COR.

Les résultats moyens obtenus sur 10 tirages de données sont présentés Tableau 5.2. Les performances de référence sont fournies par un SVM appris indépendamment (SepSVM). Les performances sont comparées par un test de Wilcoxon signé dont la p-valeur a été reportée. On remarque que d'apprendre des classifieurs uniques sur tous les exemples d'apprentissage de tous les sujets (FullSVM) n'améliore pas les performances par rapport aux SVM séparés. Cependant, apprendre avec une approche multitâche apporte une réduction de dimensionnalité substantielle en même temps qu'une légère amélioration des performances. Lorsque l'on compare les performances des approches multitâches, on remarque des AUC similaires mais une parcimonie plus importante pour la régularisation $\ell_p - \ell_2$.

5.3.3 Localisation de protéines bactériennes

Ces dernières expérimentations numériques ont pour but de souligner l'utilité de notre approche dans dans un contexte de sélection de noyaux. Nous considérons ici deux ensembles de données de localisation de protéine bactérienne : les données PSORT+ contiennent 4 classes et 541 exemples alors que les données PSORT− contiennent 5 classes et 1444 exemples. Pour chaque ensemble de données, 69 noyaux ont été pré-calculés et sont publiquement accessibles sur internet [2]. Ce site web propose aussi des informations de post-traitement pour l'évaluation des performances. Ce problème est en fait un problème multi-classe, que nous nous proposons de gérer à travers des problèmes de classification binaire un-contre-tous. Nous visons ainsi à montrer que notre approche peut être utilisée pour sélectionner automatiquement les noyaux pertinents

---

2. Données Tuebingen : http://www.fml.tuebingen.mpg.de/raetsch/suppl/protsubloc

Data	$\text{MTL}_{1,2}$	$\text{MTL}_{p,2}$	$\text{MTL}_{1,q}$	MCMKL
PSORT +	93.87 ± 2.82	93.62 ± 3.04	93.88 ± 2.73	93.8
# Noyaux	15.4 ± 1.17	7.4 ± 1.42	15.9 ± 1.05	18
PSORT -	95.92 ± 1.35	95.90 ± 1.12	96.02 ± 1.33	96.1
# Noyaux	12.9 ± 0.31	7.5 ± 0.85	12.8 ± 0.42	14

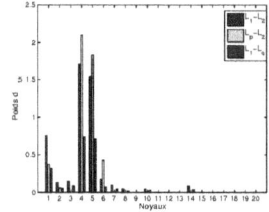

FIGURE 5.5: (gauche) Score F1 moyen et nombre de noyaux sélectionnés avec les différentes régularisations sur le problème de localisation de protéine subcellulaire. Les scores obtenus avec l'approche MKL de Zien and Ong. (MCMKL [Zien 2007]) sont aussi reportés. (droite) Exemples de poids des noyaux pour chaque régularisation sur les données PSORT+. Pour des raisons de lisibilité, seul les 20 premiers noyaux ont été reportés. Notez que les régularisations mènent à des ensembles de noyaux sélectionnés différents bien que certains aient été sélectionnés par tous les modèles. Le nombre de noyaux sélectionnés par Zien et Ong n'a pas été explicitement reporté et nous l'avons extrapolé à partir de leur figure dans [Ong 2008].

dans un cadre multi-classe. Chaque tâche est donc une classification binaire un-contre-tous. Une autre stratégie multi-classe, comme l'apprentissage de classifieurs un-contre-un, aurait pu être utilisée. Mais, nous avons préféré rester dans des conditions expérimentales compatibles avec celles de Zien and Ong [Zien 2007].

Dans nos expérimentations, nous avons comparé les MTL parcimonieux $\ell_1 - \ell_2$, $\ell_p - \ell_2$ et $\ell_1 - \ell_q$. De par la nature multi-classe du problème, une comparaison avec des modèles SVM indépendants et uniques n'est pas pertinent. Des permutations aléatoires des données ainsi que des séparations de rapport $80\% - 20\%$ en ensemble d'apprentissage/test sont fournis par Zien et Ong [Zien 2007]. Les hyperparamètres C, p et q ont été sélectionnés par une méthode de validation utilisant un second découpage des données d'apprentissage en apprentissage/validation. C a été sélectionné parmi 10 valeurs échantillonnées de manière logarithmique sur l'intervalle $[0.01, 100]$, alors que p et q sont respectivement sélectionnés parmi $\{0.5, 0.75, 0.9\}$ et $\{\frac{4}{3}, \frac{5}{3}, \frac{20}{11}\}$.

La moyenne des performances sur 10 tirages est donnée Figure 5.5. Nous avons également reporté les performances atteintes par l'approche multi-classe de Zien and Ong [Zien 2007]. Leur approche MKL apprend une combinaison linéaire de noyaux, optimale sur l'ensemble des fonctions un-contre-tous. Leur méthode est très similaire à l'apprentissage multitâche parcimonieux avec régularisation $\ell_1 - \ell_2$. Les résultats montrent d'ailleurs que nos algorithmes mènent à des performances équivalentes à celle de Zien and Ong (en utilisant un test de Wilcoxon). Cependant, une fois de plus l'approche adaptant les valeurs p et q améliore significativement le nombre de noyaux sélectionnés par rapport aux choix prédéfinis $p = 1$ et $q = 2$ (à un niveau de 0.05). Nous soulignons que l'approche de validation a tendance à sélectionner des paramètres p et q de 0.9 et $\frac{4}{3}$. En utilisant des valeurs de p légèrement inférieures à 1, on peut atteindre une réduction importante du nombre de noyaux sélectionnés (par rapport au cas $\ell_1 - \ell_2$). La partie droite de la Figure 5.5 donne un exemple des poids $d_{t,k}$ pour différentes régularisations pour le problème PSORT+. On remarque que certains noyaux (par exemple le 3,7 et 8) ont été sélectionnés par les régularisations $\ell_1 - \ell_2$ et $\ell_1 - \ell_q$ mais sont rejetés par la régularisation $\ell_p - \ell_2$.

| | Opt. Alternée | | | |
Donnée	Linéaire	Noyaux	Gradient	Proximal
ICM, $q = 2$	18.8 ± 0.8	71.8 ± 4.2	309 ± 190	0.98 ± 0.17
ICM, $q = \frac{4}{3}$	14.8 ± 0.7	46.8 ± 2.3	-	4.1 ± 0.5
PSORT +, $q = 2$	-	57.4 ± 6	110 ± 35	-
PSORT +, $q = \frac{4}{3}$	-	62.2 ± 4	127 ± 41	-
PSORT -, $q = 2$	-	350.5 ± 18	1450 ± 400	-
PSORT -, $q = \frac{4}{3}$	-	364.5 ± 32	1480 ± 300	-

TABLEAU 5.3: Temps moyen en secondes d'apprentissage pour notre algorithme d'optimisation alternée, l'algorithme de descente de gradient à la SimpleMKL et l'approche proximale pour produire une solution $\ell_1 - \ell_q$. Pour les données PSORT, les algorithmes linéaires ne sont pas applicable car nous somme face à des noyaux sur des données structurées. Pour les données ICM, $n = 300$.

5.3.4 Temps de calcul sur des données réelles

Pour avoir une idée des temps de calcul nécessaires à l'apprentissage de notre approche MTL parcimonieuse $\ell_1 - \ell_q$, nous avons reporté Tableau 5.3, les durées moyennes d'apprentissage. Nous fournissons aussi les temps de convergence pour la descente de gradient (avec $q = 2$) et l'approche proximale pour le problème ICM linéaire. Les critères d'arrêt sont les même que ceux utilisés pour les données simulées.

Les algorithmes alternés et de descente de gradient optimisent le même problème (cf. équation (5.7)), alors que l'approche proximale optimise un problème différent mais équivalent (cf. équation (5.2)). Comme il est difficile de déterminer l'équivalence exacte entre ces problèmes, nous avons sélectionné les paramètres C et λ de manière à ce que les modèles appris soient de parcimonie similaire.

Les résultats sur des données réelles sont similaires à ceux obtenus sur les données simulées. Quelque soit la configuration, l'approche par descente de gradient est la moins rapide. Lorsqu'on la compare à l'optimisation alternée, le gain en temps est de l'ordre de 3. Parmi les méthodes linéaires, l'approche proximale est la plus efficace avec un gain de 3 dans le pire des cas.

5.4 Conclusion

Dans ce chapitre, nous avons proposé une nouvelle méthode d'apprentissage multitâche parcimonieux. Nous avons posé le problème dans un cadre fonctionnel général et proposé des algorithmes de résolution pour différents termes de régularisation basés sur des normes mixtes. Finalement, nos approches ont été testées sur des données simulées et des données réelles de classification de potentiels évoqués P300 et de localisation de protéines.

Bien que nous ayons évalué notre approche sur des données ICM, la régularisation par norme mixte telle que nous l'avons proposée n'est peut-être pas optimale dans ce cadre d'application. Nous avons en effet fait de la sélection de caractéristique. Or, sur les données de potentiels évoqués, les caractéristiques sont des instants temporels provenant de plusieurs capteurs. Si l'on veut sélectionner les capteurs, il nous faut donc régulariser différemment. Dans le chapitre suivant, nous nous intéressons donc à l'utilisation de la régularisation par norme mixte pour la sélection de capteurs en ICM. Nous étendrons aussi le problème à la sélection jointe multitâche et nous ferons donc le pont entre notre approche multitâche et les travaux de Tomioka et al [Tomioka 2010a], permettant la sélection automatique de capteur en ICM.

CHAPITRE 6

Régularisations pour la classification de potentiels évoqués

Ce chapitre présente une application de différents types de régularisations pour la classification de potentiels évoqués en ICM. Les potentiels évoqués, introduits dans le chapitre 2, sont des signaux qui apparaissent dans les mesures EEG en réponse à un stimulus, et sont donc synchronisés avec ces évènements. Leur détection est rendue difficile par la présence de bruit et la faible amplitude du signal par rapport à ce bruit. Néanmoins, les exemples d'apprentissage ont une structure fixe et connue qui peut être mis à profit : les caractéristiques proviennent de capteurs différents, elles sont donc naturellement groupées. Le but de ce chapitre est d'identifier les régularisations adaptées au problème de reconnaissance de potentiels évoqués.

Sélection de capteurs Tout d'abord, nous nous sommes intéressés au problème de sélection automatique de capteurs. Il existe différentes approches pour la sélection de capteurs en ICM comme celles basées sur l'utilisation d'une mesure de pertinence [Cecotti 2011] ou celles utilisant un régularisation parcimonieuse [Tomioka 2010a, Jrad 2011b]. Dans ces derniers travaux, la problématique de sélection de capteur a été traité comme un problème d'apprentissage de noyaux multiples [Jrad 2011b]. Dans le même esprit, les travaux de [Tomioka 2010a] ont montré la possibilité d'apprendre des classifieurs linéaires et d'utiliser une norme mixte $\ell_1 - \ell_2$ pour sélectionner les groupes de variables correspondant à chaque capteur. Notre approche s'intègre directement dans la suite des travaux de Tomioka et al.. Nous avons proposé l'utilisation d'une norme mixte plus générale de type $\ell_p - \ell_q$ qui promeut une parcimonie par groupe et donc une sélection de capteurs. Une autre régularisation plus agressive en terme de sélection et ayant de bonnes propriétés théoriques a également été étudiée : la norme mixte adaptative. Nous discutons dans la suite des algorithmes de résolution et évaluons ces différents termes de régularisations sur des données ICM réelles.

Apprentissage multitâche Nous avons proposé, dans le chapitre précédent, une approche d'apprentissage multitâche parcimonieuse qui sélectionne automatiquement les noyaux discriminants pour l'ensemble des tâches de discrimination. Cette approche a été évaluée sur des données ICM dans un cadre de sélection de variables. Nous avons donc décidé d'étendre cette approche à la sélection de capteurs, c'est-à-dire à la sélection de groupes de variables. Ce type de transfert d'information, limité à la sélection jointe, peut aussi être étendu dans un cadre plus général. Un terme de régularisation mesurant la variance des classifieurs a ainsi été proposé pour induire une similarité entre les tâches. Les performances de cette régularisation multitâche générale ont ensuite été évaluées sur des données ICM mesurées sur un nombre important de sujets.

Hypothèses Nous ferons dans la suite du chapitre les hypothèses suivantes :

a) La fonction de décision $f(\cdot)$ est linéaire.

b) La fonction de perte $L(\cdot, \cdot)$ est propre, convexe et de gradient lipschitzien. Nous choisissons par exemple le coût Hinge au carré.

c) Le terme de régularisation $\Omega(\cdot)$ est propre, continu et coercif.

Ces hypothèses sont vérifiées lors de nos expérimentations numériques et nous permettent d'utiliser des algorithmes d'optimisation efficaces (cf. sections 6.1.3 et 6.2.3).

6.1   Sélection de canaux

Dans cette section, nous posons le problème de sélection de capteurs dans un cadre général d'apprentissage parcimonieux. Ensuite, plusieurs termes de régularisation, permettant d'obtenir la parcimonie désirée, sont présentés suivi d'une discussion concernant les algorithmes utilisés pour résoudre les problèmes résultants.

6.1.1   Classification linéaire avec sélection de canaux

Nous rappelons que nous cherchons à apprendre une fonction de décision f permettant de prédire la classe y à partir d'un échantillon $\mathbf{x}$. Nous avons pour cela accès à un ensemble d'apprentissage $\{\mathbf{x}_i, y_i\}_{i \in \{1...n\}}$ tel que $\mathbf{x}_i \in \mathbb{R}^d$ et $y_i \in \{-1, 1\}$. Les exemples $\mathbf{x}_i$ peuvent également être stockés dans la matrice $\mathbf{X} \in \mathbb{R}^{n \times d}$ telle que $\mathbf{X}^T = [\mathbf{x}_1, \ldots, \mathbf{x}_n]^T$.

dans le cas qui nous intéresse, un exemple d'apprentissage est naturellement sous forme matricielle. En effet, les caractéristiques typiquement utilisées pour ce type de signaux consistent en une fenêtre temporelle des signaux mesurés à la suite du stimulus (r échantillons temporels provenant de p capteurs). Pour plus de lisibilité, nous mettons les exemples d'apprentissage sous la forme vectorielle montrée Figure 6.1, en concaténant les signaux provenant des différents capteurs avec $d = r \times p$.

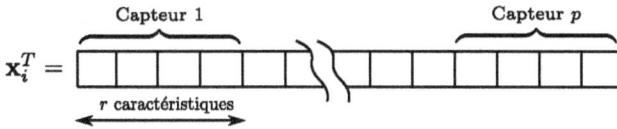

FIGURE 6.1: Structure d'un exemple d'apprentissage de potentiel évoqué.

Dans ce contexte, nous voulons apprendre un classifieur f linéaire, permettant de détecter automatiquement les potentiels évoqués :

$$f(\mathbf{x}) = \mathbf{x}^T \mathbf{w} + b \qquad (6.1)$$

avec $\mathbf{w} \in \mathbb{R}^d$ la normale à l'hyperplan séparateur et $b \in \mathbb{R}$ un terme de biais. Nous rappelons le problème d'apprentissage défini section 3.1.1 :

$$\min_{\mathbf{w},b} \sum_i^n L(y_i, \mathbf{x}_i^T \mathbf{w} + b) + \lambda \Omega(\mathbf{w}) \qquad (6.2)$$

où L est une fonction de coût pénalisant la différence entre les classes prédites et les classes réelles et $\Omega(\cdot)$ est un terme de régularisation. Dans ce chapitre, on se concentre sur la fonction de coût Hinge au carré $L(y, \hat{y}) = max(0, 1 - y\hat{y})^2$ qui est différentiable et permet de promouvoir une vaste marge entre les deux classes. $\Omega(\cdot)$ est un terme de régularisation qui est supposé rendre le problème stable et bien posé (cf. section 3.1). Cela peut se faire en pénalisant la complexité de la fonction.

Le Chapitre 2 a montré l'intérêt de la sélection automatique de capteurs pour les ICM. Dans ce cas-là, le terme de régularisation $\Omega(\cdot)$, doit promouvoir une parcimonie structurée. En effet, pour qu'un capteur ne soit pas sélectionné, il est nécessaire que tous les coefficients de $\mathbf{w}$ correspondant à ce capteur soient nuls. La Figure 6.1 illustre bien ce problème, et montre les groupes de coefficients qui devront être nuls pour assurer une sélection de capteurs.

6.1.2 Régularisations

Nous étudions plusieurs types de régularisations utilisables dans notre problème d'apprentissage. La majorité de ces régularisations a été présentée dans la section 3.1.3. Cependant, nous rappelons ici leur formulation de manière à pouvoir discuter de leur intérêt pour le problème qui nous intéresse.

Norme ℓ_2 Le terme de régularisation le plus usuel est le terme de régularisation lié à la norme ℓ_2 au carré. Cette régularisation n'induit pas la parcimonie et toutes les composantes du vecteur $\mathbf{w}$ sont régularisées de manière indépendante. C'est la régularisation qui est utilisée dans les SVM classiques [Schölkopf 2001b], dans la régression Ridge, et dans l'analyse discriminante régularisée. Nous l'utilisons donc dans nos travaux comme régularisation de base, elle sera donc comparée à toutes les autres régularisations proposées dans la suite.

Norme ℓ_1 En complément de la régularisation ℓ_2, nous proposons l'utilisation de la régularisation ℓ_1, qui est la régularisation classique pour promouvoir de la parcimonie. Ce terme va en effet promouvoir la parcimonie sur les coefficients de $\mathbf{w}$, mais tout comme pour la régularisation ℓ_2, chaque coefficient sera régularisé de manière indépendante. Cela ne permettra donc pas de faire de la sélection de canaux à proprement parler puisque, pour qu'un capteur ne soit pas sélectionné, il faudra que toutes les variables associées à ce capteur soient mises à zéro.

Norme mixte $\ell_1 - \ell_p$ Les régularisations précédentes ne permettant pas de faire de la sélection de capteurs, nous proposons donc l'utilisation de la norme mixte $\ell_1 - \ell_p$ avec $1 \leq p \leq 2$. Cette dernière est une généralisation de la régularisation $\ell_1 - \ell_2$ qui a été mise en œuvre, dans le cadre des ICM, par [Tomioka 2010a]. L'intérêt principal des norme mixtes, pour notre application, est qu'elles induisent une parcimonie par groupe de variable, ce qui se traduira dans notre cas par une sélection de capteur. Le terme de régularisation $\ell_1 - \ell_p$ est de la forme :

$$\Omega_{1-p}(\mathbf{w}) = \sum_{g \in \mathcal{G}} ||\mathbf{w}_g||_p \qquad (6.3)$$

où $\mathcal{G}$ contient les groupes sans recouvrement de $\{1..d\}$. Cette norme consiste à appliquer une norme ℓ_1 au vecteur contenant les normes ℓ_p de chaque groupe $(||\mathbf{x}||_p = (\sum_i \mathbf{x}_i^p)^{1/p})$.

Bien évidemment, dans notre cas, nous allons grouper les variables par capteur, il existe donc p groupes, un par capteur, de r caractéristiques (cf Figure 6.1). De plus, la régularisation $\ell_1 - \ell_p$ permet de passer de manière continue de la régularisation ℓ_1 (pour $p = 1$) à la régularisation $\ell_1 - \ell_2$. Par rapport à la régularisation $\ell_1 - \ell_2$ utilisée par [Tomioka 2010a], elle apporte, à travers le paramètre p, plus de souplesse pour s'adapter aux données. Toutefois, le choix de p vient s'ajouter aux autres paramètres tels que λ, et se fait par validation croisée ou à partir de connaissance *a priori*.

Nous citerons également les travaux de [Jrad 2011b], auxquels nous avons contribué, qui consistent à sélectionner automatiquement les capteurs discriminants en utilisant une approche d'apprentissage de noyaux parcimonieux [Rakotomamonjy 2008a]. Cette approche est équivalente à ce que nous proposons dans le cas $\ell_1 - \ell_2$, la différence principale étant l'algorithme d'optimisation utilisé. Comme dans le cadre des ICM, les fonctions de décision sont linéaires, il nous a donc paru plus judicieux de résoudre le problème d'optimisation dans le primal et d'éviter l'utilisation de noyaux.

Norme mixte $\ell_1 - \ell_p$ **repondérée**   Le niveau de parcimonie induit par la régularisation précédente est réglé par le paramètre de régularisation λ. Lorsque la valeur de λ est élevée, l'impact de la régularisation sera plus important dans le problème d'optimisation et la solution sera ainsi plus parcimonieuse.

Cependant, si une parcimonie importante est requise, il peut être intéressant de faire appel à des régularisations plus agressives. C'est le cas de la norme mixte $\ell_1 - \ell_p$ repondérée, qui est une généralisation de la norme $\ell_1 - \ell_p$ permettant de prendre en compte une pondération de chaque groupe. Elle est de la forme :

$$\Omega_{a,2}(\mathbf{w}) = \sum_{g \in \mathcal{G}} \beta_g ||\mathbf{w}_g||_p \qquad (6.4)$$

avec β_g une pondération fixe assignée au groupe g et $1 \leq p \leq 2$. Elle a de nombreux avantages, qui sont discutés dans les travaux de [Wang 2008, Bach 2008a]. Si les pondérations β_g sont judicieusement choisies, cette régularisation est plus agressive en terme de parcimonie.

6.1.3 Algorithmes d'optimisation

Nous discutons maintenant des algorithmes d'optimisation que nous avons utilisés pour résoudre le problème (6.2). L'algorithme utilisé dépend du terme de régularisation utilisé, car certains sont réservés à des fonctions objectif différentiables.

Régularisation ℓ_2 [Chapelle 2007] a proposé un algorithme de Newton pour résoudre le problème (6.2) lorsque la fonction objectif est deux fois différentiable. Cette approche du second ordre est très rapide mais nécessite le calcul de la Hessienne de la fonction, ce qui limite son applicabilité pour des problèmes en grande dimension. Cependant, la fonction de décision étant linéaire et le problème de taille $d = r \times p$ raisonnable dans des applications ICM, la méthode de Newton est applicable lorsque la régularisation est la norme ℓ_2 au carré.

Régularisations non différentiables Lorsque la fonction objectif n'est pas différentiable, il n'est pas possible d'utiliser la méthode de Newton. Nous proposons donc d'utiliser un algorithme FBS multipas [Beck 2009]. Cet algorithme, que nous présentons en Annexe A.1.2, permet de résoudre efficacement des problèmes d'optimisation avec une fonction objectif non différentiable contenant un terme différentiable et un terme non différentiable dont l'opérateur proximal a une solution analytique. Il s'applique donc particulièrement bien sur des problèmes de minimisation du risque structurel de type (6.2).

Les conditions de convergence pour l'algorithme FBS multipas sont données sous-section . Tout d'abord, le terme d'attache aux données doit avoir un gradient lipschitzien, ce qui est bien le cas du coût Hinge au carré. De plus, l'algorithme A.2 nécessite la connaissance d'une constante de Lipschitz du premier terme du problème (6.2). Nous avons choisi, dans nos simulations numériques, une constante de Lipschitz égale à $\|\mathbf{X}^T\mathbf{X}\|_2$. Nous ajouterons aussi que, la convergence de l'algorithme est assurée pour les termes de régularisation ℓ_1 et $\ell_1 - \ell_2$, dont l'opérateur proximal peut être calculé analytiquement. La vitesse de convergence de l'algorithme FBS multipas a été démontrée dans le cas où l'opérateur proximal peut être calculé exactement. Néanmoins des résultats récents ont montré qu'une résolution inexacte de l'opérateur proximal permet de conserver la vitesse de convergence de FBS multipas, sous certaines conditions faibles [Schmidt 2011]. Nous pouvons donc appliquer la méthode de résolution numérique de l'opérateur proximal de $\ell_1 - \ell_p$ proposée en section 5.2.3 et profiter des garanties de vitesse.

Régularisation adaptative La régularisation adaptative a été introduite dans la section 6.1.2. Elle correspond tout simplement à une norme $\ell_1 - \ell_p$ pondérée par groupe.

Nous avons donc décidé d'utiliser un schéma itératif pour obtenir les coefficients β_g. Le problème d'optimisation est tout d'abord résolu pour des $\beta_g = 1$, c'est-à-dire pour une norme $\ell_1 - \ell_p$ classique. Les coefficients β_g sont ensuite mis à jour itérativement avec la valeur $\beta_g = \frac{1}{\|\mathbf{w}_g^*\|_p + \varepsilon}$ où $\mathbf{w}^*$ est appris à l'itération précédente. Notons l'utilisation d'un paramètre ε, similaire à celui utilisé dans le chapitre précédent, permettant de limiter les erreurs numériques. Nous avons choisi d'arrêter les itérations, soit lorsque les coefficients β_g n'évoluent plus ou peu, soit après un nombre maximum d'itérations. Cette approche itérative est similaire à un algorithme de Majoration-Minimisation. En effet, résoudre itérativement le problème avec $\beta_g = \frac{1}{\|\mathbf{w}_g^*\|_p + \varepsilon}$, correspond à minimiser une linéarisation majorante en $\mathbf{w}^*$ du terme :

$$\Omega_{ln}(\mathbf{w}) = \sum_{g \in \mathcal{G}} \ln(\|\mathbf{w}_g\|_p + \varepsilon) \qquad (6.5)$$

Dans ce cas-là, notre algorithme revient à utiliser un algorithme DC (pour *Difference of Convex*), dont les conditions de convergence sont décrites dans les travaux de [Gasso 2009].

6.2   Apprentissage multitâche

L'approche de sélection de capteurs présentée dans la section précédente est intéressante car elle permet au classifieur de s'adapter aux propriétés de chaque sujet. Cependant, comme nous l'avons vu précédemment, un des défis principaux en ICM est d'obtenir des classifieurs robustes lorsque peu de points d'apprentissage sont disponibles.

Une approche qui a été proposée dans ce cadre-là est l'apprentissage multitâche [Alamgir 2010]. Elle consiste à apprendre simultanément les classifieurs de différents sujets en leur faisant partager de l'information, ce qui permet d'améliorer les performances moyennes dans les situations extrêmes, où peu de points d'apprentissage sont disponibles.

Nous proposons donc d'étendre notre approche d'apprentissage discriminant au cas multi-tâche, au travers d'un terme de régularisation général qui permet non seulement de promouvoir une parcimonie jointe, c'est-à-dire une sélection de capteurs pour l'ensemble des sujet, mais également une similarité entre les classifieurs [Evgeniou 2004]. Cette dernière propriété a été utilisée dans les travaux de [Alamgir 2010] pour améliorer les performances en prédiction de manière conséquente.

6.2.1   Classification linéaire multitâche

Le problème d'apprentissage multitâche a été introduit dans le Chapitre 3 et une méthode générale de sélection de noyaux a été proposée Chapitre 5. En apprentissage multitâche, les données consistent en un ensemble $\{\mathbf{x}_{i,t}, y_{i,t}\}_{i \in \{1...n\}}$ pour chaque tâche $t \in 1...T$. Le problème d'optimisation multitâche a été défini section 3.3, mais nous en rappelons la forme pour des fonctions de prédiction linéaires (6.1) :

$$\min_{\mathbf{W},\mathbf{b}} \quad \sum_{t}^{T} \sum_{i}^{n_t} L(y_{i,t}, \mathbf{x}_{i,t}^T \mathbf{w}_t + \mathbf{b}_t) + \Omega_{\mathrm{mtl}}(\mathbf{W}) \tag{6.6}$$

où $(\mathbf{w}_t, \mathbf{b}_t)$ sont les paramètres du classifieur f_t et $\mathbf{W} = [\mathbf{w}_1 \dots \mathbf{w}_m] \in \mathbb{R}^{d \times m}$ est une matrice concaténant tous les vecteurs $\mathbf{w}_t$. La fonction de perte $L(\cdot, \cdot)$ est, comme précédemment, le coût Hinge au carré.

6.2.2   Régularisation

Nous introduisons notre proposition de terme de régularisation multitâche dans le cadre des ICM. Ce terme de régularisation est de la forme :

$$\Omega_{\mathrm{mtl}}(\mathbf{W}) = \lambda_r \sum_{g \in \mathcal{G}'} ||\mathbf{W}_g||_2 + \lambda_s \sum_{t=1}^{m} ||\mathbf{w}_t - \hat{\mathbf{w}}||_2^2 \tag{6.7}$$

où $\hat{\mathbf{w}} = \frac{1}{m} \sum_t \mathbf{w}_t$ est le classifieur moyen et $\mathcal{G}'$ contient des groupes sans recouvrement parmi les composantes de la matrice $\mathbf{W}$. Cette régularisation comporte deux termes : un terme de norme mixte pondéré par λ_r et un terme de variance des classifieurs pondéré par λ_s. Nous expliquons dans les paragraphes suivant le choix de ces deux termes.

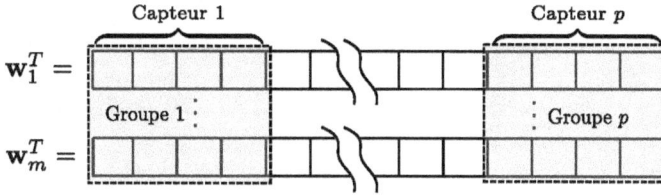

FIGURE 6.2: Groupement des caractéristiques par capteur pour la régularisation par norme mixte dans la cas multitâche.

Norme mixte   Le premier terme est une norme mixte dont le rôle est de promouvoir une sélection jointe des capteurs. Comme nous l'avons déjà vu, ce type de régularisation permet de promouvoir une parcimonie par groupe. La sélection de capteurs se fera donc en choisissant judicieusement les groupes. La Figure 6.2 montre une représentation visuelle de $\mathbf{W}^T$, et il est possible d'y reconnaître visuellement les groupes correspondant à chaque capteur. $\mathcal{G}'$ est donc composé de p groupes contenant chacun r lignes de la matrice $\mathbf{W}$.

Cette régularisation est similaire à celle que nous avons proposée dans le Chapitre 5 pour la sélection jointe de noyaux. La principale différence vient de la manière dont ont été groupées les composantes de $\mathbf{W}$. Si seul le terme de régularisation par norme mixte est utilisé, les algorithmes proposés dans le chapitre précédent peuvent être appliqués directement. En effet, en prenant un noyau par capteur, il est possible d'apprendre avec une parcimonie jointe, les noyaux discriminants grâce à une régularisation $\ell_p - \ell_q$.

Similarité entre tâches   Le rôle du second terme de régularisation est d'induire une similarité entre les classifieurs. Comme nous l'avons vu dans le chapitre 2 précédents, les tâches de classification pour chaque sujet d'un ICM sont, en effet, similaires. Les travaux de [Alamgir 2010] ont même montré que, pour des tâches d'imagerie motrice, promouvoir une similarité inter-tâche permet d'améliorer les performances de reconnaissance.

Nous proposons donc d'utiliser un terme de mesure de variance des classifieurs pour promouvoir la similarité entre eux. Ce terme, originellement proposé par [Evgeniou 2004], va faire tendre les classifieurs vers une fonction moyenne alors que les coûts d'attache aux données vont permettre à chaque classifieur de s'adapter à son sujet. Finalement, ce terme de régularisation est un cas particulier du terme proposé par [Alamgir 2010] dans le cas où les paramètres $\mathbf{w}_i$ des fonctions de décision sont des réalisations d'une loi gaussienne isotrope.

6.2.3   Algorithme d'optimisation

Le problème d'optimisation exprimé équation (6.6) contient trois termes. Le premier terme est le terme d'attache aux données, utilisant la fonction de perte Hinge au carré. Il favorise une bonne classification des exemples d'apprentissage de chaque tâche. Le deuxième terme est le terme de régularisation par norme mixte qui a pour effet de promouvoir une sélection jointe de capteurs. Finalement, le troisième terme est celui qui fait tendre les fonctions de décision vers une fonction moyenne.

Parmi ces trois termes, seule la norme mixte est non différentiable. Or comme ce terme a un opérateur proximal calculable analytiquement, nous pouvons, une fois de plus, utiliser

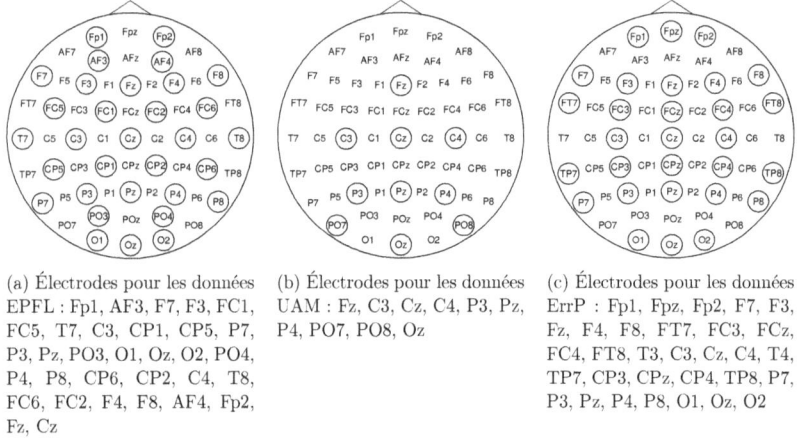

(a) Électrodes pour les données EPFL : Fp1, AF3, F7, F3, FC1, FC5, T7, C3, CP1, CP5, P7, P3, Pz, PO3, O1, Oz, O2, PO4, P4, P8, CP6, CP2, C4, T8, FC6, FC2, F4, F8, AF4, Fp2, Fz, Cz

(b) Électrodes pour les données UAM : Fz, C3, Cz, C4, P3, Pz, P4, PO7, PO8, Oz

(c) Électrodes pour les données ErrP : Fp1, Fpz, Fp2, F7, F3, Fz, F4, F8, FT7, FC3, FCz, FC4, FT8, T3, C3, Cz, C4, T4, TP7, CP3, CPz, CP4, TP8, P7, P3, Pz, P4, P8, O1, Oz, O2

FIGURE 6.3: Positions des électrodes pour les différentes données. Les électrodes entourées par un cercle noir sont celles qui ont été utilisées pour chaque ensemble de données.

l'algorithme FBS multipas [Beck 2009]. En effet la fonction de coût résultante $\sum_{t,i}^{m,n} L(\cdot) +$ $\lambda_s \sum_{t=1}^{m} \|\mathbf{w}_t - \hat{\mathbf{w}}\|_2^2$ est différentiable et a un gradient lipschitzien.

6.3   Expérimentations numériques

Cette section présente des résultats numériques obtenus en utilisant notre approche générale d'apprentissage discriminant régularisé. Tout d'abord, les différents jeux de données sont décrits suivi par une liste des termes de régularisation comparés dans les expérimentations. Ensuite, les performances des différentes approches sont évaluées et comparées en terme de parcimonie et de prédiction.

6.3.1   Données expérimentales

Données EPFL   Le premier ensemble de données P300 est celui proposé sur le site web de l'EPFL [1]. Le paradigme utilisé pour les acquisitions est un paradigme visuel P300. Six images sont affichées sur un écran et le sujet se concentre sur l'une des images. Les images clignotent aléatoirement et le but est de retrouver sur quelle image se concentre le sujet en détectant le potentiel évoqué apparaissant lorsque l'image choisie clignote [Hoffmann 2008].

Cette base de donnée contient des mesures effectuées sur 8 sujets atteints de différentes pathologies. L'enregistrement a été fait sur 32 électrodes tracées Figure 6.3a, et 4 sessions ont été enregistrées par sujet ($\approx$3000 exemples d'apprentissage). L'extraction de caractéristiques a été réalisée comme décrit dans [Hoffmann 2008]. Tout d'abord, un filtre passe-bande de Butterworth d'ordre 3 et de bande passante [5,30] Hz est appliqué aux signaux qui sont ensuite sous-échantillonnés. Un exemple d'apprentissage est obtenu en extrayant 8 échantillons temporels par canal pour une fenêtre temporelle de 600 ms ($32 \times 8 = 256$ caractéristiques).

---

1. Données EPFL : http://mmspg.epfl.ch/page-58322-en.html

Données UAM Le second jeu de données P300 à notre disposition, a été enregistré par le Laboratoire NeuroImaging de l'Université Autonome de Mexico (UAM) [Ledesma-Ramirez 2010, Saavedra 2010]. Tout comme le jeu de données précédent, il est disponible sur internet[2]. Le paradigme utilisé lors des acquisitions est celui du clavier virtuel P300 classique que nous avons introduit sous-section 2.1.3. La tâche de reconnaissance sur laquelle nous évaluons nos méthodes est la classification de signaux P300.

Ces données contiennent des mesures effectuées sur 30 sujets sains d'une vingtaine d'années. Un nombre différent de sessions a été enregistré selon les sujets. Pour évaluer nos méthodes, nous avons utilisé uniquement les 3 premières sessions de chaque sujet, qui contiennent des enregistrements où la présence ou non de potentiel évoqué est connue ($\approx$4000 exemples d'apprentissage par sujet). Cette fois-ci, seulement 10 électrodes, connues comme discriminantes [Krusienski 2008], ont été utilisées (cf. Figure 6.3b), ce qui rend la tâche de sélection de capteurs d'autant plus difficile. Nous avons choisi d'utiliser l'extraction de caractéristiques proposée dans [Rakotomamonjy 2008b]. Tout d'abord, un filtre de Tchebychev d'ordre 5 et de bande passante [2,20]Hz est appliqué aux signaux, suivi d'un sous-échantillonnage. Finalement, les exemples sont obtenus en conservant 31 échantillons temporels pour une fenêtre de taille 1000 ms ($10 \times 31 = 310$ caractéristiques).

Données Error related Potential (ErrP) Le dernier jeu de données contient des mesures effectuées au Laboratoire GIPSA par Nisrine Jrad et Marco Congedo [Jrad 2011b]. Le but de ces mesures était de détecter automatiquement la présence d'un potentiel d'erreur. Le potentiel d'erreur est un potentiel évoqué apparaissant lorsque le sujet s'aperçoit qu'il a commis une erreur (cf. section 2.1.3). Le but du protocole de mesure est donc de faire commettre au sujet des erreurs. Pour cela le sujet doit mémoriser la position sur l'écran de 2 à 9 chiffres. On lui demande ensuite de retrouver la position d'un de ces chiffres. Le potentiel d'erreur apparaîtra à la suite de la visualisation du résultat par le sujet (*correct* en vert ou *erreur* en rouge). La difficulté de la tâche de mémorisation (le nombre de chiffres) est dosée de manière à ce que le sujet commette en moyenne 20% d'erreur.

Les acquisitions ont été réalisées sur 8 sujets en bonne santé en utilisant 31 électrodes (cf. Figure 6.3a). Nous avons accès pour chaque sujet à 72 exemples d'apprentissage, ce qui est relativement faible. Le pré-traitement consiste en un filtrage passe-bande de $[1, 10]$Hz par un filtre de Butterworth d'ordre 4 suivi d'un sous-échantillonnage. Finalement, une fenêtre de 1000 ms après visualisation du résultat est extraite menant à des exemples contenant $16 \times 31 = 496$ caractéristiques.

---

2. Données UAM : `http://akimpech.izt.uam.mx/dokuwiki/doku.php`

Méthode	Régularisation	Groupes
SVM	ℓ_2	-
SVM-1	ℓ_1	caract.
GSVM-2	$\ell_1 - \ell_2$	capteur
GSVM-p	$\ell_1 - \ell_p$	capteur
GSVM-a	Adapt. $\ell_1 - \ell_2$	capteur

(a) Sélection de capteurs

Méthode	Régularisation	Groupes
SVM-Full	ℓ_2	-
MGSVM-2	$\ell_1 - \ell_2$	capteur
MGSVM-2s	$\ell_1 - \ell_2 +$ Sim.	capteur

(b) Multitâche

TABLEAU 6.1: Liste des méthodes comparées dans nos expérimentations pour (a) la sélection de capteurs et (b) l'apprentissage multitâche.

Données	EPFL (8 Suj., 32 Cx)			UAM (30 Suj., 10 Cx)			ErrP (8 Suj., 32 Cx)		
Méthodes	Moy AUC	Moy Sel	p-valeur	Moy AUC	Moy Sel	p-valeur	Moy AUC	Moy Sel	p-valeur
SVM	80.35	100.00	-	84.47	100.00	-	76.96	100.00	-
SVM-1	79.88	87.66	0.15	84.45	96.27	0.5577	68.84	45.85	0.3125
GSVM-2	80.53	78.24	0.31	84.94	88.77	0.0001	77.29	29.84	0.5469
GSVM-p	80.38	77.81	0.74	84.94	90.80	0.0001	76.84	37.18	0.7422
GSVM-a	79.01	26.60	0.01	84.12	45.07	0.1109	67.25	7.14	0.1484

TABLEAU 6.2: Performance moyenne sur les données ICM. Les performances en AUC (%), le taux de capteur selectionnés (Sel) et la p-valeur du test de Wilcoxon par rapport au SVM sont fournis.

6.3.2   Comparaison et évaluation des méthodes

Méthodes   Les différents termes de régularisation comparés, dans le cadre de la sélection de capteurs sont listés Table 6.1a. Les groupes utilisés pour l'application des normes mixtes sont basés sur le capteur d'origine de chaque variable (cf. Figure 6.1).

Dans le cadre multitâche, les trois méthodes MTL comparées sont listées Table 6.1b. Elles sont comparées au SVM indépendant et au SVM indépendant régularisé avec la norme $\ell_1 - \ell_2$: GSVM-2 . SVM-Full consiste à apprendre un SVM unique pour toutes les tâches. MGSVM-2 est l'approche décrite section 6.2 sans terme de similarité entre tâches ($\lambda_s = 0$), alors que MGSVM-2s utilise ce terme de régularisation ($\lambda_s \neq 0$). Pour ces approches, les caractéristiques sont groupées par capteur, ce qui implique p groupes de $r \times d$ caractéristiques (cf. Figure 6.2).

Évaluation   La comparaison de classifieurs pour P300 peut être faite de plusieurs manières qui sont discutées dans la section 2.2.4. Nous avons décidé d'utiliser l'aire sous la courbe COR (AUC) pour évaluer la capacité des classifieurs à séparer les exemples de chaque classe. Un test de rang de Wilcoxon a été utilisé pour tester la différence statistique entre chaque méthode et le classifieur SVM de base.

6.4   Résultats et discussion

Cette section présente les résultats des expérimentations numériques sur les jeux de données ICM présentés précédemment. Tout d'abord, l'effet des différents termes de régularisation sont évalués pour la tâche de sélection de capteurs, non seulement en terme de performances de prédiction mais aussi en terme de parcimonie. Finalement, l'efficacité de l'approche multitâche est évaluée lorsque peu de points d'apprentissage sont disponibles pour chaque tâche.

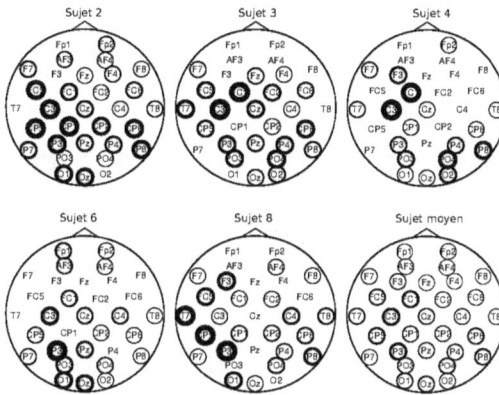

FIGURE 6.4: Capteurs sélectionnés par GSVM-a pour les données EPFL. La largeur de la ligne autour des capteurs est proportionnelle au nombre de fois où le capteur a été sélectionné lors de 10 différentes divisions apprentissage/test des données. L'absence de cercle implique que le capteur n'a jamais été sélectionné.

6.4.1 Données P300

Pour chaque sujet, les données sont divisées en un ensemble d'apprentissage ($n = 1000$ exemples) et un ensemble de test contenant le reste des exemples. Une validation croisée sur l'ensemble d'apprentissage permet de sélectionner les paramètres de régularisation λ et p. Finalement, un classifieur est appris sur l'ensemble d'apprentissage en utilisant les paramètres sélectionnés. Cette procédure est répétée 10 fois pour chaque sujet et la valeur moyenne d'AUC et du niveau de parcimonie est calculée pour chaque méthode.

Les AUC moyennes, le pourcentage moyen de capteurs sélectionnés, et la p-valeur du test de Wilcoxon de chaque méthode avec l'AUC du SVM de base sont fournis Table 6.2.

Performances   Premièrement, les résultats sur les données EPFL montrent que, malgré de légères améliorations de performances pour GSVM-2, les méthodes ne sont pas statistiquement différentes. Néanmoins, GSVM-2 permet de sélectionner des capteurs (80% de capteurs sélectionnés) même lorsque les paramètres sont validés de manière à maximiser les performances. GSVM-a est la méthode la plus parcimonieuse (26% des capteurs sélectionnés) au prix d'une légère baisse de performance (1.5% AUC).

Pour les données UAM, les résultats sont similaires mais les normes mixtes affichent de meilleures performances. En effet, GSVM-2 est ici statistiquement meilleur que le SVM standard bien que quasiment tous les capteurs soient sélectionnés (9 sur 10). Ceci montre que même lorsque la solution n'est pas parcimonieuse, la régularisation par norme mixte permet d'apprendre des classifieurs plus robustes. Notons que GSVM-a est, cette fois-ci, statistiquement équivalent à SVM tout en utilisant uniquement la moitié des 10 capteurs. Finalement, GSVM-p donne des résultats décevants puisque toujours inférieurs en sélection à GSVM-2.

En conclusion, sur les performances des différentes méthodes, GSVM-2 est au pire équivalent au SVM standard mais permet une légère sélection de capteurs. D'autre part, GSVM-a est

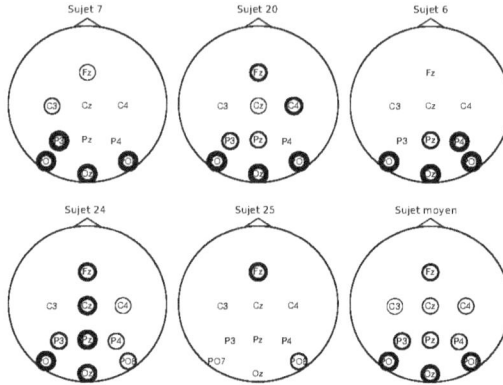

FIGURE 6.5: Capteurs sélectionnés par GSVM-a pour les données UAM. La largeur de la ligne autour des capteurs est proportionnelle au nombre de fois où le capteur a été sélectionné lors de 10 différentes divisions apprentissage/test des données. L'absence de cercle implique que le capteur n'a jamais été sélectionné.

clairement la méthode qui promeut le plus la parcimonie, et ce, sans perte de performances significative.

Capteurs sélectionnés   Une visualisation des électrodes sélectionnées avec GSVM-a est fournie Figure 6.4 pour les données EPFL et Figure 6.5 pour les données UAM. L'épaisseur des cercles entourant les électrodes est proportionnelle au nombre de fois où l'électrode a été sélectionnée sur les 10 divisions des données.

Premièrement, nous pouvons voir Figure 6.4 que pour les données EPFL, les capteurs sélectionnés dépendent fortement du sujet. Les électrodes les plus récurrentes sont FC1, C3, T7, CP5, P3, PO3, PO4, Pz, et celles situées sur le cortex occipital O1, Oz, et O2. Tout d'abord, nous reconnaissons parmi ces électrodes, celles situées sur la zone occipitale, connues pour leur capacité à fournir des informations discriminantes [Krusienski 2008]. Mais des capteurs situés sur d'autres zones du cerveau comme T7 et C3 sont également fortement représentés. Ces résultats sont consistants avec ceux de [Rivet 2010, Rakotomamonjy 2008b] qui ont aussi sélectionné ces mêmes électrodes par des méthodes statistiques. On remarque cependant que les électrodes sélectionnées automatiquement diffèrent de celles recommandées par les praticiens pour des données P300, et qu'elles varient selon les sujets. Cela peut venir du fait que le paradigme utilisé pour les données EPFL est différent de celui utilisé usuellement (Clavier 6 × 6). En effet, comme le sujet se concentre sur des images au lieu de lettres, le processus cognitif est différent, ce qui pourrait expliquer le peu d'importance des électrodes situées sur le cortex visuel dans les fonctions de décision.

Les données UAM, quant à elles, contiennent uniquement 10 électrodes qui ont été choisies car elles produisent en général des informations discriminantes pour la détection de P300. Cependant, nous pouvons voir Figure 6.5 que notre approche sélectionne principalement les électrodes de la région occipitale, c'est-à-dire le cortex visuel. On pourrait d'ailleurs se demander si, en sélectionnant automatiquement les électrodes discriminantes, notre méthode n'apprend

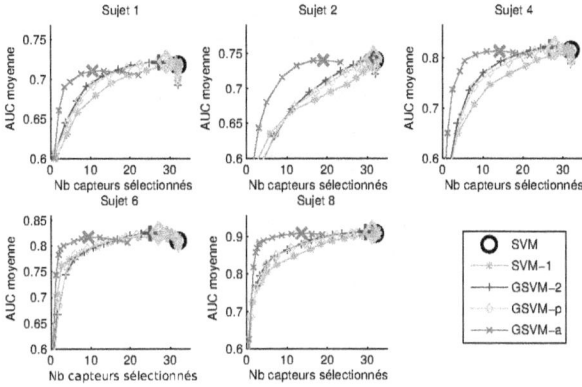

FIGURE 6.6: Performance AUC en fonction du nombre de capteurs sélectionnés pour les données EPFL. Le marqueur le plus gros correspond au meilleur modèle le long du chemin de régularisation.

pas aussi à extraire les potentiels évoqués visuels. En effet, le P300 est en général extrait des électrodes situées sur la zone centrale [Farwell 1988], la prépondérance des capteurs situés sur le cortex visuel indiquerait donc que nous apprenons à détecter le clignotement de la lettre plutôt que le P300 lui-même.

Notons que, malgré les bonnes performances moyennes pour les données UAM, toutes les méthodes donnent de très mauvais résultats sur un petit nombre de sujets (AUC proche de 0.5). Après discussion avec Laurent Bougrain, qui a participé à l'élaboration de ce jeu de données, ces mauvaises performances peuvent être induite par deux causes : soit par un problème d'acquisition qui n'a pas été détecté, comme par exemple une électrode détachée, soit parce que le sujet est ICM-illétré. Nous avons visualisé Figure 6.5, les électrodes sélectionnées pour un de ces sujets, le sujet 25. On remarque que les électrodes sélectionnées sont très différentes de celles usuellement conservées pour les autre sujets (cf. sujet moyen en bas à droite de la figure). Améliorer les performances sur ces sujets peut difficilement se faire en utilisant les mesures effectuées sur chaque sujet. C'est pourquoi nous y reviendrons dans les expérimentations sur l'apprentissage multitâche.

Parcimonie Finalement, nous étudions l'impact de la parcimonie sur les performances pour différents types de régularisation. Pour cela, nous traçons l'AUC moyenne en fonction du nombre de capteurs sélectionnés (le long du chemin de régularisation). Les courbes sont tracées Figure 6.6 pour les données EPFL, et Figure 6.7 et pour les données UAM. Nous avons aussi ajouté pour chaque type de régularisation, un marqueur montrant où se situe la meilleure performance moyennes en AUC. Les courbes de performance pour chaque type de régularisation étant assez similaires pour les deux jeux de données, nous discutons des résultats pour les données EPFL et UAM simultanément.

Premièrement, nous notons les performances médiocres de SVM-1 en terme de sélection de capteurs par rapport aux autres méthodes, ce qui est logique considérant que la parcimonie obtenue avec cette régularisation est non structurée. On remarque que GSVM-2 permet d'obtenir des performances aussi bonnes voire meilleures que le SVM, mais cela implique l'utilisation de

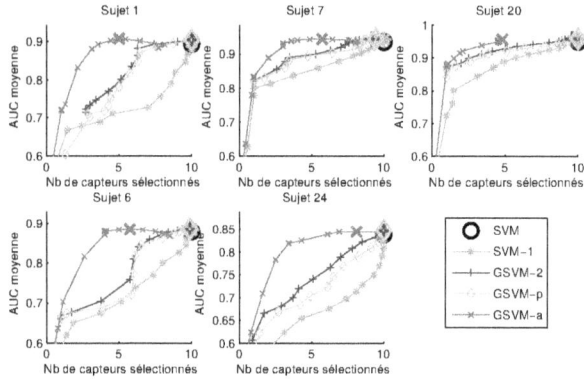

FIGURE 6.7: Performance AUC en fonction du nombre de capteurs sélectionnés pour les données UAM. Le marqueur le plus gros correspond au meilleur modèle le long du chemin de régularisation.

quasiment tous les capteurs. GSVM-p est ici sans intérêt car situé entre SVM-1 et GSVM-2 en terme de performances.

Pour les deux jeux de données, GSVM-a montre les meilleures performances lorsque le nombre de capteurs sélectionnés est faible. Sur la plupart des sujets, GSVM-a a des performances aussi bonnes que le SVM mais avec une parcimonie bien plus importante. Ceci est consistant avec les résultats obtenus Tableau 6.2. On voit donc que, l'adaptation des pondérations par groupe permet non seulement, de promouvoir de la parcimonie de manière plus agressive, mais également d'obtenir des fonctions de décision plus robustes. En conclusion, la norme mixte adaptative est clairement le meilleur terme de régularisation quand la parcimonie est requise.

6.4.2 Données ErrP

Le jeu de données ErrP est différent des deux autres de par son nombre de points d'apprentissage (72 exemples par sujet). Tout comme pour les jeux de données précédents, nous avons effectué une validation croisée sur l'ensemble d'apprentissage pour sélectionner les paramètres. Nous soulignons le risque de sur-apprentissage, lié au faible nombre d'exemples utilisés pour la validation croisée (52 exemples).

Performances Les performances de classification de chaque méthode sont fournies Table 6.2. Notons que, pour ces données, les meilleures performances sont obtenues par GSVM-2, bien que le test de Wilcoxon montre que toutes les méthodes sont statistiquement équivalentes. En revanche, GSVM-2 et GSVM-a sont des classifieurs particulièrement parcimonieux. En effet, GSVM-2 sélectionne 30% des capteurs et GSVM-a seulement 7%, bien que ce dernier accuse une perte de performances de 10%. Nous pensons que cette perte est due à la régularisation GSVM-a trop agressive et à la difficulté à sélectionner le paramètre de régularisation sur seulement 52 exemples.

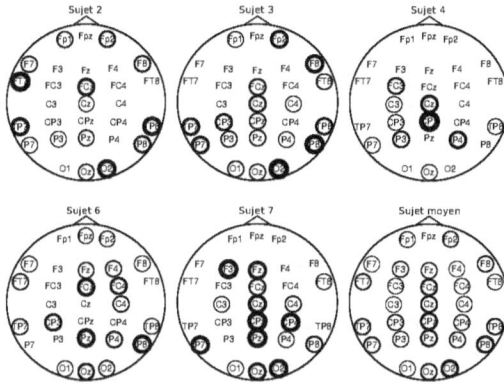

FIGURE 6.8: Capteurs sélectionnés par GSVM-2 pour les données ErrP. La largeur de la ligne autour des capteurs est proportionnelle au nombre de fois où le capteur a été sélectionné lors de 10 différentes divisions apprentissage/test des données. L'absence de implique que le capteur n'a jamais été sélectionné.

Capteurs sélectionnés Les capteurs sélectionnés par GSVM-2 peuvent être visualisés Figure 6.8. Tout d'abord, on remarque une grande variabilité selon les sujets en terme de capteurs sélectionnés. En effet, bien que peu de capteurs soient sélectionnés pour chaque sujet (30%), ils diffèrent beaucoup d'un sujet à l'autre.

Les capteurs situés sur la région centrale semblent être les plus régulièrement sélectionnés, ce qui est consistant avec des travaux précédents sur les ErrP [Dehaene 1994]. Les capteurs situés sur le cortex visuel sont également présents, ce qui pourrait indiquer que, tout comme pour le P300, les potentiels évoqués visuels sont utilisés pour la décision.

Parcimonie Nous avons vu Tableau 6.2 que les résultats obtenus sont particulièrement parcimonieux. Nous avons visualisé les performances des différentes méthodes en fonction du nombre de capteurs sélectionnés. À la différence des données P300, toutes les méthodes de sélection de capteurs sont similaires pour les mesures ErrP, et les courbes sont quasiment superposées, nous ne les avons donc pas reportées ici. Ceci montre, cependant, que la perte de performance de 10% dans le cas de la norme mixte adaptative est due à la difficulté de valider correctement la valeur du terme de régularisation λ.

6.4.3 Apprentissage multitâche

Nous évaluons, dans cette section, les performances des différentes approches multitâches que nous avons proposées. Nous pensons, en effet, que le transfert d'information entre tâches pendant la phase d'apprentissage, permet d'obtenir des classifieurs plus robustes, lorsque le nombre d'exemples d'apprentissage est faible.

Nous avons évalué notre approche sur les données EPFL et UAM. Nous avons choisi de ne pas tester l'apprentissage multitâche sur les problèmes de potentiels d'erreur. En effet, nous avons clairement vu dans les résultats que les tâches d'apprentissage pour chaque sujet sont très différentes, ce qui limite l'intérêt de l'apprentissage multitâche pour ces données.

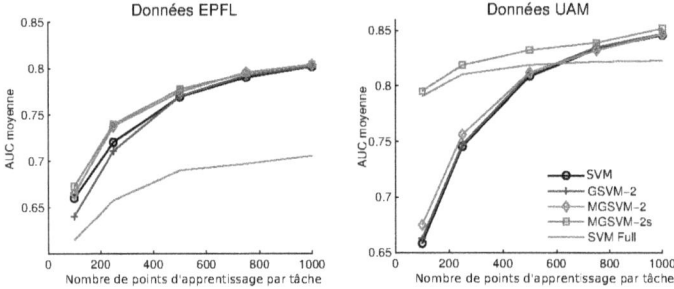

FIGURE 6.9: Performances multitâches AUC sur les données EPFL (à gauche) et UAM (à droite) pour différents nombres d'exemples d'apprentissage (par tâche).

De même que pour l'apprentissage en sélection de capteurs, une validation croisée est effectuée sur les exemples d'apprentissage pour sélectionner automatiquement les coefficients de régularisation λ_r et λ_s. Nous calculons les performances moyennes en prédiction de chaque méthode d'apprentissage pour différents nombres d'exemples d'apprentissage par tâche. L'évolution des performances des méthodes lorsque peu d'exemples sont disponibles, nous permettra de déterminer lesquelles sont les plus robustes.

Performances   Les performances pour les jeux de données EPFL et UAM sont fournies Figure 6.9. Tout d'abord, les résultats obtenus sur les données EPFL montrent une légère mais consistante amélioration des performances pour les méthodes multitâches. La meilleure méthode semble être MGSVM-2s qui permet de gagner entre 1 et 2% d'AUC par rapport aux SVM indépendants. On remarque également les mauvaises performances obtenues par SVM Full, elles sont probablement dues à la grande variabilité entre les sujets que nous avons observé Figure 6.4.

Pour les données UAM, une amélioration importante des performances de prédiction a été obtenue par les méthodes promouvant la similarité entre les tâches : SVM Full et MGSVM-2s. Ces méthodes permettent d'améliorer jusqu'à 10% l'AUC lorsque le nombre d'exemples d'apprentissage est très faible ($n = 100$). Ceci montre que, pour ces données, les différentes tâches de classification sont similaires, et surtout que l'apprentissage d'une fonction de prédiction unique est pertinent. Cependant, dès que le nombre d'exemples d'apprentissage par tâche passe au-dessus de 500, SVM Full devient moins performant que les autres méthodes s'adaptant aux particularités des sujets. Notons que MGSVM-2s permet d'avoir le meilleur des deux mondes, c'est-à-dire des performances correctes pour peu de points d'apprentissage, et la possibilité de se spécialiser sur les sujets, lorsque suffisamment d'information est disponible. Cette pondération entre similarité et attache aux données se fait par validation en sélectionnant automatiquement les paramètres λ_r et λ_s. En pratique, nous obtenons une AUC de 80% en utilisant uniquement 100 points d'apprentissage par tâche (moins de 1 minute d'enregistrement). MGSVM-2s nous permet ainsi de diviser le temps de calibration par 4 puisque des performances équivalentes sont obtenues aux alentours de 400 points d'apprentissage pour des classifieurs appris indépendamment.

Finalement, nous noterons que, pour les deux jeux de données, la parcimonie obtenue est

Méthode	Suj. 28	Suj. 25	Suj. 4	Suj. 8
SVM	0.5492	0.5643	0.6559	0.7198
MGSVM-2s	0.6417	0.6507	0.7144	0.7725

TABLEAU 6.3: Performances en apprentissage multitâche pour les sujets le plus difficiles du jeu de données UAM avec $n = 500$.

négligeable. Dans ce cas-là, la norme $\ell_1 - \ell_2$ régularise les paramètres des fonctions de décision par groupe, ce qui permet de gagner une certaine robustesse en reconnaissance (cf. Tableau 6.2), mais ne permet pas de sélectionner les capteurs sans perte de performances.

Sujets difficiles L'amélioration des performances moyennes obtenue sur les données UAM est due principalement au gain de performance sur les sujets difficiles. Nous donnons dans le Tableau 6.3 les performances des 4 sujets les plus difficiles pour les données UAM. Comme nous l'avons déjà dit, ces mauvaises performances peuvent venir soit d'une erreur de mesure comme une électrode détachée, soit du fait que le sujet est ICM-illétré. Les deux types de problème ont été identifiés dans le jeu de données UAM. Cependant, quel que soit la cause (physique ou physiologique), nous souhaitons que les méthodes d'apprentissage soient robustes et puissent s'adapter.

6.5   Conclusion

Dans ce chapitre, nous avons étudié l'utilisation des normes mixtes pour la sélection de capteurs, dans le cadre de la reconnaissance de forme pour les Interfaces Cerveau-Machine.

Pour cela, nous avons exprimé le problème de classification de signaux ICM dans un cadre discriminant similaire à celui de [Tomioka 2010a]. Les normes mixtes ont ainsi été introduites pour promouvoir une sélection de capteurs lors de l'apprentissage. De bonnes performances ont été obtenues grâce à ces normes qui permettent de prendre en compte la structure des données lors de l'apprentissage. Les résultats ont aussi montré que, si une parcimonie importante en terme de capteur est requise, il est avantageux d'utiliser une norme mixte adaptative.

Nous avons ensuite généralisé le problème d'apprentissage parcimonieux au cas multitâche en appliquant directement notre approche proposée Chapitre 5 dans le cas linéaire. Cependant, bien que la parcimonie jointe soit intéressante dans le cadre des ICM, il nous a semblé également intéressant de promouvoir une similarité entre les tâches sous la forme d'un terme régularisant mesurant la variance entre les classifieurs. Les expérimentations numériques ont montré que ce type de régularisation permet d'améliorer de manière consistante les performances globales lorsque le nombre de points d'apprentissage est faible.

Conclusion

Sommaire

7.1 Synthèse

Nous avons proposé, dans ce manuscrit, des méthodes d'apprentissage statistique pour la classification de signaux. Ces méthodes ont été construites, en partie, avec pour objectif une application en ICM, puis ont été testées sur des problèmes réels correspondant à ce cadre. Nous résumons ces méthodes dans ce qui suit, avant de discuter dans la section suivante de leurs perspectives.

7.1.1 Filtrage discriminant

Premièrement, nous nous sommes posés le problème de l'extraction d'informations discriminantes dans un environnement bruité. Ce type de problème apparaît régulièrement dans les ICM où, non seulement les variables physiques mesurées, mais aussi les systèmes d'acquisition participent aux bruits. Le bruit qui nous a semblé le plus difficile à prendre en compte dans le cadre des ICM est le bruit convolutionnel. En effet, ce dernier peut provoquer des déphasages entre les signaux mesurés et les tâches mentales à prédire, ce qui entraînera des prises de décision faussées et donc une diminution des performances de reconnaissance.

Notre première contribution, introduite au Chapitre 4, est le filtrage vaste marge. Cette méthode d'apprentissage statistique permet d'obtenir des filtres ayant pour effet de séparer les échantillons temporels de chaque classe avec une marge maximale. Ce filtre, appris à partir d'exemples, s'adapte automatiquement aux propriétés du bruit dans chaque canal et permet d'atténuer l'impact de ce dernier. De plus, cette approche, située à la croisée des domaines de l'apprentissage statistique et du traitement du signal, a l'avantage d'être interprétable et visualisable. Des algorithmes ont été proposés pour résoudre le problème d'optimisation résultant, pour des termes de régularisations différentiables et non différentiables visant à limiter la complexité du filtre ou à induire une sélection automatique des canaux. Nous avons également étudié la complexité de la méthode ainsi que la convergence des algorithmes.

Finalement, cette approche peut être utilisée dans un cadre bien plus large que la reconnaissance de tâches mentales en ICM. Ainsi, lors de nos travaux, nous avons étendu le problème d'apprentissage de filtres discriminants aux problèmes 2D, comme la segmentation d'images multi-spectrales.

7.1.2 Apprentissage multitâche

Dans un deuxième temps, s'est posé le problème de la robustesse des méthodes de prédiction lorsque peu d'exemples d'apprentissage sont disponibles. Le nombre d'exemples d'apprentissage nécessaires à l'obtention d'une fonction de décision robuste doit, en effet, être le plus faible possible pour l'adoption d'une ICM. Nous nous sommes donc tournés vers une approche de *transfert d'information* connue dans la communauté d'apprentissage statistique sous le nom d'*apprentissage multitâche*.

Notre deuxième contribution a donc été de proposer une méthode générale d'apprentissage multitâche pour les machines à noyaux (Chapitre 5). Bien qu'il existe des méthodes d'apprentissage multitâches dans un cadre fonctionnel [Evgeniou 2005], aucune d'entre elles, à notre connaissance, ne permet la sélection jointe de noyaux. Nous avons ainsi introduit des termes de régularisation plus généraux que ceux proposés dans la littérature, comme les normes mixtes $\ell_p - \ell_q$ et $\ell_1 - \ell_2$ adaptatives. Des algorithmes efficaces ont été proposés pour résoudre le problème d'optimisation correspondant, pour des fonctions de décision linéaires et non linéaires. Notre méthode a été testée sur des données simulées, des données ICM et un problème de localisation de protéines bactériennes.Ces expériences ont montré l'intérêt des termes de régularisation proposés qui amènent une sélection jointe de variables et de noyau accrue tout en gardant des performances de prédiction équivalentes.

Néanmoins, la parcimonie jointe est une approche relativement limitée en terme de transfert d'information. En effet, seule l'importance de chaque capteur pour la tâche de classification est partagée entre les tâches. Nous avons donc examiné la possibilité d'utiliser un terme de régularisation complémentaire induisant une similarité entre les fonctions de décision [Evgeniou 2004]. Nous proposons finalement de pondérer les différents termes de régularisation (parcimonie et similarité) de manière à pouvoir nous adapter aux données et aux différents problèmes d'apprentissage multitâche (Chapitre 6). Une amélioration importante des performances a été obtenue à l'aide du transfert d'information entre les tâches quand un nombre réduit d'exemples d'apprentissage est disponible.

7.1.3   Applications aux Interfaces Cerveau-Machine

Tout au long du mémoire, et principalement dans le chapitre 6, nous avons adapté et développé nos approches sur des données ICM.

Tout d'abord, nous avons évalué les performances du filtrage vaste marge sur des données d'imagerie motrice (cf. Chapitre 4). Nous avons pour cela utilisé un jeu de données de la troisième compétition ICM [Blankertz 2006c], ayant pour objectif de reconnaître continûment la tâche mentale d'imagerie motrice effectuée par le sujet (parmi trois possibles). Les résultats ont montré l'intérêt du filtrage vaste marge en terme de performance et d'interprétabilité des résultats. En effet, non seulement les filtres appris peuvent être étudiés pour déterminer quelles sont les informations discriminantes dans le signal, mais il est également possible de visualiser les zones discriminantes du cerveau et donc les zones actives lors de la tâche mentale.

Ensuite, nous avons appliqué notre approche d'apprentissage multitâche parcimonieux sur des données de reconnaissance de potentiels évoqués, d'abord en utilisant une sélection jointe de caractéristiques (Chapitre 5), puis en utilisant un groupement de caractéristiques entraînant une parcimonie en terme de capteurs (Chapitre 6). Nous avons obtenu des résultats intéressants montrant que la régularisation mixte permet d'apprendre des fonctions de décision plus robustes que les régularisations indépendantes. Nous avons également vu que, dans le cadre de l'apprentissage d'une tâche de reconnaissance de potentiels évoqués pour le clavier virtuel P300, la promotion de similarité entre les tâches permet d'améliorer les performances de reconnaissance lorsque peu de points d'apprentissages sont disponibles. Ceci permet de minimiser le temps de calibration, étape laborieuse pour le sujet.

Finalement, nous nous sommes intéressés au problème de sélection de capteurs dans un cadre monotâche (Chapitre 6). En effet, si l'on a accès à un nombre suffisant d'exemples d'apprentissage, nos expérimentations numériques ont montré que les apports de l'apprentissage multitâche sont marginaux. Mais, il est toujours intéressant dans le cadre des ICM de minimiser le nombre de capteurs, ce qui permet de réduire le coût de mise en œuvre. Nous avons donc étudié l'usage des normes mixtes, classiques et adaptatives qui sont plus agressives en terme de parcimonie. Les expérimentations numériques ont souligné l'intérêt de la norme mixte adaptative pour la sélection de capteurs. En effet, cette régularisation est celle qui a permis d'obtenir les fonctions de décision les plus robustes lorsque la parcimonie est requise.

7.2   Perspectives

Les approches et les résultats présentés dans ce manuscrit suggèrent des pistes de recherche pour nos travaux futurs. Nous passons en revue, dans cette section un certain nombre d'entre elles.

7.2.1   Filtrage vaste marge

Le filtrage vaste marge est une méthode d'extraction automatique de caractéristiques. Bien qu'il soit utilisable en pratique dans sa forme actuelle, il existe à notre sens un certain nombre de directions de recherche qui méritent d'être explorées.

Tout d'abord, les régularisations qui ont été proposées dans ce manuscrit sont relativement simples. Il est en effet, possible d'insérer simplement des connaissances a priori à l'aide de termes de régularisation spécifiques. Par exemple, la présence de bruit additif dans les mesures suggère la présence de bruit blanc contenant des composantes hautes fréquences. Il peut dans ce cas-là être intéressant de construire et d'utiliser des termes de régularisation promouvant des filtres passe-bas. De même, les signaux provenant des différents capteurs sont connus pour être particulièrement corrélés. Il semble alors judicieux de régulariser la matrice $\mathbf{F}$ des filtres en mesurant son rang, puisque l'information peut potentiellement être située dans un sous-espace temporel ou spatial. Finalement, des *a priori* laplaciens concernant la position des capteurs sur le crâne du sujet peuvent aider à promouvoir un filtre similaire pour des capteurs physiquement proches.

Ensuite, les algorithmes que nous avons proposés s'adaptent mal aux problèmes avec un nombre important d'exemples d'apprentissage. La résolution itérative de problèmes SVM est, en effet, assez lourde et on peut se demander s'il est nécessaire d'obtenir la solution exacte du problème SVM à chaque itération. Il serait ainsi possible d'utiliser des algorithmes d'optimisation approchés [Bordes 2007]. De même, lorsque la régularisation promeut une parcimonie en terme de canaux, un algorithme d'ensemble actif comme celui proposé par [Gehler 2008] permettrait de réduire le temps nécessaire à la résolution du problème.

Comme nous l'avons suggéré dans le Chapitre 4, le filtrage vaste marge peut être utilisé dans un cadre plus large que la classification d'échantillons temporels. Par exemple, les CRF sont connus pour leur bonne capacité à décoder des séquences discrètes. Comme les sorties des fonctions de décision de KF-SVM peuvent être discrétisées, nous pourrions utiliser un CRF pour filtrer *a posteriori* les étiquettes. De même, le filtrage vaste marge pourrait tout à fait être vu comme l'initialisation d'un des étages dans ce que Léon Bottou appelle les Réseaux de Transformation de Graphes (ou Graph-Transformer Networks en anglais [Bottou 1997]).

Finalement, les méthodes d'apprentissage statistique comme les SVM supposent que les exemples d'apprentissage et de test sont indépendants et identiquement distribués. Or, en présence de bruit convolutionnel, les échantillons temporels sont des sommes pondérées d'échantillons, l'hypothèse d'indépendance n'est donc plus valable. Il nous semble intéressant d'étudier théoriquement l'impact qu'aura le bruit convolutionnel et surtout notre filtrage en terme d'erreur de prédiction [Usunier 2006, Ralaivola 2010].

7.2.2   Apprentissage multitâche parcimonieux

L'apprentissage multitâche parcimonieux que nous avons proposé permet de sélectionner, de manière jointe, les noyaux pertinents pour l'ensemble de tâches de classification. Cependant, un certain nombre de ces noyaux sont paramétrés continûment et la sélection de paramètres se fait sur un ensemble fini d'échantillons de ces paramètres. Nous pensons que l'on pourrait gagner à apprendre ces paramètres en utilisant une approche similaire à celle de [Gehler 2008], c'est-à-dire en cherchant la valeur des paramètres de noyau dans un espace continu. Nous avons déjà proposé dans [Flamary 2011b] une approche similaire pour sélectionner automatiquement des paramètres continus pour l'extraction de caractéristiques, et il serait intéressant de l'étendre au cas multitâche.

Nous avons vu, dans les expérimentations numériques que, pour que les approches multitâches soient avantageuses, il est nécessaire d'avoir des connaissances *a priori* précises sur les données. Ceci est un frein à l'utilisation de ces approches et il nous paraît pertinent de poser le problème de l'apprentissage du lien entre les tâches. C'est ce qui a été fait par [Jacob 2008] en apprenant le clustering des tâches simultanément avec les fonctions de décision. Dans un cadre où les tâches sont regroupées par cluster, il nous semble logique de promouvoir la parcimonie non pas pour toutes les tâches, mais par cluster de tâches.

7.2.3   Applications aux Interfaces Cerveau-Machine

Les normes mixtes ont été utilisées dans le Chapitre 6 pour favoriser une sélection de capteurs. Elles ont l'avantage de permettre de prendre en compte la structure des exemples d'apprentissage (des signaux provenant de différents capteurs) pour la classification de potentiels évoqués. Cependant, ces derniers sont connus pour avoir une localisation temporelle qui pourrait être prise en considération. Les travaux de Jrad et al. [Jrad 2011a], par exemple, permettent de sélectionner les instants temporels discriminants en utilisant un seuillage. Cette approche en deux temps peut à notre avis être unifiée en un problème d'optimisation unique avec une régularisation adaptée comme la norme mixte avec recouvrement proposée par [Jenatton 2009, Chen 2010, Peyré 2011].

Un autre problème qui mérite d'être posé est celui du bruit de classification. Comme nous l'avons rapidement expliqué dans le chapitre 2, les exemples d'apprentissage peuvent être mal étiquetés, ce qui aura pour effet de fausser les fonctions de décision apprises [Gouy-Pailler 2011]. Ceci est un problème dans nos applications car les SVM sont connus pour être particulièrement sensibles au bruit de classification. Nous pensons que l'utilisation de méthodes de classification robustes au bruit de classification, comme celle proposée dans [Stempfel 2009], permettrait d'obtenir des fonctions de décision plus robustes.

Finalement, un temps non négligeable est passé dans nos expérimentations numériques à sélectionner les paramètres de régularisation par validation croisée. Nous aimerions nous affranchir de cette étape en utilisant des méthodes moins coûteuses de sélection de modèles. Nous citerons les travaux de [Boisbunon 2011] où une méthode de sélection de modèles de régression linéaire pour une large classe de bruit est proposée. Une adaptation de leur approche à des problèmes de classification permettrait d'alléger considérablement le temps de calcul.

Annexes

A.1 Algorithmes d'optimisation

Dans nos travaux, nous utilisons un certain nombre d'algorithmes d'optimisation. Nous les présentons dans cette section et donnons leurs conditions d'application.

Pour tous ces algorithmes, l'objectif est de minimiser sans contrainte une fonction $J(\mathbf{x})$ par rapport à la variable $\mathbf{x} \in \mathbb{R}^d$, dans les sections suivantes, cette fonction peut avoir une forme particulière facilitant son optimisation.

Les algorithmes que nous présentons dans la suite sont des algorithmes itératifs. La convergence de l'algorithme, et donc l'arrêt des itérations, est décidée par des conditions d'arrêt. Dans la pratique, nous utilisons comme critère d'arrêt un seuil sur la variation de la fonction de coût, et un seuil sur la variation en amplitude du vecteur à optimiser. Nous supposons en effet, qu'il y a convergence lorsque soit la valeur du coût, soit la variable courante, n'évolue quasiment plus.

A.1.1 Algorithmes de gradient conjugué

L'algorithme de gradient conjugué est un algorithme classique d'optimisation sans contrainte [Nocedal 2000]. Il a été proposé à l'origine, pour résoudre des problèmes linéaires, puis a été étendu à un cadre d'application plus large : la minimisation d'une fonction régulière non-convexe [Hager 2006].

Algorithme Cet algorithme fait partie des méthodes de recherche linéaire, c'est-à-dire qu'il recherche itérativement un point le long d'une direction de descente $\mathbf{p}$. Mais à la différence d'une descente de gradient classique où $\mathbf{p} = -\nabla J(\mathbf{x})$, la direction de descente à l'itération $k+1$ est de la forme :

$$\mathbf{p}^{(k+1)} = -\nabla J(\mathbf{x}^{(k+1)}) + \beta \mathbf{p}^{(k)}$$

C'est donc une combinaison entre le gradient au point courant $\mathbf{p} = -\nabla J(\cdot)$ et la direction de descente précédente pondérée par le coefficient β. Ce dernier est calculé en utilisant le coefficient de Fletcher et Reeves (FR) [Fletcher 1964] :

$$\beta_{\text{FR}}^{(k+1)} = \frac{\|\nabla J^{(k+1)}\|^2}{\|\nabla J^{(k)}\|^2} \tag{A.1}$$

Un résumé de l'algorithme d'optimisation est fourni Algorithme A.1. Un avantage de ce type d'algorithme est d'abord, le faible coût en mémoire car un nombre réduit de vecteurs doit être stocké en mémoire. De plus, à chaque itération, seul le gradient de la fonction doit être calculé. Ceci est un avantage comparé à la méthode de Newton, qui nécessite le calcul et l'inversion de la matrice Hessienne [Nocedal 2000].

Extensions Il existe de multiples extensions de ce type d'algorithme, résumées dans les travaux de Hager et Zhang [Hager 2006]. Ces extensions sont basées sur un calcul du coefficient β différent de celui proposé par Fletcher et Reeves. Parmi, ces extensions, la plus commune est celle proposée par Polak et Ribière (PR) :

$$\beta_{\text{PR}}^{(k+1)} = \frac{(\nabla J^{(k+1)})^T (\nabla J^{(k+1)} - \nabla J^{(k)})}{\|\nabla J^{(k)}\|^2} \tag{A.2}$$

Des résultats numériques ont montré que dans certains cas, l'utilisation du coefficient β_{PR} mène à une optimisation plus robuste qu'avec celui de β_{FR}.

Algorithme A.1 Gradient conjugué

1: Initialiser $\mathbf{x}^0$
2: $k = 0$, $\nabla J^0 = \nabla J(\mathbf{x}^0)$
3: $\mathbf{p}^0 = -\nabla J^0$
4: **répéter**
5:    $\mathbf{x}^{k+1} \leftarrow \min_{\alpha \in \mathbb{R}^+} \quad J(\mathbf{x}^k + \alpha \mathbf{p}^k)$
6:    $\nabla J^{k+1} \leftarrow \nabla J(\mathbf{x}^{k+1})$
7:    $\beta_{\mathrm{FR}}^{k+1} \leftarrow \frac{\|\nabla J^{k+1}\|^2}{\|\nabla J^k\|^2}$
8:    $\mathbf{p}^{k+1} \leftarrow -\nabla J^{k+1} + \beta_{\mathrm{FR}}^{k+1} \mathbf{p}^k$
9:    $k \leftarrow k+1$
10: **jusqu'à** Critère d'arrêt

A.1.2 Algorithmes de *Forward-Backward Splitting*

Les algorithmes FBS ou Explicites Implicites, sont des algorithmes introduits récemment par Nesterov [Nesterov 2007]. Ils permettent d'optimiser de manière particulièrement efficace des problèmes d'apprentissage non différentiables avec des régularisations parcimonieuses. Une introduction aux algorithmes de gradient accéléré (aussi appelés méthodes proximales) est disponible dans al. [Bach 2011]. Dans cette section, nous présenterons uniquement les algorithmes FBS et FBS multipas introduit par [Beck 2009].

Cadre général Les algorithmes de gradient accéléré ont été introduits pour résoudre efficacement des problèmes de la forme :

$$\min_{\mathbf{x} \in \mathbb{R}^d} \quad J_1(\mathbf{x}) + \lambda \Omega(\mathbf{x}) \tag{A.3}$$

où $J_1(\cdot)$ est une fonction convexe régulière avec un gradient Lipschitz continu et $\Omega(\cdot)$ une fonction non différentiable mais dont l'opérateur proximal a une solution analytique [Combettes 2011]. L'opérateur proximal $\mathrm{Prox}_{\mu\Omega}(\cdot)$ de $\mu\Omega(\cdot)$ est définit comme

$$\mathrm{Prox}_{\mu\Omega}(\mathbf{z}) = \arg\min_{\mathbf{x}} \quad \frac{1}{2}\|\mathbf{z} - \mathbf{x}\|_2^2 + \mu\Omega(\mathbf{x}) \tag{A.4}$$

Cet opérateur doit être calculé à chaque itération de l'algorithme, d'où l'importance d'une forme rapide à calculer.

Approche Les méthodes proximales consistent à résoudre itérativement une linéarisation de $J_1(\mathbf{x})$ autour du point courant. Ainsi à l'itération k, le problème à résoudre est de la forme :

$$\min_{\mathbf{x}} \quad \underbrace{J_1(\mathbf{x}^k) + \nabla J_1(\mathbf{x}^k)^T(\mathbf{x} - \mathbf{x}^k) + \frac{L}{2}\|\mathbf{x} - \mathbf{x}^k\|_2^2}_{J_2(\mathbf{x})} + \lambda\Omega(\mathbf{x}) \tag{A.5}$$

Les trois premiers termes de cette expression correspondent à une approximation de $J_1(\mathbf{x})$. En effet, les deux premiers termes correspondent à une linéarisation de $J_1(\cdot)$ en $\mathbf{x}^k$ et le troisième terme qui impose la proximité du minimiseur $\mathbf{x}$ au point courant $\mathbf{x}^k$. Le paramètre $L > 0$ doit être supérieur à la constante de Lipschitz de $\nabla J_1(\cdot)$. Ceci garantie ainsi que :

$$J_2(\mathbf{x}) \geq J_1(\mathbf{x}) \quad \forall\mathbf{x} \tag{A.6}$$

Algorithme A.2 Algorithme FBS multipas

1: Initialiser $\mathbf{x}^0$
2: Initialiser L comme une constante de Lipschitz de $\nabla J_1(\cdot)$
3: $k = 1$, $\mathbf{z}^1 = \mathbf{x}^0$, $t^1 = 1$
4: **répéter**
5:    $\mathbf{x}^k \leftarrow \text{Prox}_{\frac{\lambda}{L}\Omega}(\mathbf{z}^k - \frac{1}{L}\nabla J_1(\mathbf{z}^k))$
6:    $t^{k+1} \leftarrow \frac{1+\sqrt{1+4(t^k)^2}}{2}$
7:    $\mathbf{z}^{k+1} \leftarrow \mathbf{x}^k + \left(\frac{t^k - 1}{t^{k+1}}\right)(\mathbf{x}^k - \mathbf{x}^{k-1})$
8:    $k \leftarrow k + 1$
9: **jusqu'à** Critère d'arrêt

La fonction objectif de (A.5) est donc une majoration de la fonction objectif du problème (A.3). Les méthodes de gradient accéléré se basent donc sur la minimisation itérative de majorations du problème. En ce sens, elles peuvent être vues comme un algorithme Majoration-Minimisation présenté dans la section suivante. La fonction $J_2(\mathbf{x})$ dans l'équation (A.5) peut être reformulée, pour obtenir le problème équivalent :

$$\min_{\mathbf{x}} \quad \frac{1}{2}\left\| \mathbf{x} - (\mathbf{x}^k - \frac{1}{L}\nabla J_1(\mathbf{x}^k)) \right\|_2^2 + \frac{\lambda}{L}\Omega(\mathbf{x})$$

où l'on reconnaît la forme d'une équation proximale (A.4). Chaque étape de l'algorithme consiste donc à résoudre

$$\mathbf{x}^{k+1} = \text{Prox}_{\frac{\lambda}{L}\Omega}\left(\mathbf{x}^k - \frac{1}{L}\nabla J_1(\mathbf{x}^k) \right) \tag{A.7}$$

Les itérations que nous avons décrites jusque-là correspondent à l'algorithme FBS (pour Forward Backward Spliting). Cet algorithme a un taux de convergence en valeur objectif de $\mathcal{O}(\frac{1}{k})$. [Beck 2009] ont proposé de prendre en compte les itérations précédentes pour obtenir un taux de convergence en valeur objective de $\mathcal{O}(\frac{1}{k^2})$. L'algorithme FBS multipas minimisant le problème (A.3) est fourni Algorithme A.2. Les lignes 5,6 et 7 de cet algorithmes montrent la différence principale avec FBS, l'opérateur proximal n'est plus appliqué sur le point courant $\mathbf{x}^k$ mais sur une combinaison linéaire des deux points précédents $\mathbf{x}^k$ et $\mathbf{x}^{k-1}$.

Il est intéressant de noter que, à la différence de l'algorithme FBS et malgré de bonnes propriétés de convergence, ce type d'algorithme ne fait pas nécessairement décroître le coût à chaque itération, et des *rebonds* peuvent donc être observés lors de l'optimisation. Finalement, cet algorithme considère un pas L constant et qu'il existe une approche de type *backtracking* lorsque L est inconnu.

Opérateurs proximaux courants   Une des raisons pour lesquelles ce type d'algorithme a été adopté si vite par la communauté d'apprentissage statistique vient de la forme des problèmes optimisés. Dans l'équation (A.3) on reconnait en effet la minimisation du risque structurel (3.5), où $J_1(\cdot)$ serait le coût d'attache aux données et $\Omega(\cdot)$ serait le terme de régularisation. Il est donc très simple d'appliquer ce type d'optimisation à partir du moment où l'opérateur proximal du terme de régularisation a une expression analytique. C'est souvent le cas en pratique car la norme ℓ_2 au carré du premier terme de (A.4) est séparable, et pour peu que le terme $\Omega(\cdot)$ soit aussi séparable, alors la résolution peut se faire terme à terme. C'est le cas de l'opérateur

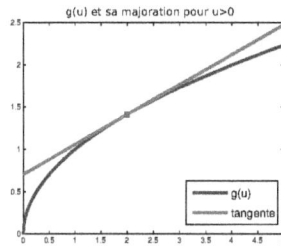

FIGURE A.1: $g(u)$ pour $p = .5$ et sa majoration

proximal de la norme ℓ_1 qui est :

$$\text{Prox}_{\lambda\|\cdot\|_1}(\mathbf{x})_i = \max\left(0, 1 - \frac{\lambda}{|x_i|}\right)x_i = \text{sign}(x_i)(|x_i| - \lambda)_+ \quad \forall i \in 1, \ldots, d \tag{A.8}$$

Cet opérateur est aussi connu sous le nom de seuillage doux (*soft thresholding*) dans la littérature. L'opérateur proximal de la régularisation $\ell_1 - \ell_2$ nous sera aussi utile dans ce rapport. Ce dernier est séparable par groupe et le proximal pour le groupe g s'écrit :

$$\text{Prox}_{\lambda\|\cdot\|_{1,2}}(\mathbf{x})_g = \max\left(0, 1 - \frac{\lambda}{\|\mathbf{x}_g\|_2}\right)\mathbf{x}_g \quad \forall g \in \mathcal{G} \tag{A.9}$$

A.1.3 Algorithmes Majoration-Minimisation

Les algorithmes de Majoration-Minimisation forment une classe d'algorithmes particulièrement large qui inclut les algorithmes EM (pour Espérance-Maximisation ou *Expectation-Maximisation* en anglais), et comme nous l'avons vu précédemment l'algorithme FBS [Beck 2009]. Nous introduisons, dans la suite, ce type d'algorithme et nous référons le lecteur au très bon tutoriel écrit par Hunter [Hunter 2004] pour plus de détails.

Approche Le principe des algorithmes MM est particulièrement intuitif. Lorsque le problème d'optimisation $\min_{\mathbf{x}} J(\mathbf{x})$ est complexe, il peut être avantageux de minimiser itérativement des approximations du problème. Nous définissons la fonction $M(\mathbf{x}, \mathbf{x}^k)$ qui est une approximation de $J(\cdot)$ autour du point $\mathbf{x}^k$ à l'itération k. Celle fonction satisfait les propriétés suivantes :

$$M(\mathbf{x}, \mathbf{x}^k) \geq J(\mathbf{x}) \quad \forall \mathbf{x} \tag{A.10}$$
$$M(\mathbf{x}^k, \mathbf{x}^k) = J(\mathbf{x}^k) \tag{A.11}$$

$M(\mathbf{x}, \mathbf{x}^k)$ est donc une majoration de $J(\mathbf{x})$ au point $\mathbf{x}^k$. Puisque $\mathbf{x}^k$ est le point à l'itération k alors il est possible de déduire l'inégalité suivante :

$$J(\mathbf{x}^{k+1}) \leq \min_{\mathbf{x}} M(\mathbf{x}, \mathbf{x}^k) \leq J(\mathbf{x}^k) \tag{A.12}$$

Cette propriété de descente à chaque itération implique une bonne stabilité des algorithmes MM.

Exemple d'utilisation   Nous montrons ici un cas d'utilisation pratique de cet algorithme. Nous nous inspirons de ce qui a été proposé dans [Candes 2008, Gasso 2009] pour résoudre le problème suivant :

$$\min_{\mathbf{x}} \quad L(\mathbf{x}) + \lambda \|\mathbf{x}\|_p^p$$

avec $L(\mathbf{x})$ une fonction régulière et convexe de $\mathbf{x}$ et $p < 1$, ce problème est non convexe et non différentiable à cause de la norme ℓ_p. Ce problème est équivalent à

$$\min_{\mathbf{x}} \quad L(\mathbf{x}) + \lambda \sum_i h(|x_i|) \tag{A.13}$$

où $h(u) = u^p, u > 0$, est une fonction concave qui peut être majorée au point u^0 par sa tangente (Figure A.1). On peut donc écrire

$$h(u) \le h(u^0) + h'(u^0)(u - u^0), \quad \forall u > 0$$

avec $h'(u) = pu^{p-1}$. Nous pouvons donc en définir $M(\mathbf{x}, \mathbf{x}^k)$ de la façon suivante :

$$M(\mathbf{x}, \mathbf{x}^k) = L(\mathbf{x}) + \lambda \sum_i \left\{ |x_i^k| + p|x_i^k|^{p-1} \left(|x_i| - |x_i^k| \right) \right\} \tag{A.14}$$

Finalement le problème résolu itérativement est :

$$\mathbf{x}^{k+1} = \arg\min_{\mathbf{x}} \quad L(\mathbf{x}) + \lambda p \sum_i \beta_i |x_i|, \quad \text{avec } \beta_i = |x_i^k|^{p-1} \tag{A.15}$$

On reconnaît une forme pondérée de la régularisation ℓ_1, plus facile à résoudre que (A.13) de par sa convexité. Il est ainsi possible de résoudre des problèmes avec régularisation ℓ_p non convexe en résolvant itérativement des problèmes convexes.

Notons que la formulation (A.13) suggère un majoration de $h(\cdot)$ mais qu'il aurait été possible d'utiliser $h_2(x_i^2) = (x_i^2)^{p/2}, u > 0$ et la même approche aurait permis de retrouver l'algorithme IRLS [Daubechies 2009].

A.2 Apprentissage multitâche parcimonieux

A.2.1 Formulation variationnelle (5.4) et forme analytique (5.5)

Nous présentons ici une démonstration détaillée de la proposition 5.1 qui permet de reformuler le problème d'apprentissage multitâche régularisé par une norme mixte sous la forme d'un problème différentiable.

Démonstration. Tout d'abord, il faut exprimer le lagrangien du problème de minimisation (5.4) :

$$L(d_{t,k}, \beta_{t,k}, \lambda) = \sum_{t,k} \frac{|a_{t,k}|^2}{d_{t,k}} + \sum_{t,k} \beta_{t,k} d_{t,k} + \lambda \left(\sum_k \left(\sum_t d_{t,k}^{1/s} \right)^s - 1 \right). \tag{A.16}$$

Nous calculons ensuite la dérivée partielle de ce lagrangien par rapport à la composante $d_{t,k}$

$$\frac{\partial L(\cdots)}{\partial d_{t,k}} = -\frac{|a_{t,k}|^2}{d_{t,k}^2} + \beta_{t,k} + \lambda d_{t,k}^{1/s-1} \left(\sum_u d_{u,k}^{1/s} \right)^{s-1}. \tag{A.17}$$

Les conditions KKT du problème sont le suivantes :

$$\frac{\partial L(\cdots)}{\partial d_{t,k}} = 0 \qquad\qquad \forall t, k \tag{A.18}$$

$$d_{t,k} \geq 0 \qquad\qquad \forall t, k$$

$$1 \geq \sum_k \left(\sum_t d_{t,k}^{1/s} \right)^s \tag{A.19}$$

$$\beta_{t,k} \geq 0 \qquad\qquad \forall t, k$$

$$\lambda \geq 0$$

$$\beta_{t,k} d_{t,k} = 0 \qquad\qquad \forall t, k \tag{A.20}$$

$$\lambda \left(\sum_k \left(\sum_t d_{t,k}^{1/s} \right)^s - 1 \right) = 0 \tag{A.21}$$

À l'optimalité la valeur de la dérivée partielle (A.17) est nulle, en utilisant les conditiosn de complémentarité (A.20), nous pouvons obtenir

$$d_{t,k}^{1/s} = \lambda^{-1/(s+1)} |a_{t,k}|^{2/(s+1)} \left(\sum_u d_{u,k}^{1/s} \right)^{\frac{1-s}{1+s}}. \tag{A.22}$$

Nous exprimons ensuite $\sum_u d_{u,k}^{1/s}$ uniquement en fonction de $a_{t,k}$:

$$\sum_u d_{u,k}^{1/s} = \lambda^{-1/(s+1)} \left(\sum_u d_{u,k}^{1/s} \right)^{\frac{1-s}{1+s}} \sum_u |a_{u,k}|^{2/(s+1)}$$

$$\left(\sum_u d_{u,k}^{1/s} \right)^{1-\frac{1-s}{1+s}} = \lambda^{-1/(s+1)} \sum_u |a_{u,k}|^{2/(s+1)}$$

$$\sum_u d_{u,k}^{1/s} = \left(\lambda^{-1} \left(\sum_u |a_{u,k}|^{2/(s+1)} \right)^{s+1} \right)^{1/(2s)} \tag{A.23}$$

Comme, à l'optimalité, la contrainte sur la norme mixte (A.19) devient une égalité alors $\sum_v \left(\sum_u d_{u,v}^{1/s} \right)^s = 1$ et on peut déduire de (A.23) que :

$$\lambda = \left(\sum_v \left(\sum_u |a_{u,v}|^{2/(s+1)} \right)^{(s+1)/2} \right)^2 \tag{A.24}$$

Finalement nous pouvons enfin injecter (A.23) et (A.24) dans (A.22) pour obtenir les coefficients optimaux $d_{t,k}^\star$ en fonction des coefficients $a_{t,k}$ exprimés équation (5.5) :

$$d_{t,k}^\star = \frac{|a_{t,k}|^{\frac{2s}{s+1}} \left(\sum_u |a_{u,k}|^{\frac{2}{s+1}} \right)^{\frac{1-s}{2}}}{\sum_v \left(\sum_u |a_{u,v}|^{\frac{2}{s+1}} \right)^{\frac{s+1}{2}}} \tag{A.25}$$

□

A.2.2   Équivalence entre (5.2) and (5.6)

L'équivalence entre ces deux problèmes découle de deux propriétés :

i) l'équivalence entre un problème d'optimisation sous contrainte et un problème régularisé.

ii) l'équivalence de problèmes d'optimisation lorsque les fonctions de coût sont transformées par un fonctione monotone croissante.

Démonstration. Ici nous fournissons la démonstration pour un cas simple sans perte de généralisation. Soit les problèmes d'optimisation suivants avec $F(\cdot)$ et $G(\cdot)$ deux fonction strictement convexes de $\mathbf{R}^d$:

$$(R) : \min_{x \in \mathbf{R}^d} F(x) + \lambda G(x) \quad \text{et} \quad (C) : \min_{x \in \mathbf{R}^d, G(x) \leq \tau} F(x)$$

avec λ et τ des paramètres. Sous certaines conditions mineures, ces deux problèmes sont équivalents dans le sens où, pour un λ donné, il existe un τ pour lequel les minima de (R) et (C) sont les mêmes [Weiss 2008]. Maintenant, selon la même notion d'équivalence, le problème (C) est aussi équivalent à

$$(C^2) : \min_{x \in \mathbf{R}^d, G(x)^2 \leq \tau^2} F(x)$$

puisque la contrainte a été transformée par une fonction monotone croissante [Boyd 2004]. Puisque (C^2) est équivalent à

$$(R^2) : \min_{x \in \mathbf{R}^d} F(x) + \lambda_2 G(x)^2$$

où λ_2 est un autre paramètre. Nous pouvons donc conclure qu'il y a l'équivalence entre (R) et (R^2).

□

A.2.3 Propriétés de descente de l'algorithme $\ell_1 - \ell_q$

Dans cette section, nous prouvons l'équation (5.12) qui implique une décroissance stricte à chaque itération de l'algorithme.

Démonstration. Tout d'abord, nous montrons l'inégalité stricte de droite. La définie positivité des matrices $\mathbf{G}_t$ implique un problème strictement convexe par rapport aux f_t de chaque tâche. De plus, $f_t^{(v)} = f_t^{(v-1)}$ implique par rapport à l'équation (5.11) que $\mathbf{d}^{(v)} = \mathbf{d}^{(v-1)}$. Donc, comme par hypothèse $\mathbf{d}^{(v)} \neq \mathbf{d}^{(v-1)}$, nous avons $f_t^{(v)} \neq f_t^{(v-1)}$. Ceci mène à l'inégalité stricte :

$$\min_{\mathbf{f}} R(\mathbf{d}^{(v-1)}, \mathbf{f}) < R(\mathbf{d}^{(v-1)}, \mathbf{f}^{(v-1)})$$

Avant de démontrer l'inégalité de droite, des propriétés concernant $\mathbf{d}^{(v)}$ et $\mathbf{d}^{(v-1)}$ sont montrées. Nous pouvons tout d'abord noter que si $d_{t,k}^{(v-1)} = 0$ alors $d_{t,k}^{(v)} = 0$. Si $d_{t,k}^{(v)} > 0$, alors la stricte positivité des $d_{t,k}^{(v)}$ peut être déduite de la définie positivité des matrices $K_{k,t}$. En effet, on a

$$\|f_{t,k}^{(v)}\|^2 = [d_{t,k}^{(v-1)}]^2 \boldsymbol{\alpha}_t^{(v)\mathrm{T}} K_{k,t} \boldsymbol{\alpha}_t^{(v)} > 0$$

ce qui, selon l'équation (5.11), implique $d_{t,k}^{(v)} > 0$. Maintenant puisque $d_{t,k}^{(v-1)} > 0$, l'inégalité stricte de gauche de l'équation (5.12) vient naturellement de la convexité stricte et de la solution unique du problème (5.4). □

A.2.4 Convergence de l'algorithme alterné $\ell_1 - \ell_q$

Nous présentons la preuve de convergence de notre algorithme alterné qui suit dans les grandes lignes celle de Argyriou et al. [Argyriou 2008].

Démonstration. Soit $S(\cdot)$ tel que :

$$\begin{aligned} S(\mathbf{f}) &:= R(\mathbf{d}(\mathbf{f}), \mathbf{f}) \\ &= C \sum_{t,i} H(f_t(x_{i,t}), y_{i,t}) + \left(\sum_t \left(\sum_k \|f_{t,k}\|_{\mathcal{H}_k}^q \right)^{1/q} \right)^2 \end{aligned}$$

La seconde égalité dans la définition de $S(\cdot)$ vient directement de la proposition 5.1 puisque $\mathbf{d}^{(1)} \neq 0$. Pour q tel que $1 \leq q \leq 2$, la régularisation par norme mixte $\sum_t \left(\sum_k \|f_{t,k}\|_{\mathcal{H}_k}^q \right)^{1/q}$ est strictement convexe en tant que somme de fonctions strictement convexes. La composition par une fonction strictement croissante et strictement convexe (le carré) sur $\mathbf{R}_+$ conserve la convexité. De plus, même si la fonction de coût $H(\cdot, \cdot)$ est convexe, $S(\mathbf{f})$ est strictement convexe et admet une solution unique.

Maintenant nous introduisons

$$g(\mathbf{f}) := \min_{\mathbf{u}} \{ R(\mathbf{d}(\mathbf{f}), \mathbf{u}) \} \tag{A.26}$$

nous montrons dans la suite que la fonction $g(\mathbf{f})$ est continue. Ceci vient du fait que la fonction :

$$G(\mathbf{d}) := \min_{\mathbf{u}} R(\mathbf{d}, \mathbf{u}).$$

est elle même continue et différentiable. En effet, pour un $\mathbf{d}$ donné, le problème d'optimisation défini par $G(\mathbf{d})$ correspond à T SVM indépendants, chaque tâche étant liée au problème SVM de noyau $\sum_k d_{t,k} K_{t,k}$. Des résultats en apprentissage multitâche on montré que chaque fonction de coût SVM est continue et différentiable [Rakotomamonjy 2008a] par rapport aux poids $\{d_{t,k}\}$. Nous pouvons donc en conclure que $G(\mathbf{d})$ est aussi continue et différentiable. Finalement, $g(\mathbf{f})$ est continue en tant que somme de fonctions continues.

Maintenant, nous montrons que la séquence $\{S(\mathbf{f}^{(v)}) : v \in \mathbb{N}\}$ converge. Nous pouvons observer que, puisque $S(\mathbf{f}) = R(\mathbf{d}(\mathbf{f}), \mathbf{f})$ et $\mathbf{d}(\mathbf{f})$ minimise $R(\cdot, \mathbf{f})$, nous avons les inégalités suivantes :

$$S(\mathbf{f}^{(v+1)}) \leq g(\mathbf{f}^{(v)}) \leq S(\mathbf{f}^{(v)}).$$

Ainsi, puisque la séquence $\{S(\mathbf{f}^{(v)}) : v \in \mathbb{N}\}$ ne croît pas et puisque la fonction de coût H est bornée par en-dessous, alors lorsque v tend vers ∞, la séquence $S(\mathbf{f}^{(v)})$ converge vers une valeur $S^\star$. De la continuité et du fait que $S(\mathbf{f}^{(v)})$ est bornée, nous pouvons déduire que la régularisation par norme mixte et la séquence $\{\mathbf{f}^{(v)}\}$ sont bornées par rapport à une norme (par exemple la norme induite par le produit scalaire $\langle \mathbf{f}, \mathbf{f} \rangle = \sum_{t,k} \langle f_{t,k}, f_{t,k} \rangle_{\mathcal{H}_k}$). Par conséquent, il existe une sous-séquence $\{\mathbf{f}^{(v_i)} : i \in \mathbb{N}\}$ qui converge vers $\mathbf{f}^\star$.

Maintenant nous montrons que $\mathbf{f}^\star$ est solution du problème $R(\cdot, \cdot)$. Considérons une suite $\{\mathbf{f}^{(v_i)} : i \in \mathbb{N}\}$ de $\{\mathbf{f}^{(v)} : v \in \mathbb{N}\}$. Puisque $S(\mathbf{f}^{(v_i+1)}) \leq g(\mathbf{f}^{(v_i)}) \leq S(\mathbf{f}^{(v_i)})$, $g(\mathbf{f}^{(v_i)})$ converge vers $S^\star$. De par la continuité de $S(\mathbf{f})$ et $g(\mathbf{f})$, nous savons que $g(\mathbf{f}^\star) = S(\mathbf{f}^\star)$. Ceci implique que $\mathbf{f}^\star$ est une solution de $R(\mathbf{d}(\mathbf{f}^\star), \cdot)$ car $R(\mathbf{d}(\mathbf{f}^\star), \mathbf{f}^\star) = S(\mathbf{f}^\star)$. De plus, $\mathbf{d}(\mathbf{f}^\star)$ est solution de $R(\cdot, \mathbf{f}^\star)$ par rapport aux contraintes sur $\mathbf{d}$. Donc, puisque la fonction de coût $R(\cdot, \cdot)$ est régulière et convexe, la paire $(\mathbf{d}(\mathbf{f}^\star), \mathbf{f}^\star)$ est un point stationnaire et la solution unique du problème.

Nous avons montré que toute suite convergente de $\{\mathbf{f}^{(v)} : v \in \mathbb{N}\}$ converge vers la solution de $R(\cdot, \cdot)$. Puisque $S(\mathbf{f})$ est continue, et $\{\mathbf{f}^{(v)} : v \in \mathbb{N}\}$ est bornée, la séquence converge vers la solution de $R(\cdot, \cdot)$. $\qquad\qquad\qquad\qquad\qquad\qquad\qquad\qquad\qquad\qquad\qquad\qquad\quad\square$

Bibliographie

[ACNS 2004] ACNS. *Guideline 5 : Guidelines for Standard Electrode Position Nomenclature.* American Clinical Neurophysiology Society, 2004. (Cité en page 11.)

[Agarwal 2010] Arvind Agarwal, Hal Daume III et Samuel Gerber. *Learning Multiple Tasks using Manifold Regularization.* In J. Lafferty, C. K. I. Williams, J. Shawe-Taylor, R.S. Zemel et A. Culotta, editeurs, Advances in Neural Information Processing Systems 23, pages 46–54. http ://www.proceedings.com/, 2010. (Cité en page 54.)

[Al-Baali 1985] M. Al-Baali. *Descent property and global convergence of the Fletcher—Reeves method with inexact line search.* IMA Journal of Numerical Analysis, vol. 5, no. 1, page 121, 1985. (Cité en page 37.)

[Alamgir 2010] M. Alamgir, M. Grosse-Wentrup et Y. Altun. *Multi-task Learning for Brain-Computer Interfaces.* In AI & Statistics, 2010. (Cité en pages 19, 23, 51, 54, 114 et 115.)

[Altun 2003] Y. Altun, I. Tsochantaridis, T. Hofmann*et al. Hidden markov support vector machines.* In International Conference in Machine Learning, volume 20, page 3, 2003. (Cité en pages 56, 57 et 60.)

[Angluin 1988] D. Angluin et P. Laird. *Learning from noisy examples.* Machine Learning, vol. 2, no. 4, pages 343–370, 1988. (Cité en page 21.)

[Argyriou 2008] A. Argyriou, T. Evgeniou et M. Pontil. *Convex Multi-Task Feature Learning.* Machine Learning, vol. 73, no. 3, pages 243–272, 2008. (Cité en pages 36, 51, 53, 54, 91, 95 et 141.)

[Aronszajn 1951] N. Aronszajn. Theory of reproducing kernels. Harvard University, 1951. (Cité en page 41.)

[Bach 2004] F.R. Bach, G.R.G. Lanckriet et M.I. Jordan. *Multiple kernel learning, conic duality, and the SMO algorithm.* In Proceedings of the twenty-first international conference on Machine learning, page 6. ACM, 2004. (Cité en pages 35, 48 et 91.)

[Bach 2008a] F.R. Bach. *Consistency of the group Lasso and multiple kernel learning.* The Journal of Machine Learning Research, vol. 9, pages 1179–1225, 2008. (Cité en pages 34, 35 et 112.)

[Bach 2008b] F.R. Bach. *Consistency of trace norm minimization.* The Journal of Machine Learning Research, vol. 9, pages 1019–1048, 2008. (Cité en page 36.)

[Bach 2011] F. Bach, R. Jenatton, J. Mairal et G. Obozinski. *Convex optimization with sparsity-inducing norms.* Optimization for Machine Learning, 2011. (Cité en page 135.)

[Balcan 2008] M.F. Balcan, A. Blum et N. Srebro. *A theory of learning with similarity functions.* Machine Learning, vol. 72, no. 1, pages 89–112, 2008. (Cité en page 41.)

[Baxter 2000] J. Baxter. *A model of inductive bias learning.* J. Artif. Intell. Res. (JAIR), vol. 12, pages 149–198, 2000. (Cité en pages 51 et 89.)

[Beck 2009] A. Beck et M. Teboulle. *A fast iterative shrinkage-thresholding algorithm for linear inverse problems.* SIAM Journal on Imaging Sciences, vol. 2, pages 183–202, 2009. (Cité en pages 38, 69, 73, 113, 116, 135, 136 et 137.)

[Ben-David 2003] S. Ben-David et R. Schuller. *Exploiting task relatedness for multiple task learning.* Lecture notes in computer science, pages 567–580, 2003. (Cité en page 51.)

[Bengio 2004] S. Bengio. *Multimodal speech processing using asynchronous hidden markov models.* Information Fusion, vol. 5, no. 2, pages 81–89, 2004. (Cité en page 60.)

[Bertsekas 2003] D. Bertsekas, A. Nedic et A. Ozdaglar. Convex Analysis and Optimization. Athena Scientific, 2003. (Cité en page 39.)

[Birbaumer 2003] N. Birbaumer, T. Hinterberger, A. Kubler et N. Neumann. *The thought-translation device (TTD) : neurobehavioral mechanisms and clinical outcome.* Neural Systems and Rehabilitation Engineering, IEEE Transactions on, vol. 11, no. 2, pages 120–123, 2003. (Cité en page 9.)

[Bishop 1995] C. Bishop. Neural networks for pattern recognition. Oxford Univ. Press, 1995. (Cité en pages 54 et 56.)

[Blankertz 2004] B. Blankertz, K.-R. Muller, G. Curio, T.M. Vaughan, G. Schalk, J.R. Wolpaw, A. Schlogl, C. Neuper, G. Pfurtscheller, T. Hinterberger, M. Schroder et N. Birbaumer. *The BCI competition 2003 : progress and perspectives in detection and discrimination of EEG single trials.* IEEE Transactions on Biomedical Engineering, vol. 51, no. 6, pages 1044–1051, 2004. (Cité en pages 16, 18, 59, 78 et 82.)

[Blankertz 2006a] B. Blankertz, G. Dornhege, M. Kraudelat, K-R. Mueller, V. Kunzmann, F. Losch et G. Curio. *The Berlin Brain-Computer Interface : EEG-based communication without subject training.* IEEE Trans Neural Syst Rehabil Eng, vol. 14, no. 2, pages 147–152, 2006. (Cité en page 11.)

[Blankertz 2006b] B. Blankertz, G. Dornhege, M. Krauledat, M. Schröder, J. Williamson, R. Murray-Smith et K.R. Müller. *The Berlin brain-computer interface presents the novel mental typewriter hex-o-spell.* In Proceedings of the 3rd International Brain-Computer Interface Workshop and Training Course, pages 108–109. Citeseer, 2006. (Cité en page 13.)

[Blankertz 2006c] B. Blankertz, K.R. Muller, D.J. Krusienski, G. Schalk, J.R. Wolpaw, A. Schlogl, G. Pfurtscheller, J.R. Millan, M. Schroder et N. Birbaumer. *The BCI competition III : Validating alternative approaches to actual BCI problems.* Neural Systems and Rehabilitation Engineering, IEEE Transactions on, vol. 14, no. 2, pages 153–159, 2006. (Cité en pages 2, 15, 16, 18 et 129.)

[Bloit 2008] J. Bloit et X. Rodet. *Short-time Viterbi for online HMM decoding : Evaluation on a real-time phone recognition task.* In ICASSP, 2008. (Cité en page 59.)

[Blumberg 2007] J. Blumberg, J. Rickert, S. Waldert, A. Schulze-Bonhage, A. Aertsen et C. Mehring. *Adaptive classification for brain computer interfaces.* In Engineering in Medicine and Biology Society, 2007. EMBS 2007. 29th Annual International Conference of the IEEE, pages 2536–2539. IEEE, 2007. (Cité en page 20.)

[Boisbunon 2011] Aurélie Boisbunon, Stephane Canu et Dominique Fourdrinier. Criteria for variable selection with dependence. 2011. (Cité en page 131.)

[Bonilla 2008] E. Bonilla, K.M. Chai et C. Williams. *Multi-task Gaussian process prediction.* Advances in Neural Information Processing Systems, vol. 20, pages 153–160, 2008. (Cité en page 55.)

[Bonnans 1998] J.F. Bonnans et A. Shapiro. *Optimization problems with pertubation : A guided tour*. SIAM Review, vol. 40, no. 2, pages 202–227, 1998. (Cité en page 70.)

[Bordes 2007] A. Bordes, L. Bottou, P. Gallinari et J. Weston. *Solving multiclass support vector machines with LaRank*. In Proceedings of the 24th international conference on Machine learning, page 96. ACM, 2007. (Cité en pages 58 et 130.)

[Bordes 2008] Antoine Bordes, Nicolas Usunier et Léon Bottou. *Sequence Labelling SVMs Trained in One Pass*. In Walter Daelemans, Bart Goethals et Katharina Morik, editeurs, Machine Learning and Knowledge Discovery in Databases : ECML PKDD 2008, Lecture Notes in Computer Science, LNCS 5211, pages 146–161. Springer, 2008. (Cité en pages 55, 57 et 59.)

[Bottou 1997] Léon Bottou, Yann Le Cun et Yoshua Bengio. *Global Training of Document Processing Systems using Graph Transformer Networks*. In Proc. of Computer Vision and Pattern Recognition, pages 489–493, Puerto-Rico, 1997. IEEE. (Cité en pages 78 et 130.)

[Bousquet 2002] O. Bousquet et A. Elisseeff. *Stability and generalization*. The Journal of Machine Learning Research, vol. 2, pages 499–526, 2002. (Cité en page 28.)

[Boyd 2004] S. Boyd et L. Vandenberghe. Convex optimization. Cambridge University Press, 2004. (Cité en page 140.)

[Bradley 1998] P.S. Bradley et O.L. Mangasarian. *Feature selection via concave minimization and support vector machines*. In Machine Learning Proceedings of the Fifteenth International Conference (ICML'98), pages 82–90. Citeseer, 1998. (Cité en pages 33 et 98.)

[Buttfield 2006] A. Buttfield, P.W. Ferrez et J.R. Millan. *Towards a robust BCI : Error potentials and online learning*. Neural Systems and Rehabilitation Engineering, IEEE Transactions on, vol. 14, no. 2, pages 164–168, 2006. (Cité en page 21.)

[Camps-Valls 2007] G. Camps-Valls et M. Martínez-Ramón. Kernel methods in bioengineering, signal and image processing. Igi Global, 2007. (Cité en page 49.)

[Camps-Valls 2009] G. Camps-Valls et L. Bruzzone. Kernel methods for remote sensing data analysis. Wiley Online Library, 2009. (Cité en page 85.)

[Candes 2008] E.J. Candes, M.B. Wakin et S.P. Boyd. *Enhancing sparsity by reweighted l1 minimization*. Journal of Fourier Analysis and Applications, vol. 14, no. 5, pages 877–905, 2008. (Cité en pages 99 et 138.)

[Canu 2002] S. Canu, X. Mary et A. Rakotomamonjy. *Functional learning through kernels*. Arxiv preprint arXiv :0910.1013, 2002. (Cité en page 41.)

[Cappé 2005] O. Cappé, E. Moulines et T. Rydèn. Inference in hidden markov models. Springer, 2005. (Cité en pages 56, 59 et 60.)

[Caruana 1997] R. Caruana. *Multi-Task Learning*. Machine Learning, vol. 28, pages 41–75, 1997. (Cité en pages 50, 53 et 89.)

[Cecotti 2011] H. Cecotti, B. Rivet, M. Congedo, C. Jutten, O. Bertrand, E. Maby et J. Mattout. *A robust sensor-selection method for P300 brain–computer interfaces*. Journal of Neural Engineering, 2011. (Cité en pages 2, 18, 20 et 109.)

[Chapelle 2002] O. Chapelle, V. Vapnik, O. Bousquet et S. Mukerjhee. *Choosing multiple parameters for SVM*. Machine Learning, vol. 46, no. 1-3, pages 131–159, 2002. (Cité en pages 50, 77 et 85.)

[Chapelle 2007] O. Chapelle. *Training a Support Vector Machine in the Primal*. Neural Comput., vol. 19, no. 5, pages 1155–1178, 2007. (Cité en pages 45, 46, 67, 68, 69, 73 et 113.)

[Chapelle 2008] O. Chapelle et A. Rakotomamonjy. *Second order optimization of kernel parameters*. In Proc. of the NIPS Workshop on Kernel Learning : Automatic Selection of Optimal Kernels, 2008. (Cité en pages 49 et 72.)

[Chartrand 2009] R. Chartrand. *Fast algorithms for nonconvex compressive sensing : MRI reconstruction from very few data*. In Biomedical Imaging : From Nano to Macro, 2009. ISBI'09. IEEE International Symposium on, pages 262–265. IEEE, 2009. (Cité en page 33.)

[Chen 2009] X. Chen, W. Pan, J. Kwok et J. Carbonell. *Accelerated Gradient method for multitask sparse learning problem*. In Proceedings of the International Conference on Data Mining, 2009. (Cité en pages 35, 53, 96 et 97.)

[Chen 2010] X. Chen, Q. Lin, S. Kim, J.G. Carbonell et E.P. Xing. *An Efficient Proximal Gradient Method for General Structured Sparse Learning*. Arxiv preprint arXiv :1005.4717, 2010. (Cité en pages 35, 91 et 131.)

[Chiappa 2003] S Chiappa et J del R. Millan. Data set v mental imagery, multi-class. BCI Competition III, 2003. (Cité en pages 16 et 18.)

[Christensen 2008] M.G. Christensen, J.H. Jensen, A. Jakobsson et S.H. Jensen. *On optimal filter designs for fundamental frequency estimation*. Signal Processing Letters, IEEE, vol. 15, pages 745–748, 2008. (Cité en page 78.)

[Christensen 2010] M.G. Christensen et A. Jakobsson. *Optimal filter designs for separating and enhancing periodic signals*. Signal Processing, IEEE Transactions on, vol. 58, no. 12, pages 5969–5983, 2010. (Cité en page 78.)

[Clemençon 2008] S. Clemençon, G. Lugosi et N. Vayatis. *Ranking and empirical minimization of U-statistics*. The Annals of Statistics, vol. 36, no. 2, pages 844–874, 2008. (Cité en page 18.)

[Collins 2002] M. Collins. *Discriminative training methods for hidden markov models : Theory and experiments with perceptron algorithms*. In Proceedings of the ACL-02 conference on Empirical methods in natural language processing-Volume 10, pages 1–8. Association for Computational Linguistics Morristown, NJ, USA, 2002. (Cité en page 56.)

[Combettes 2011] P.L. Combettes et J.C. Pesquet. *Proximal splitting methods in signal processing*. Fixed-Point Algorithms for Inverse Problems in Science and Engineering, pages 185–212, 2011. (Cité en page 135.)

[Cortes 2009] C. Cortes, M. Mohri et A. Rostamizadeh. *L2 Regularization for learning kernels*. In Proceedings of the 25th Conference in Uncertainty in Artificial Intelligence, 2009. (Cité en page 49.)

[Cotter 2005] S.F. Cotter, B.D. Rao, K. Engan et K. Kreutz-Delgado. *Sparse solutions to linear inverse problems with multiple measurement vectors*. Signal Processing, IEEE Transactions on, vol. 53, no. 7, pages 2477–2488, 2005. (Cité en page 76.)

[Cristianini 1999] N. Cristianini, C. Campbell et J. Shawe-Taylor. *Dynamically adapting kernels in support vector machines*. Advances in neural information processing systems, pages 204–210, 1999. (Cité en page 50.)

[Darroch 1972] JN Darroch et D. Ratcliff. *Generalized iterative scaling for log-linear models*. The Annals of Mathematical Statistics, vol. 43, pages 1470–1480, 1972. (Cité en page 58.)

[Daubechies 2009] I. Daubechies, R. DeVore, M. Fornasier et S. Gunturk. *Iteratively reweighted least squares minimization for sparse recovery.* Commun. Pure Appl. Math, vol. to appear, 2009. (Cité en pages 99 et 138.)

[Daubechies 2010] I. Daubechies, R. DeVore, M. Fornasier et S. Gunturk. *Iteratively reweighted least squares minimization for sparse recovery.* Communications on Pure and Applied Mathematics, vol. 63, no. 1, pages 1–38, 2010. (Cité en page 76.)

[de Vries 1992] B. de Vries et J. C. Principe. *The Gamma model – A new neural model for temporal processing.* Neural Networks, vol. 5, no. 4, pages 565–576, 1992. (Cité en page 78.)

[DeCoste 2000] D. DeCoste et K. Wagstaff. *Alpha Seeding for Support Vector Machines.* In International Conference on Knowledge Discovery and Data Mining, 2000. (Cité en pages 38 et 95.)

[Dehaene 1994] S. Dehaene, M.I. Posner et D.M. Tucker. *Localization of a neural system for error detection and compensation.* Psychological Science, vol. 5, no. 5, pages 303–305, 1994. (Cité en page 123.)

[Depecker 2010] M. Depecker. *Méthodes d'apprentissage statistique pour le scoring.* PhD thesis, Ecole Nationale Supérieure des Télécommunications, 2010. (Cité en page 18.)

[Do 2009] Trinh Minh Tri Do et Thierry Artières. *Learning mixture models with support vector machines for sequence classification and segmentation.* Pattern Recognition, vol. 42, no. 12, pages 3224 – 3230, 2009. New Frontiers in Handwriting Recognition. (Cité en page 56.)

[Donoho 1989] D.L. Donoho et P.B. Stark. *Uncertainty principles and signal recovery.* SIAM Journal on Applied Mathematics, pages 906–931, 1989. (Cité en page 33.)

[Donoho 2006] D.L. Donoho. *Compressed sensing.* Information Theory, IEEE Transactions on, vol. 52, no. 4, pages 1289–1306, 2006. (Cité en page 33.)

[Dornhege 2006] G. Dornhege, B. Blankertz, M. Krauledat, F. Losch, G. Curio et K. Muller. *Optimizing spatio-temporal filters for improving brain-computer interfacing.* Advances in Neural Information Processing Systems, vol. 18, page 315, 2006. (Cité en pages 16, 77 et 85.)

[Dornhege 2007a] G. Dornhege, M. Krauledat, K.R. Muller et B. Blankertz. *General Signal Processing and Machine Learning Tools for BCI Analysis.* Toward brain-computer interfacing, page 207, 2007. (Cité en pages 15 et 16.)

[Dornhege 2007b] G. Dornhege, J.R. Millán, T. Hinterberger, D. McFarland et K.R. Müller. *Toward brain-computer interfacing*, volume 74. Mit Press Cambridge, MA, 2007. (Cité en pages 1, 7, 9, 10, 12, 13, 16 et 21.)

[Duda 2001] R. Duda, P. Hart et D. Stork. *Pattern classification.* Wiley Interscience, 2001. (Cité en pages 25 et 26.)

[Evgeniou 2002] T. Evgeniou, T. Poggio, M. Pontil et A. Verri. *Regularization and statistical learning theory for data analysis.* Computational Statistics & Data Analysis, vol. 38, no. 4, pages 421–432, 2002. (Cité en page 28.)

[Evgeniou 2004] T. Evgeniou et M. Pontil. *Regularized multi-task learning.* In Proceedings of the tenth Conference on Knowledge Discovery and Data mining, 2004. (Cité en pages 52, 61, 89, 114, 115 et 128.)

[Evgeniou 2005] T. Evgeniou, C. Micchelli et M. Pontil. *Learning multiple tasks with kernel methods*. Journal of Machine Learning Research, vol. 6, pages 615–637, 2005. (Cité en pages 52 et 128.)

[Farwell 1988] L.A. Farwell et E. Donchin. *Talking off the top of your head : toward a mental prosthesis utilizing event-related brain potentials*. Electroencephalography and clinical Neurophysiology, vol. 70, no. 6, pages 510–523, 1988. (Cité en pages 7, 9, 10, 13, 16 et 121.)

[Fasshauer 2011] G.E. Fasshauer. *Positive Definite Kernels : Past, Present and Future*. Rapport technique, Illinois Institute of Technology, 2011. (Cité en page 41.)

[Fauvel 2012] M. Fauvel, J. Chanussot et J. A. Benediktsson. *A spatial-spectral kernel-based approach for the classification of remote-sensing images*. Pattern Recogn., vol. 45, pages 381–392, January 2012. (Cité en page 85.)

[Fazli 2009] S. Fazli, F. Popescu, M. Danóczy, B. Blankertz, K.R. Müller et C. Grozea. *Subject-independent mental state classification in single trials*. Neural networks, vol. 22, no. 9, pages 1305–1312, 2009. (Cité en page 19.)

[Ferrez 2007] P.W. Ferrez et J.R. Millán. *Error-related EEG potentials in brain-computer interfaces*. Towards Brain-Computer Interfacing. MIT Press, Cambridge, Massachusetts, 2007. (Cité en pages 13 et 21.)

[Flamary 2009a] R. Flamary, A. Rakotomamonjy, G. Gasso et S. Canu. *Selection de variables pour l'apprentissage simultanée de tâches*. In Conférence en Apprentissage (CAp'09), 2009. (Cité en pages 4 et 23.)

[Flamary 2009b] R. Flamary, J. L. Rose, A. Rakotomamonjy et S. Canu. *Variational Sequence Labeling*. In IEEE Workshop in Machine Learning for Signal Processing (MLSP), 2009. (Cité en page 59.)

[Flamary 2010a] R. Flamary, B. Labbé et A. Rakotomamonjy. *Filtrage vaste marge pour l'étiquetage séquentiel de signaux*. In Conference en Apprentissage CAp, 2010. (Cité en pages 3 et 22.)

[Flamary 2010b] R. Flamary, B. Labbé et A. Rakotomamonjy. *Large margin filtering for signal sequence labeling*. In International Conference on Acoustic, Speech and Signal Processing 2010, 2010. (Cité en pages 3, 22 et 82.)

[Flamary 2011a] R. Flamary, D. Tuia, B. Labbe, G. Camps-Valls et A. Rakotomamonjy. *Large Margin Filtering*. Signal Processing, IEEE Transactions on, vol. PP, no. 99, page 1, 2011. (Cité en page 71.)

[Flamary 2011b] R. Flamary, F. Yger et A. Rakotomamonjy. *Selecting from an infinite set of features*. In Proceedings of the European Symposium on Artificial Neural Networks, 2011. (Cité en pages 2, 20, 50 et 130.)

[Fletcher 1964] R. Fletcher et CM Reeves. *Function minimization by conjugate gradients*. The computer journal, vol. 7, no. 2, page 149, 1964. (Cité en page 134.)

[Friedman 2010] J. Friedman, T. Hastie et R. Tibshirani. *A note on the group lasso and a sparse group lasso*. Arxiv preprint arXiv :1001.0736, 2010. (Cité en page 35.)

[Fu 2006] H. Fu, M.K. Ng, M. Nikolova et J.L. Barlow. *Efficient Minimization Methods of Mixed l2-l1 and l1-l1 Norms for Image Restoration*. SIAM Journal on Scientific Computing, vol. 27, page 1881, 2006. (Cité en page 33.)

[Furdea 2009] A. Furdea, S. Halder, DJ Krusienski, D. Bross, F. Nijboer, N. Birbaumer et A. Kübler. *An auditory oddball (P300) spelling system for brain-computer interfaces.* Psychophysiology, vol. 46, no. 3, pages 617–625, 2009. (Cité en page 14.)

[Gai 2010] Kun Gai, Guangyun Chen et Changshui Zhang. *Learning Kernels with Radiuses of Minimum Enclosing Balls.* In J. Lafferty, C. K. I. Williams, J. Shawe-Taylor, R.S. Zemel et A. Culotta, editeurs, Advances in Neural Information Processing Systems 23, pages 649–657. Citeseer, 2010. (Cité en page 50.)

[Ganapathiraju 2004] A. Ganapathiraju, J. Hamaker et J. Picone. *Applications of support vector machines to speech recognition.* IEEE Transactions on Signal Processing, vol. 52, no. 8, pages 2348–2355, 2004. (Cité en page 57.)

[Garrett 2003] D. Garrett, D.A. Peterson, C.W. Anderson et M.H. Thaut. *Comparison of linear, nonlinear, and feature selection methods for EEG signal classification.* Neural Systems and Rehabilitation Engineering, IEEE Transactions on, vol. 11, no. 2, pages 141–144, 2003. (Cité en page 17.)

[Gasso 2009] G. Gasso, A. Rakotomamonjy et S. Canu. *Recovering sparse signals with a certain family of nonconvex penalties and DC programming.* Signal Processing, IEEE Transactions on, vol. 57, no. 12, pages 4686–4698, 2009. (Cité en pages 114 et 138.)

[Gehler 2008] P. Gehler et S. Nowozin. *Infinite Kernel Learning.* In NIPS workshop on Automatic Selection of Kernel Parameters, 2008. (Cité en page 130.)

[Gehler 2009] Peter Gehler et Sebastian Nowozin. *Let the Kernel Figure it Out : Principled Learning of Pre-processing for Kernel Classifiers.* In Proceedings of the IEEE Computer Society Conference on Computer Vision and Pattern Recognition, 2009. (Cité en page 49.)

[Golub 1996] G.H. Golub et C.F. Van Loan. *Matrix computations.* Johns Hopkins Univ Pr, 1996. (Cité en page 73.)

[Gorodnitsky 1997] I.F. Gorodnitsky et B.D. Rao. *Sparse signal reconstruction from limited data using FOCUSS : A re-weighted minimum norm algorithm.* Signal Processing, IEEE Transactions on, vol. 45, no. 3, pages 600–616, 1997. (Cité en pages 33 et 76.)

[Gouy-Pailler 2010] C. Gouy-Pailler, M. Sebag, A. Souloumiac et A. Larue. *Ensemble learning for brain computer-interface using uncooperative democratic echo state communities.* In Cinquième conférence plénière française de Neurosciences Computationnelles, "Neurocomp'10", Lyon, France, 2010. paper ID #55. (Cité en page 17.)

[Gouy-Pailler 2011] C. Gouy-Pailler, M. Sebag, A. Larue et A. Souloumiac. *Single trial variability in brain–computer interfaces based on motor imagery : Learning in the presence of labeling noise.* International Journal of Imaging Systems and Technology, vol. 21, no. 2, pages 148–157, 2011. (Cité en pages 21 et 131.)

[Grandvalet 2003] Y. Grandvalet et S. Canu. *Adaptive Scaling for Feature Selection in SVMs.* In Advances in Neural Information Processing Systems, volume 15. MIT Press, 2003. (Cité en pages 50 et 77.)

[Grandvalet 2006] Y. Grandvalet, J. Mariethoz et S. Bengio. *A probabilistic interpretation of SVMs with an application to unbalanced classification.* Advances in Neural Information Processing Systems, vol. 18, page 467, 2006. (Cité en page 47.)

[Hager 2006] W.W. Hager et H. Zhang. *A survey of nonlinear conjugate gradient methods.* Pacific journal of Optimization, vol. 2, no. 1, pages 35–58, 2006. (Cité en pages 37, 71 et 134.)

[Hastie 2001] T. Hastie, J. Friedman et R. Tibshirani. *The elements of statistical learning.* Springer Series in Statistics, 2001. (Cité en pages 25, 27, 30, 32 et 47.)

[Haykin 1994] S. Haykin. *Neural networks : a comprehensive foundation.* Prentice Hall PTR Upper Saddle River, NJ, USA, 1994. (Cité en pages 25 et 30.)

[Hérault 2007] R. Hérault et Y. Grandvalet. *Sparse probabilistic classifiers.* In Proceedings of the 24th international conference on Machine learning, pages 337–344. ACM, 2007. (Cité en page 33.)

[Hild II 2010] K. E. Hild II, M. Kurimo et V.D. Calhoun. *The sixth annual MLSP competition, 2010.* In Machine Learning for Signal Processing (MLSP), 2010 IEEE International Workshop on. IEEE, 2010. (Cité en page 18.)

[Hill 2006] N. Hill, T. Lal, M. Schröder, T. Hinterberger, G. Widman, C. Elger, B. Schölkopf et N. Birbaumer. *Classifying event-related desynchronization in EEG, ECoG and MEG signals.* Pattern Recognition, pages 404–413, 2006. (Cité en page 12.)

[Hiriart-Urruty 2009] J.B. Hiriart-Urruty. *Optimisation et analyse convexe : exercices et pro-blèmes corrigés, avec rappels de cours.* L'Editeur : EDP Sciences, 2009. (Cité en page 39.)

[Hoffmann 2008] U. Hoffmann, J.M. Vesin, T. Ebrahimi et K. Diserens. *An efficient P300-based brain-computer interface for disabled subjects.* Journal of Neuroscience methods, vol. 167, no. 1, pages 115–125, 2008. (Cité en pages 17, 104 et 116.)

[Hofmann 2008] T. Hofmann, B. Schölkopf et A.J. Smola. *Kernel methods in machine learning.* The annals of statistics, vol. 36, no. 3, pages 1171–1220, 2008. (Cité en page 44.)

[Hunter 2004] D.R. Hunter et K. Lange. *A Tutorial on MM Algorithms.* The American Statis-tician, vol. 58, no. 1, pages 30–38, 2004. (Cité en pages 98 et 137.)

[Isaacs 2000] R.E. Isaacs, DJ Weber et A.B. Schwartz. *Work toward real-time control of a cortical neural prothesis.* Rehabilitation Engineering, IEEE Transactions on, vol. 8, no. 2, pages 196–198, 2000. (Cité en page 11.)

[Jacob 2008] L. Jacob, F. Bach et J.-P. Vert. *Clustered Multi-Task Learning : A Convex For-mulation.* In Advances in Neural Information Processing Systems, NIPS, 2008. (Cité en pages 51, 52, 53, 89 et 130.)

[Jacob 2009] L. Jacob, G. Obozinski et J.P. Vert. *Group lasso with overlap and graph lasso.* In Proceedings of the 26th Annual International Conference on Machine Learning, pages 433–440. ACM, 2009. (Cité en page 35.)

[Jacques 2011] L. Jacques, D.K. Hammond et J.M. Fadili. *Dequantizing compressed sensing : When oversampling and non-gaussian constraints combine.* Information Theory, IEEE Transactions on, vol. 57, no. 1, pages 559–571, 2011. (Cité en pages 34 et 97.)

[Jenatton 2009] R. Jenatton, J.Y. Audibert et F. Bach. *Structured variable selection with sparsity-inducing norms.* Arxiv preprint arXiv :0904.3523, 2009. (Cité en page 131.)

[Jenatton 2010] R. Jenatton, G. Obozinski et F. Bach. *Structured Sparse Principal Component Analysis.* In Proceedings of the International Conference on Artificial Intelligence and Statistics, 2010. (Cité en page 35.)

[Ji 2009] S. Ji et J. Ye. *An accelerated gradient method for trace norm minimization*. In Proceedings of the 26th Annual International Conference on Machine Learning, pages 457–464. ACM, 2009. (Cité en page 36.)

[Jrad 2011a] N. Jrad, M. Congedo*et al.* *Identification of sparse spatio-temporal features in Evoked Response Potentials*. In European Symposium on Artificial Neural Networks, ESANN, 2011. (Cité en page 131.)

[Jrad 2011b] N. Jrad, M. Congedo, R. Phlypo, S. Rousseau, R. Flamary, F. Yger et A. Rakotomamonjy. *sw-SVM : sensor weighting support vector machines for EEG-based brain–computer interfaces*. Journal of Neural Engineering, vol. 8, page 056004, 2011. (Cité en pages 20, 109, 112 et 117.)

[Kaper 2004] M. Kaper, P. Meinicke, U. Grossekathoefer, T. Lingner et H. Ritter. *BCI competition 2003-data set IIb : Support vector machines for the P300 speller paradigm*. Biomedical Engineering, IEEE Transactions on, vol. 51, no. 6, pages 1073–1076, 2004. (Cité en pages 15 et 17.)

[Kloft 2009] M. Kloft, U. Brefeld, S. Sonnenburg, P. Laskov, K.R. Müller et A. Zien. *Efficient and accurate lp-norm multiple kernel learning*. Advances in Neural Information Processing Systems, vol. 22, no. 22, pages 997–1005, 2009. (Cité en pages 33, 49 et 96.)

[Kloft 2010] M. Kloft, U. Rückert et P. Bartlett. *A unifying view of multiple kernel learning*. Machine Learning and Knowledge Discovery in Databases, pages 66–81, 2010. (Cité en page 49.)

[Kloft 2011] M. Kloft, U. Brefeld, S. Sonnenburg et A. Zien. *Non-Sparse Regularization and Efficient Training with Multiple Kernels*. Journal of Machine Learning Research, vol. to appear, 2011. (Cité en page 35.)

[Kohlmorgen 2001] J. Kohlmorgen et S. Lemm. *A Dynamic HMM for On-line Segmentation of Sequential Data*. In Neural Information Processing Systems, 2001. (Cité en page 59.)

[Kowalski 2009a] M. Kowalski. *Sparse Regression Using Mixed norms*. Applied and Computational Harmonic Analysis, vol. 27, no. 3, pages 303–324, 2009. (Cité en page 35.)

[Kowalski 2009b] M. Kowalski, M. Szafranski et L. Ralaivola. *Multiple Indefinite Kernel Learning with Mixed Norm Regularization*. In Proceedings of the International Conference on Machine Learning, 2009. (Cité en page 35.)

[Krauledat 2008] M. Krauledat, M. Tangermann, B. Blankertz et K.R. Müller. *Towards zero training for brain-computer interfacing*. PLoS One, vol. 3, no. 8, page e2967, 2008. (Cité en pages 2 et 19.)

[Krusienski 2006] D.J. Krusienski, E.W. Sellers, F. Cabestaing, S. Bayoudh, D.J. McFarland, T.M. Vaughan et J.R. Wolpaw. *A comparison of classification techniques for the P300 speller*. Journal of neural engineering, vol. 3, page 299, 2006. (Cité en page 17.)

[Krusienski 2007] D.J. Krusienski, G. Schalk, D.J. McFarland et J.R. Wolpaw. *A mu-Rhythm Matched Filter for Continuous Control of a Brain-Computer Interface*. Biomedical Engineering, IEEE Transactions on, vol. 54, no. 2, pages 273–280, Feb. 2007. (Cité en pages 10 et 12.)

[Krusienski 2008] DJ Krusienski, EW Sellers, DJ McFarland, TM Vaughan et JR Wolpaw. *Towards enhanced P300 speller performances*. Journal of neuroscience methods, vol. 167, no. 1, pages 15–21, 2008. (Cité en pages 13, 15, 20, 117 et 120.)

[Kuruvilla 2003] A. Kuruvilla et R. Flink. *Intraoperative electrocorticography in epilepsy surgery : useful or not ?* Seizure, vol. 12, no. 8, pages 577–584, 2003. (Cité en page 10.)

[Labbé 2010] B. Labbé, X. Tian et A. Rakotomamonjy. *MLSP Competition, 2010 : Description of third place method.* In Machine Learning for Signal Processing (MLSP), 2010 IEEE International Workshop on, pages 116–117. IEEE, 2010. (Cité en pages 2, 15, 16, 17 et 20.)

[Lafferty 2001] J. Lafferty, A.McCallum et F. Pereira. *Conditional Random Fields : Probabilistic Models for Segmenting and Labeling Sequence Data.* In Proc. 18th International Conf. on Machine Learning, pages 282–289, 2001. (Cité en pages 56, 58, 60 et 78.)

[Lanckriet 2004] G. Lanckriet, N. Cristianini, L. El Ghaoui, P. Bartlett et M. Jordan. *Learning the Kernel Matrix with Semi-Definite Programming.* Journal of Machine Learning Research, vol. 5, pages 27–72, 2004. (Cité en pages 47 et 48.)

[Lawrence 1996] S. Lawrence et A. C. Tsoi. *The Gamma MLP for speech phoneme recognition.* In IEEE Workshop on Neural Networks for Signal Processing VII, pages 785–791. MIT Press, 1996. (Cité en page 78.)

[Le Cun 1998] Yann Le Cun, Léon Bottou, Yoshua Bengio et Patrick Haffner. *Gradient Based Learning Applied to Document Recognition.* Proceedings of IEEE, vol. 86, no. 11, pages 2278–2324, 1998. (Cité en page 25.)

[LeCun 1995] Y. LeCun et Y. Bengio. *Convolutional networks for images, speech, and time series.* The handbook of brain theory and neural networks, pages 255–258, 1995. (Cité en page 78.)

[Ledesma-Ramirez 2010] Claudia Ledesma-Ramirez, Erik Bojorges Valdez, Oscar Yáñez Suarez, Carolina Saavedra, Laurent Bougrain et Gerardo Gabriel Gentiletti. *An Open-Access P300 Speller Database.* In Fourth International Brain-Computer Interface Meeting, 2010. (Cité en page 117.)

[Leuthardt 2004] E. Leuthardt, G. Schalk, J. Wolpaw, J. Ojemann et D. Moran. *A brain-computer interface using electrocorticographic signals in humans.* Journal of Neural Engineering, vol. 1, page 63, 2004. (Cité en page 10.)

[Lin 2007] H.T. Lin, C.J. Lin et R.C. Weng. *A note on Platt's probabilistic outputs for support vector machines.* Machine Learning, vol. 68, no. 3, pages 267–276, 2007. (Cité en page 47.)

[Loosli 2007] G. Loosli, S. Canu et L. Bottou. *Training invariant support vector machines using selective sampling.* Large scale kernel machines, pages 301–320, 2007. (Cité en page 74.)

[Lotte 2007] F. Lotte, M. Congedo, A. Lécuyer, F. Lamarche et B. Arnaldi. *A review of classification algorithms for EEG-based brain-computer interfaces.* Journal of neural engineering, vol. 4, page R1, 2007. (Cité en page 17.)

[Lotte 2008] F. Lotte. *Study of Electroencephalographic Signal Processing and Classification Techniques towards the use of Brain-Computer Interfaces in Virtual Reality Applications.* PhD thesis, INSA de Rennes, 2008. (Cité en page 10.)

[Lotte 2010a] F. Lotte et C. Guan. *Learning from other Subjects Helps Reducing Brain-Computer Interface Calibration Time.* In International Conference on Audio, Speech and Signal Processing (ICASSP'2010), 2010. (Cité en page 19.)

[Lotte 2010b] F. Lotte et C. Guan. *Regularizing common spatial patterns to improve BCI designs : unified theory and new algorithms.* Biomedical Engineering, IEEE Transactions on, no. 99, pages 1–1, 2010. (Cité en pages 15, 16, 17, 18 et 20.)

[Lounici 2009] K. Lounici, M. Pontil, A.B. Tsybakov et S. Van De Geer. *Taking advantage of sparsity in multi-task learning*. Arxiv preprint arXiv :0903.1468, 2009. (Cité en page 89.)

[Luck 2005] S.J. Luck. *An introduction to the event-related potential technique*. MIT Press, 2005. (Cité en page 13.)

[Luo 2007] G Luo et W. Min. *Subject-adaptive real-time sleep stage classification based on conditional random field*. In AMIA Annu Symp Proc., 2007. (Cité en page 58.)

[Mairal 2010] J. Mairal, R. Jenatton, G. Obozinski et F. Bach. *Network flow algorithms for structured sparsity*. Arxiv preprint arXiv :1008.5209, 2010. (Cité en page 35.)

[McFarland 1997] D.J. McFarland, L.M. McCane, S.V. David et J.R. Wolpaw. *Spatial filter selection for EEG-based communication*. Electroencephalography and clinical Neurophysiology, vol. 103, no. 3, pages 386–394, 1997. (Cité en page 15.)

[McFarland 2003] D.J. McFarland, W.A. Sarnacki et J.R. Wolpaw. *Brain-computer interface (BCI) operation : optimizing information transfer rates*. Biological psychology, vol. 63, no. 3, pages 237–251, 2003. (Cité en page 13.)

[Mehring 2003] C. Mehring, J. Rickert, E. Vaadia, S.C. de Oliveira, A. Aertsen et S. Rotter. *Inference of hand movements from local field potentials in monkey motor cortex*. Nature Neuroscience, vol. 6, no. 12, pages 1253–1254, 2003. (Cité en page 11.)

[Meier 2008] L. Meier, S. Van De Geer et P. Bühlmann. *The group lasso for logistic regression*. group, vol. 70, no. Part 1, pages 53–71, 2008. (Cité en page 35.)

[Meinicke 2003] P. Meinicke, M. Kaper, F. Hoppe, M. Heumann et H. Ritter. *Improving transfer rates in brain computer interfacing : a case study*. Advances in Neural Information Processing Systems, pages 1131–1138, 2003. (Cité en page 17.)

[Mellinger 2007] J. Mellinger, G Schalk, C Braun, H Preissl, N Birbaumer et A Kübler. *An MEG-based brain-computer interface (BCI)*. Neuroimage, vol. 36, no. 3, pages 581–593, 2007. (Cité en page 11.)

[Micchelli 2005] C. Micchelli et M. Pontil. *Learning the kernel function via regularization*. Journal of Machine Learning Research, vol. 6, pages 1099–1125, 2005. (Cité en page 92.)

[Millán 2004] J. del R Millán. *On the need for on-line learning in brain-computer interfaces*. In Proc. Int. Joint Conf. on Neural Networks, 2004. (Cité en pages 20 et 59.)

[Millán 2007] J.R. Millán, A. Buttfield, C. Vidaurre, M. Krauledat, A. Schögl, P. Shenoy, B. Blankertz, RPN Rao, R. Cabeza, G. Pfurtscheller*et al. Adaptation in brain-computer interfaces*. Toward Brain-Computer Interfacing, pages 303–326, 2007. (Cité en pages 9 et 20.)

[Mukherjee 2002] S. Mukherjee, R. Rifkin et T. Poggio. *Regression and classification with regularization*, 2002. (Cité en page 28.)

[Muller 2003] K.R. Muller, C.W. Anderson et G.E. Birch. *Linear and nonlinear methods for brain-computer interfaces*. Neural Systems and Rehabilitation Engineering, IEEE Transactions on, vol. 11, no. 2, pages 165–169, 2003. (Cité en page 17.)

[Nesterov 2005] Y. Nesterov. *Smooth minimization of non-smooth functions*. Mathematical Programming, vol. 100, pages 127–152, 2005. (Cité en page 38.)

[Nesterov 2007] Y. Nesterov. *Gradient methods for minimizing composite objective function*. ReCALL, vol. 76, no. 2007076, 2007. (Cité en page 135.)

[Nguyen 2007] Nam Nguyen et Yunsong Guo. *Comparisons of sequence labeling algorithms and extensions.* In ICML '07 : Proceedings of the 24th international conference on Machine learning, pages 681–688, New York, NY, USA, 2007. ACM. (Cité en pages 55 et 58.)

[Niaf 2011] E. Niaf, R. Flamary, C. Lartizien et S. Canu. *Handling uncertainties in SVM classification.* In IEEE Workshop on Statistical Signal Processing, 2011. (Cité en page 47.)

[Nikolova 2000] M. Nikolova. *Local strong homogeneity of a regularized estimator.* SIAM Journal on Applied Mathematics, pages 633–658, 2000. (Cité en page 39.)

[Nikolova 2006] M. Nikolova. *Analysis of the recovery of edges in images and signals by minimizing nonconvex regularized least-squares.* Multiscale Modeling and Simulation, vol. 4, no. 3, pages 960–991, 2006. (Cité en page 33.)

[Nocedal 2000] J. Nocedal et S. Wright. *Numerical optimization.* Springer, 2000. (Cité en pages 36, 37, 56, 71 et 134.)

[Obozinski 2009] G. Obozinski, B. Taskar et M.I. Jordan. *Joint covariate selection and joint subspace selection for multiple classification problems.* Statistics and Computing, vol. 20, pages 231–252, 2009. (Cité en pages 35, 53, 89, 91 et 100.)

[Obozinski 2010] G. Obozinski, B. Taskar et M.I. Jordan. *Joint covariate selection and joint subspace selection for multiple classification problems.* Statistics and Computing, vol. 20, no. 2, pages 231–252, 2010. (Cité en pages 54, 61 et 89.)

[Ong 2004] C.S. Ong, X. Mary, S. Canu et A.J. Smola. *Learning with non-positive kernels.* In Proceedings of the twenty-first international conference on Machine learning, page 81. ACM, 2004. (Cité en page 41.)

[Ong 2008] C. Ong et A. Zien. *An automated combination of kernels for predicting protein subcellular localization.* In Proceedings of the 8th Workshop on Algorithms in Bioinformatics (WABI 2008), pages 186–197, 2008. (Cité en page 106.)

[Parzen 1962] E. Parzen. *On estimation of a probability density function and mode.* The annals of mathematical statistics, vol. 33, no. 3, pages 1065–1076, 1962. (Cité en page 44.)

[Patent 2009] United States Patent. Method and system for subject-adaptive real-time sleep stage classification. 7509163, 03 2009. (Cité en page 58.)

[Peyré 2011] G. Peyré et J. Fadili. *Group Sparsity with Overlapping Partition Functions.* In EUSIPCO, 2011. (Cité en pages 35 et 131.)

[Pfurtscheller 2000] G. Pfurtscheller, C. Neuper, C. Guger, W. Harkam, H. Ramoser, A. Schlogl, B. Obermaier et M. Pregenzer. *Current trends in Graz brain-computer interface (BCI) research.* Rehabilitation Engineering, IEEE Transactions on, vol. 8, no. 2, pages 216–219, 2000. (Cité en pages 12, 13, 15, 18 et 20.)

[Pistohl 2008] T. Pistohl, T. Ball, A. Schulze-Bonhage, A. Aertsen et C. Mehring. *Prediction of arm movement trajectories from ECoG-recordings in humans.* Journal of Neuroscience Methods, vol. 167, no. 1, pages 105–114, Janvier 2008. (Cité en pages 10, 15, 21 et 65.)

[Platt 1999] J.C. Platt. *Probabilistic outputs for support vector machines and comparisons to regularized likelihood methods.* Advances in large margin classifiers, 1999. (Cité en page 47.)

[Quattoni 2009] A. Quattoni, X. Carreras, M. Collins et T. Darrell. *An efficient projection for $\ell_{1,\infty}$ regularization.* In Proceedings of the 26th International Conference on Machine Learning, 2009. (Cité en page 96.)

[Rabiner 1989] Lawrence Rabiner. *A tutorial on HMM and selected applications in speech recognition*. Proceedings of the IEEE, vol. 77, no. 2, pages 257–286, February 1989. (Cité en page 56.)

[Rakotomamonjy 2008a] A. Rakotomamonjy, F. Bach, Y. Grandvalet et S. Canu. *SimpleMKL*. Journal of Machine Learning Research, vol. 9, pages 2491–2521, 2008. (Cité en pages 38, 47, 49, 71, 92, 93, 96, 101, 105, 112 et 142.)

[Rakotomamonjy 2008b] A. Rakotomamonjy et V. Guigue. *BCI Competition III : Dataset II - Ensemble of SVMs for BCI P300 speller*. IEEE Trans. Biomedical Engineering, vol. 55, no. 3, pages 1147–1154, 2008. (Cité en pages 15, 17, 18, 20, 117 et 120.)

[Rakotomamonjy 2011] A Rakotomamonjy, R Flamary, G Gasso et S Canu. *lp-lq penalty for sparse linear and sparse multiple kernel multi-task learning,*. IEEE Transactions on Neural Networks, vol. 22, no. 8, pages 1307–1320, 2011. (Cité en pages 4 et 23.)

[Ralaivola 2010] L. Ralaivola, M. Szafranski et G. Stempfel. *Chromatic pac-bayes bounds for non-iid data : Applications to ranking and stationary β-mixing processes*. The Journal of Machine Learning Research, vol. 11, pages 1927–1956, 2010. (Cité en page 130.)

[Ramoser 2000] H. Ramoser, J. Muller-Gerking et G. Pfurtscheller. *Optimal spatial filtering of single trial EEG during imagined hand movement*. Rehabilitation Engineering, IEEE Transactions on, vol. 8, no. 4, pages 441–446, 2000. (Cité en page 16.)

[Renard 2010] Y. Renard, F. Lotte, G. Gibert, M. Congedo, E. Maby, V. Delannoy, O. Bertrand et A. Lécuyer. *Openvibe : An open-source software platform to design, test, and use brain-computer interfaces in real and virtual environments*. Presence : teleoperators and virtual environments, vol. 19, no. 1, pages 35–53, 2010. (Cité en page 14.)

[Rivet 2009] B. Rivet, A. Souloumiac, V. Attina et G. Gibert. *xDAWN algorithm to enhance evoked potentials : application to brain–computer interface*. Biomedical Engineering, IEEE Transactions on, vol. 56, no. 8, pages 2035–2043, 2009. (Cité en pages 16, 17 et 36.)

[Rivet 2010] B. Rivet, H. Cecotti, R. Phlypo, O. Bertrand, E. Maby et J. Mattout. *EEG sensor selection by sparse spatial filtering in P300 speller brain-computer interface*. In Engineering in Medicine and Biology Society (EMBC), 2010 Annual International Conference of the IEEE, pages 5379–5382. IEEE, 2010. (Cité en pages 20 et 120.)

[Rockafellar 1997] R.T. Rockafellar. *Convex analysis*, volume 28. Princeton Univ Pr, 1997. (Cité en page 65.)

[Saab 2008] Rayan Saab, Rick Chartrand et Özgür Yilmaz. *Stable sparse approximations via nonconvex optimization*. In 33rd International Conference on Acoustics, Speech, and Signal Processing (ICASSP), 2008. (Cité en page 97.)

[Saavedra 2010] Carolina Saavedra et Laurent Bougrain. *Wavelet denoising for P300 single-trial detection*. In Neurocomp, editeur, Proceedings of the 5th french conference on computational neuroscience - Neurocomp'10, pages 227–231, 2010. (Cité en page 117.)

[Salenius 1996] S. Salenius, R. Salmelin, C. Neuper, G. Pfurtscheller et R. Hari. *Human cortical 40 Hz rhythm is closely related to EMG rhythmicity*. Neuroscience letters, vol. 213, no. 2, pages 75–78, 1996. (Cité en page 21.)

[Sannelli 2008] C. Sannelli, M. Braun, M. Tangermann et K.R. Müller. *Estimating noise and dimensionality in BCI data sets : Towards illiteracy comprehension*. In Proceedings of the 4th International brain–computer Interface Workshop and Training Course, pages 26–31. Citeseer, 2008. (Cité en page 10.)

[Schalk 2004] G. Schalk, D.J. McFarland, T. Hinterberger, N. Birbaumer et J.R. Wolpaw. *BCI2000 : a general-purpose brain-computer interface (BCI) system*. Biomedical Engineering, IEEE Transactions on, vol. 51, no. 6, pages 1034–1043, June 2004. (Cité en pages 11, 12, 13 et 14.)

[Schalk 2007] G Schalk, J Kubanek, K J Miller, N R Anderson, E C Leuthardt, J G Ojemann, D Limbrick, D Moran, L A Gerhardt et J R Wolpaw. *Decoding two-dimensional movement trajectories using electrocorticographic signals in humans*. Journal of Neural Engineering, vol. 4, no. 3, pages 264–275, 2007. (Cité en page 10.)

[Schlögl 2007] A. Schlögl, J. Kronegg, JE Huggins et S.G. Mason. *Evaluation criteria for BCI research*, 2007. (Cité en page 18.)

[Schmidt 2011] M. Schmidt, N.L. Roux et F. Bach. *Convergence rates of inexact proximal-gradient methods for convex optimization*. Arxiv preprint arXiv :1109.2415, 2011. (Cité en pages 98 et 113.)

[Schölkopf 2001a] B. Schölkopf, R. Herbrich et A. Smola. *A generalized representer theorem*. In Computational learning theory, pages 416–426. Springer, 2001. (Cité en page 43.)

[Schölkopf 2001b] B. Schölkopf et A. Smola. Learning with kernels. MIT Press, 2001. (Cité en pages 25, 27, 30, 45 et 111.)

[Schreuder 2010] M. Schreuder, B. Blankertz et M. Tangermann. *A new auditory multi-class brain-computer interface paradigm : spatial hearing as an informative cue*. PLoS One, vol. 5, no. 4, page e9813, 2010. (Cité en page 14.)

[Sellers 2006] E. Sellers et E. Donchin. *A P300-based brain-computer interface : Initial tests by ALS patients*. Clinical Neurophysiology, vol. 117, no. 3, pages 538–548, 2006. (Cité en pages 1 et 9.)

[Sha 2007] F. Sha et L.K. Saul. *Large margin hidden Markov models for automatic speech recognition*. Advances in Neural Information Processing Systems, vol. 19, page 1249, 2007. (Cité en page 56.)

[Shalev-Shwartz 2007] S. Shalev-Shwartz, Y. Singer et N. Srebro. *Pegasos : Primal estimated sub-gradient solver for svm*. In Proceedings of the 24th international conference on Machine learning, page 814. ACM, 2007. (Cité en page 73.)

[Shawe-Taylor 2004] J. Shawe-Taylor et N. Cristianini. Kernel methods for pattern analysis. Cambridge Univ Pr, 2004. (Cité en pages 30, 41, 42, 46, 48 et 67.)

[Shpigelman 2004] L. Shpigelman, K. Crammer, R. Paz, E. Vaadia et Y. Singer. *A temporal kernel-based model for tracking hand-movements from neural activities*. Advances in Neural Information Processing Systems, vol. 17, 2004. (Cité en page 11.)

[Sitaram 2007] R. Sitaram, H. Zhang, C. Guan, M. Thulasidas, Y. Hoshi, A. Ishikawa, K. Shimizu et N. Birbaumer. *Temporal classification of multichannel near-infrared spectroscopy signals of motor imagery for developing a brain-computer interface*. NeuroImage, vol. 34, no. 4, pages 1416–1427, 2007. (Cité en page 11.)

[Sonnenburg 2006] S. Sonnenburg, G. Rätsch, C. Schäfer et B. Schölkopf. *Large Scale Multiple Kernel Learning*. Journal of Machine Learning Research, vol. 7, no. 1, pages 1531–1565, 2006. (Cité en page 93.)

[Specht 1990] D.F. Specht. *Probabilistic neural networks*. Neural networks, vol. 3, no. 1, pages 109–118, 1990. (Cité en page 44.)

[Steinwart 2008] I. Steinwart et A. Christmann. Support vector machines. Springer Verlag, 2008. (Cité en page 69.)

[Stempfel 2009] G. Stempfel et L. Ralaivola. Learning SVMs from Sloppily Labeled Data. Artificial Neural Networks–ICANN 2009, pages 884–893, 2009. (Cité en page 131.)

[Suzuki 2011] T. Suzuki et R. Tomioka. SpicyMKL : A Fast Algorithm for Multiple Kernel learning with thousands of kernels. Machine Learning, to appear, 2011. (Cité en page 96.)

[Szafranski 2008] M. Szafranski, Y. Grandvalet et A. Rakotomamonjy. Composite Kernel Learning. In Proceedings of the 22nd International Conference on Machine Learning, 2008. (Cité en page 92.)

[Tangermann 2007] D.I.M.W. Tangermann. Feature Selection for Brain-Computer Interfaces. PhD thesis, Universität Tübingen, 2007. (Cité en page 20.)

[Tangermann 2009] M. Tangermann, M. Krauledat, K. Grzeska, M. Sagebaum, B. Blankertz, C. Vidaurre et K.R. Müller. Playing pinball with non-invasive BCI. Advances in Neural Information Processing Systems, vol. 21, pages 1641–1648, 2009. (Cité en page 10.)

[Taskar 2004] Ben Taskar, Carlos Guestrin et Daphne Koller. Max-Margin Markov Networks. In Sebastian Thrun, Lawrence Saul et Bernhard Schölkopf, editeurs, Advances in Neural Information Processing Systems 16, Cambridge, MA, 2004. MIT Press. (Cité en page 57.)

[Teschke 2007] G. Teschke et R. Ramlau. An iterative algorithm for nonlinear inverse problems with joint sparsity constraints in vector-valued regimes and an application to color image inpainting. Inverse Problems, vol. 23, page 1851, 2007. (Cité en page 35.)

[Tibshirani 1996] R. Tibshirani. Regression shrinkage and selection via the lasso. Journal of the Royal Statistical Society, vol. 46, pages 267–288, 1996. (Cité en pages 33 et 91.)

[Tomioka 2010a] R. Tomioka et K.R. Müller. A regularized discriminative framework for EEG analysis with application to brain-computer interface. NeuroImage, vol. 49, no. 1, pages 415–432, 2010. (Cité en pages 3, 17, 20, 22, 36, 61, 107, 109, 112 et 125.)

[Tomioka 2010b] R. Tomioka et T. Suzuki. Sparsity-accuracy trade-off in MKL. Arxiv preprint arXiv :1001.2615, 2010. (Cité en page 49.)

[Tseng 2001] P. Tseng. Convergence of a block coordinate descent method for nondifferentiable minimization. Journal of optimization theory and applications, vol. 109, no. 3, pages 475–494, 2001. (Cité en page 95.)

[Tsochantaridis 2005] I. Tsochantaridis, T. Joachims, T. Hofmann et Y. Altun. Large Margin Methods for Structured and Interdependent Output Variables. In Journal Of Machine Learning Research, volume 6, pages 1453–1484. MIT Press, 2005. (Cité en page 57.)

[Tuia 2010a] D. Tuia, G. Camps-Valls, G. Matasci et M. Kanevski. Learning Relevant Image Features With Multiple-Kernel Classification. Geoscience and Remote Sensing, IEEE Transactions on, vol. 48, no. 10, pages 3780–3791, 2010. (Cité en page 85.)

[Tuia 2010b] D. Tuia, F. Ratle, A. Pozdnoukhov et G. Camps-Valls. Multisource composite kernels for urban-image classification. Geoscience and Remote Sensing Letters, IEEE, vol. 7, no. 1, pages 88–92, 2010. (Cité en pages 85 et 86.)

[Tuia 2010c] Devis Tuia, Gustavo Camps-Valls, Remi Flamary et Alain Rakotomamonjy. Learning spatial filters for multispectral image segmentation. In IEEE Workshop in Machine Learning for Signal Processing (MLSP), 2010. (Cité en page 3.)

[Usunier 2006] Nicolas Usunier, Massih-Reza Amini et Patrick Gallinari. *Generalization error bounds for classifiers trained with interdependent data.* In Y. Weiss, B. Schölkopf et J. Platt, editeurs, Advances in Neural Information Processing Systems 18, pages 1369–1376. MIT Press, Cambridge, MA, 2006. (Cité en page 130.)

[Vapnik 1995] V. Vapnik. The nature of statistical learning theory. Springer, N.Y, 1995. (Cité en page 28.)

[Vapnik 1998] V. Vapnik. Statistical learning theory. Wiley, 1998. (Cité en pages 32, 44 et 45.)

[Varma 2009] M. Varma et B.R. Babu. *More generality in efficient multiple kernel learning.* In Proceedings of the 26th Annual International Conference on Machine Learning, pages 1065–1072. ACM, 2009. (Cité en pages 50, 77 et 80.)

[Vidaurre 2008] C. Vidaurre, A. Schloegl, B. Blankertz, M. Kawanabe et K.R. Müller. *Unsupervised adaptation of the LDA classifier for brain–computer interfaces.* In Proceedings of the 4th International Brain-Computer Interface Workshop and Training Course 2008, pages 122–127. Citeseer, 2008. (Cité en pages 9 et 20.)

[Vidaurre 2010] C. Vidaurre et B. Blankertz. *Towards a cure for BCI illiteracy.* Brain topography, vol. 23, no. 2, pages 194–198, 2010. (Cité en pages 10 et 20.)

[Villa 2008] A. Villa, M. Fauvel, J. Chanussot, P. Gamba et J.A. Benediktsson. *Gradient Optimization for multiple kernel's parameters in support vector machines classification.* In Geoscience and Remote Sensing Symposium, 2008. IGARSS 2008. IEEE International, volume 4, pages IV–224. IEEE, 2008. (Cité en pages 85 et 86.)

[Vishwanathan 2006] SVN Vishwanathan, N.N. Schraudolph, M.W. Schmidt et K.P. Murphy. *Accelerated training of conditional random fields with stochastic gradient methods.* In Proceedings of the 23rd international conference on Machine learning, pages 969–976. ACM New York, NY, USA, 2006. (Cité en page 58.)

[Viterbi 1967] A. Viterbi. *Error bounds for convolutional codes and an asymptotically optimum decoding algorithm.* IEEE transactions on Information Theory, vol. 13, no. 2, pages 260–269, 1967. (Cité en pages 56 et 57.)

[Wang 2008] H. Wang et C. Leng. *A note on adaptive group lasso.* Computational Statistics & Data Analysis, vol. 52, no. 12, pages 5277–5286, 2008. (Cité en pages 35 et 112.)

[Weinberger 2009] K.Q. Weinberger et L.K. Saul. *Distance metric learning for large margin nearest neighbor classification.* The Journal of Machine Learning Research, vol. 10, pages 207–244, 2009. (Cité en page 78.)

[Weiskopf 2004] N. Weiskopf, K. Mathiak, S.W. Bock, F. Scharnowski, R. Veit, W. Grodd, R. Goebel et N. Birbaumer. *Principles of a brain-computer interface (BCI) based on real-time functional magnetic resonance imaging (fMRI).* Biomedical Engineering, IEEE Transactions on, vol. 51, no. 6, pages 966–970, 2004. (Cité en page 11.)

[Weiss 2008] Pierre Weiss. *Algorithmes rapides d'optimisation convexe. Applications à la reconstruction d'images et à la détection de changements.* These, Université de Nice Sophia-Antipolis, Novembre 2008. (Cité en pages 29 et 140.)

[Weston 1999] J. Weston et C. Watkins. *Support vector machines for multi-class pattern recognition.* In Proceedings of the Seventh European Symposium On Artificial Neural Networks, volume 4. Citeseer, 1999. (Cité en page 57.)

[Wolpaw 1991] J.R. Wolpaw, D.J. McFarland, G.W. Neat et C.A. Forneris. *An EEG-based brain-computer interface for cursor control*. Electroencephalography and clinical neurophysiology, vol. 78, no. 3, pages 252–259, 1991. (Cité en page 9.)

[Wolpaw 2000] J.R. Wolpaw, DJ McFarland et TM Vaughan. *Brain-computer interface research at the Wadsworth Center*. Rehabilitation Engineering, IEEE Transactions on, vol. 8, no. 2, pages 222–226, 2000. (Cité en page 13.)

[Wolpaw 2002] J.R. Wolpaw, N. Birbaumer, D.J. McFarland, G. Pfurtscheller et T.M. Vaughan. *Brain-computer interfaces for communication and control*. Clinical neurophysiology, vol. 113, no. 6, pages 767–791, 2002. (Cité en page 7.)

[Wolpaw 2006] J.R. Wolpaw, G.E. Loeb, B.Z. Allison, E. Donchin, O.F. do Nascimento, W.J. Heetderks, F. Nijboer, W.G. Shain et J.N. Turner. *BCI Meeting 2005-Workshop on signals and recording methods*. Neural Systems and Rehabilitation Engineering, IEEE Transactions on, vol. 14, no. 2, pages 138–141, 2006. (Cité en page 10.)

[Xue 2007] Y. Xue, X. Liao, L. Carin et B. Krishnapuram. *Multi-task learning for classification with Dirichlet process priors*. The Journal of Machine Learning Research, vol. 8, pages 35–63, 2007. (Cité en page 55.)

[Yang 2009] X. Yang, S. Kim et E. Xing. *Heterogeneous multitask learning with joint sparsity constraints*. Advances in neural information processing systems, vol. 23, 2009. (Cité en pages 35 et 96.)

[Yger 2011] F. Yger et A. Rakotomamonjy. *Wavelet Kernel Learning*. Pattern Recognition, vol. 5, 2011. (Cité en pages 49 et 50.)

[Yu 2005] K. Yu, V. Tresp et A. Schwaighofer. *Learning Gaussian Processes from Multiple Tasks*. In Proceeding of the 22nd International Conference on Machine Learning, 2005. (Cité en page 54.)

[Yuan 2006] M. Yuan et Y. Lin. *Model selection and estimation in regression with grouped variables*. Journal of the Royal Statistical Society : Series B (Statistical Methodology), vol. 68, no. 1, pages 49–67, 2006. (Cité en page 34.)

[Zien 2007] A. Zien et C.S. Ong. *Multiclass Multiple Kernel Learning*. In Proceedings of the 24th International Conference on Machine Learning (ICML 2007), pages 1191–1198, 2007. (Cité en page 106.)

[Zou 2005] H. Zou et T. Hastie. *Regularization and variable selection via the elastic net*. Journal of the Royal Statistical Society : Series B (Statistical Methodology), vol. 67, no. 2, pages 301–320, 2005. (Cité en page 34.)

Apprentissage statistique pour le signal : applications aux Interfaces Cerveau-Machine

Résumé : Les Interfaces Cerveau-Machine (ICM) nécessitent l'utilisation de méthodes d'apprentissage statistique pour la reconnaissance de signaux. Dans cette thèse, nous proposons une approche générale permettant d'intégrer des connaissances a priori dans le processus d'apprentissage. Cette approche consiste à apprendre de manière jointe le classifieur et la représentation des données lors d'une optimisation unique. Nous nous sommes plus particulièrement intéressés à des problèmes de sélection de capteurs et proposons plusieurs termes de régularisation adaptés pour ces problèmes.

Notre première contribution est une méthode d'apprentissage supervisé de filtres : le filtrage vaste marge. Un filtrage maximisant la marge entre les échantillons est appris et permet de s'adapter automatiquement aux caractéristiques des signaux tout en restant interprétable. Une application ICM et une extension 2D du filtrage a été réalisée.

La seconde contribution est une méthode d'apprentissage multitâche parcimonieuse. Elle permet de sélectionner de manière jointe un ensemble de noyaux pertinents pour l'ensemble des tâches de classification. Des algorithmes efficaces ont été proposés pour résoudre le problème d'optimisation et des expérimentations numériques ont montré l'intérêt de l'approche.

Finalement, la troisième contribution est une application de l'apprentissage multitâche parcimonieux sur un ensemble de jeux de données ICM. Un terme de régularisation plus général permettant de promouvoir une similarité entre classifieurs est également proposé. Les résultats numériques ont montré qu'une réduction importante du temps de calibration peut être obtenue grâce à l'apprentissage multitâche proposé.

Mots clés : Apprentissage statistique, traitement du signal, filtrage, interfaces cerveau-machine, séparateurs à vaste marge, méthodes parcimonieuses.

Machine learning for signal processing : applications to Brain Computer Interfaces

Abstract : Brain Computer Interfaces (BCI) require the use of statistical learning methods for signal recognition. In this thesis we propose a general approach using prior knowledge on the problem at hand through regularization. To this end, we learn jointly the classifier and the feature extraction step in a unique optimization problem. We focus on the problem of sensor selection, and propose several regularization terms adapted to the problem.

Our first contribution is a filter learning method called large margin filtering. It consists in learning a filtering maximizing the margin between samples of each class so as to adapt to the properties of the features. In addition, this approach is easy to interpret and can lead to the selection of the most relevant sensors. Numerical experiments on a real life BCI problem and a 2D image classification show the good behaviour of our method both in terms of performance and interpretability.

The second contribution is a general sparse multitask learning approach. Several classifiers are learned jointly and discriminant kernels for all the tasks are automatically selected. We propose some efficient algorithms and numerical experiments have shown the interest of our approach.

Finally, the third contribution is a direct application of the sparse multitask learning to a BCI event-related potential classification problem. We propose an adapted regularization term that promotes both sensor selection and similarity between the classifiers. Numerical experiments show that the calibration time of a BCI can be drastically reduced thanks to the proposed multitask approach.

Keywords : Machine learning, signal processing, filtering, brain computer interfaces, support vector machines, sparse methods.

www.ingramcontent.com/pod-product-compliance
Lightning Source LLC
Chambersburg PA
CBHW021052210326
41598CB00016B/1188